U0021543

作家與作品 31

柯提茲的海

約翰‧史坦貝克／艾德華‧立克茨◎著

黎湛平◎譯

貓頭鷹

海湧推薦

你會好奇七十多年前的海洋生態是什麼模樣嗎？搭上史坦貝克和立克茨的時光船，一起重回一九四〇年的柯提茲海吧！在那個沒有網路拍照打卡、上傳分享的年代，跟著他們的文字紀錄，彷彿也一同經歷了這趟驚險又驚奇的航行，一探數十年前加利福尼亞灣的海洋世界。雖然這是一趟採集海洋生物的踏查，但其中開放、真誠的紀錄，讓人了解許多關於海洋生物的知識與觀察，也才明白原來從事海洋科學研究是這麼困難與辛苦，而過程中各種哲學、人文的反思，同時啟發人們更多元的思考。

—— 黃小莫／海洋旅遊作家

一趟兼具詩意及科學的航海之旅，作者詳實的生態觀察時而將讀者帶往現場，時而隨著不同層次的文化思辨翱翔其中，豐富的知識跨越學科的邊界、細緻的文字運筆流暢，行間閃現的幽默則令人會心一笑；書中沿途勾勒的自然風光與瑰麗奇景彷彿歷歷在目，流連忘返、而航海的驚險之處亦牽動讀者每根神經，如臨其境。

—— 張卉君／黑潮海洋文教基金會董事、作家

譯者序

趁著午休空檔，把最後幾頁史坦貝克解決了。

或許是共鳴太深，當下有種被掏空的感覺。過去幾個月天天都在柯提茲海的蜃樓幻境裡隨文字進港出港、下錨起錨，看旗魚飛躍、望魟魚翱翔，等待各種「海」字輩的潮間帶小動物輪番出演；紅樹林的氣味，下加利福尼亞的耀眼陽光，等待明天的原住民，奇謎待解的無人島……太多太多。在國境封閉的二〇二〇年，我跨越時空、神遊八十年前的海灣歷險；雖說史坦貝克欽羨達爾文乘坐小獵犬號暢遊世界、採集研究的優哉游哉，我倒也羨慕史坦貝克沒有 GPS、不知無線網路，步調依舊緩慢地結伴西方飛翔號出海尋奇。

我愛看史坦貝克寫人：不願白拿五十分錢的小男孩，抑鬱等待天使降臨的俊美青年，忙找制服、隨興友善的墨西哥官員，活潑真性情的丁尼與史帕奇──當然不能漏掉那總是令人嘴角上揚的漢森海牛。樸實傳神的筆觸讓每個人物皆如此討喜可愛、或心碎感傷，卻也反過來讓我們看見史坦貝克幽默誠懇的心：唯有真摯的靈魂才能看見平凡動人的美好。我尤其愛他長文懷念好友的點點滴滴，他精準闡述「接受」背後的智慧與善意，字字句句無不寫進我心坎，令我感動莫名。我亦愛看史坦貝克引經據典、寫風土民情。他言簡意賅，三言兩語就能帶

出各採集點的地貌特徵，寫出市鎮村落的氛圍情境。

後人常以「人道關懷」形容史坦貝克的文字與思想，但史坦貝克不講大道理。他透過最簡單的換位思考，藉山中樹蛙、墨西哥原住民等多種角色揭示本位主義的傲慢自大；他以沙灘上的生存競爭暗諷戰爭荒謬，托喻黑斑海兔拆穿人類的偽善虛妄。史坦貝克立體客觀、犀利卻不失溫柔的敘事角度猶如稜鏡，細細剖析你我習以為常的言行舉止、情感思維，再以最寬容的態度指出反思省悟、琢磨欣賞的種種可能面向。細讀他的文字，我想任誰都能深刻體會「人道」與「關懷」的真切意涵。

這書乍看之下是一本東扯西聊、記錄潮間帶生物與標本採集的航海流水帳，無奈史坦貝克總是岔題：他聊哲思、聊地名起源、聊戰爭、聊食人族，聊人之異於萬物的凡事外求，聊人類唯一獨自擁有的是死亡。他的叨叨絮絮好像都不怎麼重要，然而敲在心上的回響卻無比深沉；你很難明確指出哪一頁、哪一句特別有分量，但掩卷之際卻驀地怔忡恍惚、無法回神 —— 史坦貝克想得太深、寫得太廣了。他讓我們退後好幾百步思索審視，並且一再提醒：他筆下所述、抑或你我認知感受的全都只是無限擴展的更大存在的一小部分；彼此看似獨立，實為一體。

我們都在尋找為自己而寫的書。折角掀起的書皮、微微起毛的書頁邊、重讀圈起的段落在在都是認真尋覓的痕跡；望著手中這本史坦貝克，我想，我找到了。

二〇二〇年十一月二十日 台北

編輯弁言

　　為求行文順暢，本書中所有單位皆維持原文中的英制單位。

目　次

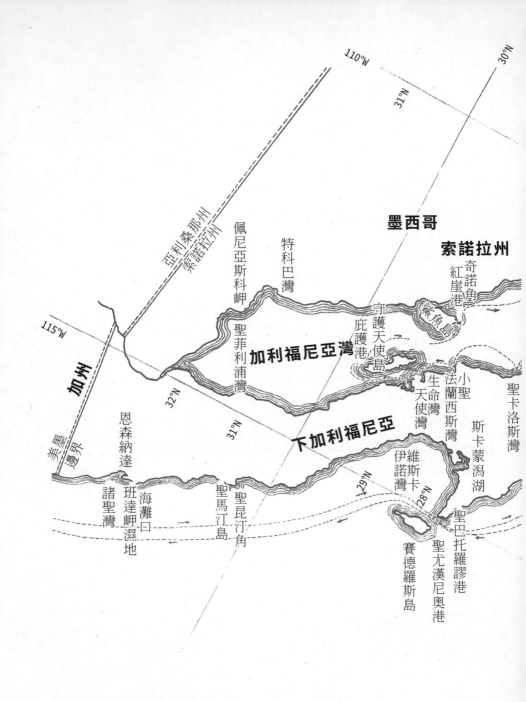

110°W

30°N

31°N

亞利桑那州
索諾拉州

墨西哥

索諾拉州

115°W

佩尼亞斯科岬

特科巴灣

奇諾角
紅崖港

守護天使島
庇護港

加州

加利福尼亞灣

聖菲利浦灣

生命灣
法蘭西斯灣
天使灣

小聖

斯卡蒙潟湖

聖卡洛斯灣

32°N

下加利福尼亞

31°N

美墨邊界

恩森納達

諸聖灣

班達岬濕地

海灘日

聖馬汀島

聖昆汀角

維斯卡
伊諾灣

29°N

28°N

聖巴托羅謬港

聖尤漢尼奧港

賽德羅斯島

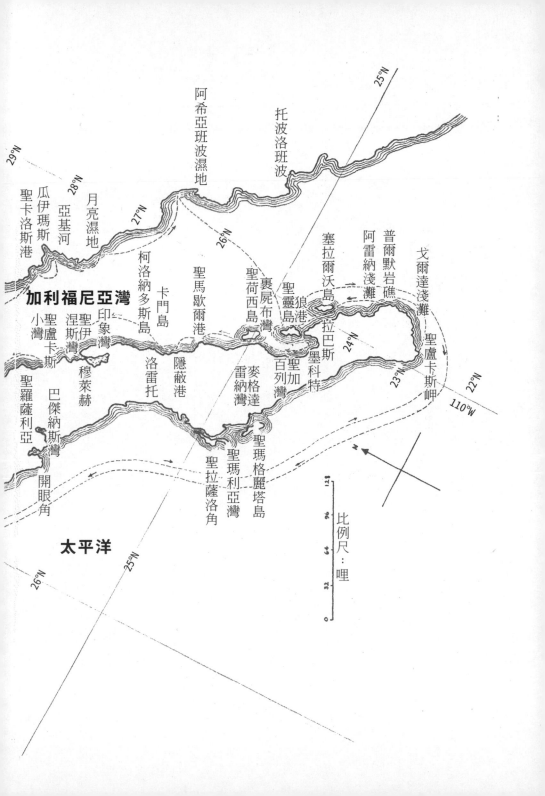

引言

　　一本書的編排構思，呈現作者如何掌控、形塑現實。若是套用於詩集或小說，這個概念很好理解，但鮮少有人以同樣的方式理解紀實文學。有些人心血來潮，故而吟詩作賦，有些人則受到同一股衝動所驅使，走入潮池，試圖記述在池裡發現的事物。為什麼有人遠征西藏探險，有人拖耙海床取樣？那些坐在顯微鏡前檢視海參鈣質骨板的人，何以會在發現新的排列方式與數目時，滿心歡喜地為此新物種命名，且如數家珍地寫下一條條描述？若能不受「為科學服務」這類陳腔濫調、或其他誘惑心靈、令其踏入不知所以然的小小迷宮所蠱惑，而是真確理解這份衝動，無疑是好事一樁。

　　我們想寫一本記述加利福尼亞灣的書。關於這本書的構思編排，可行的方式有好幾種，我們大可挑選其中一種來做，但我們決定讓它自由呈現：界限是一艘船和一片大海，時間為六週租期，主題是我們看得到、想得到、或甚至想像得到的一切，至於範圍和限度——我們傾盡所有、毫不保留。

　　關於這趟加利福尼亞灣之行，有時我們會誇大地以「遠征」稱之。加利福尼亞灣舊名「柯提茲的海」（Sea of

Cortez）[1]，這名字比較好聽、感覺刺激多了。我們中途停靠許多小港口和幾近貧瘠的海濱，採集並保存潮間帶或沿海地帶的海洋無脊椎動物。我們決定，此行的目的之一是觀察這些無脊椎動物如何分布，看一看並且記錄牠們的種類和數量，了解牠們如何共生、吃什麼，以及牠們如何繁殖。（每當我們使用這套說法時，我們就會說那是一次遠征。）這項計畫簡單、直截了當，而且只是事實真相的一部分。不過我們的確對自己很誠實：我們好奇，沒有極限。我們的心就跟達爾文、阿格西、林奈或老普林尼[2]一樣遼闊、無邊無際。我們想親眼見識雙眼能目睹的一切，盡己所能地思考，再根據自己的所見所思，為觀察到的現實建立模型與架構。我們深知自己看見、記錄和建構的事物有可能是經過扭曲的，就如同所有知識、模式也都是扭曲的——首先肇因於集體壓力與時代及種族的趨勢潮流，再就是個人性格的推波助瀾。既然我們已經意識到這一點，應該就不會太常掉進陷阱，多少還能在扭曲的個人見解與獨立事件（也就是外在現實）之間，維持些許平衡；但兩者合一或許對彼此也有好處。舉例來說，墨西哥馬鮫魚背鰭的硬棘與鰭條很好數，鰭式為「XVII-15-IX」[3]；如果釣線上的馬鮫魚掙扎得太厲害、劃傷我們的手掌，或是牠突然下潛、差點逃掉，復又好不容易拉上船，體表顏色就會呈現搏動般的變化，尾巴亦頻頻甩擊甲板，於是一種全新、關聯式的表象就此誕生：這是一種總和大於「魚和漁夫」的統一存在。這時候，若要數清條棘數目、又得不受「關聯式現實」影響的唯一辦法，就是坐進實驗室，打開氣味難聞的標本罐，撈出被福馬林固定、全身

硬邦邦又失了顏色的魚兒，一根一根地數，然後寫下事實「D. XVII-15-IX」，任誰也無法抨擊這份真相。只不過，不論對那條魚、抑或對操作者而言，這份真相大概都不怎麼重要吧。

知道自己在做什麼，其實是件好事。研究這條福馬林醃漬馬鮫魚的老兄，雖然確立了一條事實，卻也同時記下多筆虛假經驗：那魚實際上根本不是那種顏色、那種紋理，也沒那麼死板板硬邦邦，聞起來更不是那種味道。

在策畫這場遠征的那幾個月裡，我們仔細想過這些問題，決心不讓一心追求無懈可擊小真相的熱情限制了我們的視野，以致過度詮釋這片蒼穹大海。我們明白，看似真實的現象只是一種相對的真實罷了。觀察就是這麼回事。那位鑽研福馬林醃魚的老兄放棄了大好的觀察機會：觀察自己、觀察那條魚，以及整件事的焦點 —— 如何看待這條馬鮫魚和他自己。

1　譯注：柯提茲的海以西班牙征服者 Hernán Cortés 為名。柯提茲是摧毀阿茲特克古文明、在墨西哥建立西班牙殖民地，開啟西班牙在美洲殖民時代的殖民者之一。

2　譯注：阿格西（Jean Louis Rodolphe Agassiz），瑞士裔植物、動物學與地質學家，以冰川理論聞名。林奈（Carl Linnaeus），瑞典植物學家，奠定現代生物學命名「二名法」的基礎。普林尼（Pliny），羅馬時代博物學家，巨著《自然史》作者。

3　譯注：「鰭式」為魚類分類的鑑定標準之一，用以標記魚鰭的組成及結構和鰭條的類別與數目。此處「D. XVII-15-IX」與下文之「A. II-15-IX」代表背鰭組成排列為「17 條硬棘 -15 條鰭條 -9 條硬棘」，臀鰭為「2 條硬棘 -15 條鰭條 -9 條硬棘」。

　　我們在想，這或許就是本次遠征的行前心理準備吧。我們告訴自己：「咱們敞開心胸走一回。看看親眼所見的事物，發現什麼就記下來，不要被傳統科學給束縛愚弄了。橫豎我們又不可能全然客觀地觀察柯提茲的海，因為在我們──我們的船和我們幾個人──駛入那處寂寞又杳無人煙的海灣的當下，就已經改變它了。我們的闖入將為這處海灣帶來新的元素。就讓我們好好琢磨這個元素，千萬不要被『客觀不變的事實』這荒誕的念頭給騙了。假如『客觀不變的事實』當真存在，大概只能在福馬林液中殘餘和扭曲變形的閃光中找到吧。所以，走吧！讓我們前進柯提茲的海，了解自己將永遠成為那片海洋的一部分：奮力穿越整片大葉藻的橡皮艇，還有在潮池中被我們翻過的每一塊石頭，都將讓我們真正且恆久地成為這個區域生態圈的一項元素。我們會從這裡帶走一些東西，但我們也會留下些什麼。」即使我們只是一座巨大模型中的一個小小因子，小歸小，依然重要。我們從一漥小小水世界的一塊岩石上取下一點點軟珊瑚群，此舉對整個潮池或許不會造成嚴重影響──因為五十英里外，日本捕蝦船正以交疊的拖網撈起一噸又一噸的海蝦，疾速破壞物種生息，極有可能再也無法復原；物種既遭摧殘，整個區域的生態平衡亦隨之破壞。不過捕蝦船對整個世界來說或許也不是非常重要──六千英里外，倫敦的天空正落下大量炸彈，倒也未撼動天上星子半步。這一切都不重要，或者全都非常重要。

　　我們決定竭盡所能地抱持開放態度。如此一來，若我們願意，最後不僅能以「D. XVII-15-IX」、「A. II-15-IX」的方式

描述馬鮫魚，還能見到牠活力充沛的泳姿、感覺牠沉甸甸地掛在釣線上，然後又拖又拉地讓牠翻過護欄，甚至還有機會吃掉牠。這兩種方法都沒有不精確的道理。正因為有人也用了第一種方法，才得到「數棘條」這種不費力的描述方式。我們在想，這兩種方法說不定還會衍生出另一套比兩者各自呈現時更完整、更精確的形象，所以我們就出發了。

---

* 　譯注：本書度量單位皆保留原文。1 英里相當於 1.6 公里。

1

　　如何籌備一趟遠征考察？要帶上哪些儀器設備、參考哪些資料、航程中可能遇上哪些小危機或大危險？沒有人詳細寫過，相關資訊付之闕如。計畫本身不難，概念就跟一本精采好讀的書一樣簡單：所謂探險，無非是依附在起點、方向、停靠港口及回程所組成的實際架構下，而這些條件都能事前預估，程度還算準確。若是前往較為世人所知的地區探險，甚至還可能掌握特定季節的氣候天象，滿潮乾潮的高低範圍與發生時間。籌備者可據此得知該選擇哪種船隻，必須準備多少食物才得以應付整段航程、餵飽全體船員，以及通常會需要哪些藥品；當然，這些都得考量意外狀況，隨時調整。

　　我們把所有能夠取得、與加利福尼亞灣有關的書籍都讀過了。書沒幾本，而且有好些地方挺教人困惑的。《沿岸引航》已多年未正式編修。多位學有專精的博物學家亦曾深入海灣，不過也都是依循專業模式，挑自己想看的去看；十八世紀耶穌會教士克拉維赫羅是最見多識廣的一位，他的見聞紀錄也比其他大多數更為精確。還有一些年輕人來此尋找冒險奇遇、也確實遇上了，並留下一篇篇浪漫故事（不過就算把同樣

的浪漫情懷用於牧場牲畜，大概也不會太令人失望）。根據手
邊資料，我們得知「柯提茲的海」（或加利福尼亞灣）是一處
狹長的高危險海域，經常遭受極猛烈的暴風雨突襲。三、四月
大多風平浪靜，而一九四〇年三月至四月的海潮條件尤其適合
採集潮間帶生物。

　　幾份海圖在岬角、海岸線及水深方面的文字記述大多篤定
與確實，不過一來到海岸邊緣，感覺就不怎麼踏實了——潟湖
區虛線處處，憑以推測其可能疆界；《沿岸引航》即以前所未
見的強烈措辭描述此地光線的虛幻詭譎。我們依《沿岸引航》
回頭查看克拉維赫羅的描述，在他的字裡行間發現更多明顯警
告：船隻斷裂碎散，殘骸處處，海流反覆無常；沿岸五十英里
內的海域，其恐怖程度遠勝海灣內其他區域。《沿岸引航》猶
如年邁科學家，敘述謹慎保留，但它也像一位老修士，一筆一
筆記下迷途船隻和人們在荒涼海岸忍飢捱餓的故事。

　　在現代世界的承平時期，若行事謹慎小心，要想死在荒郊
野外（或受重傷）遠比在城市大街上死去困難許多；然而我們
對危險事物始終懷有一份原始衝動，而滿足這股衝動的行為就
叫冒險。只不過，你在舊金山跨越川流不息的市場街時，體
內的冒險家沒有半點滿足欣慰的感覺，他會給自己找一堆麻
煩、花一大筆錢，設法在南太平洋送命。他會乘獨木舟前往惡
名昭彰的狂暴海域，只帶少量食物深入沙漠，憑藉其耐力和
沒打過預防針的身體面對各種奇特病毒的挑戰——這才是冒
險。冒險家的祖先極可能早已膩了劍齒虎的乏味攻擊，渴望往
日與翼手龍、三角龍對戰的美好時光。

　　但我們沒有冒險的衝動。我們計畫前往遙遠海域，在特定的幾個日子、在潮汐表指示的特定時間採集海洋動物。為了完成這個目標，我們必須竭盡所能地避免冒險。我們的計畫、補給和裝備必須綽綽有餘，而非略略不足；我們之中沒有一個懷著冒險家或打橋牌的傢伙那種好奇又無聊的心境。

　　我們碰上的第一道難題是租船。這艘船必須夠大、夠堅固才出得了海，也得夠舒服才能住上六星期；這艘船不僅要有充足的空間可供工作，吃水也不能太深，否則進不了小港灣。蒙特瑞的圍網漁船似乎是最切合所需的理想選擇。這種工作船相當可靠，艙房舒適，儲存空間充足；除此之外，三、四月剛好不是沙丁魚季，漁船全都靠港休息。我們以為，租一艘圍網漁船應該不難，防波堤內肯定有上百艘船等著我們去挑。我們在碼頭放風聲，表示想租一艘這樣的船；風聲傳開，但我們並未被來自四面八方的出價聲給淹沒——事實上，根本沒有人願意把船租給我們。後來我們才漸漸明白船主的心態：他們對這項計畫不太放心。這裡的義大利人、斯拉夫人和一些日本人主要都是捕沙丁魚的。他們甚至不准漁夫撈捕其他魚種。他們擺明了不信任「陸上活動」，舉凡鋪路、砌磚、製造生產，一概不信。船主們的問題不在無知，而是強烈的情感。這些人一心一意只想捕沙丁魚，他們的腦子和情緒容不下其他事物。後來我們在海上就碰到這樣的例子。當時，希特勒已入侵丹麥，準備揮軍北上拿下挪威，不過看不出他何時會對英國發動攻擊；船上無線電只能聽到靜電干擾，但整個世界即將陷入地獄。在短波無線電破碎刺耳的白噪音中，我們好不容易連絡上另一艘船

的人。雙方對話大致如下：

「這裡是西方飛翔號。是你嗎，強尼？」

「是啊，你史帕奇？」

「欸，我史帕奇。你抓到多少？」

「大概十五（噸）吧。今天讓一大群給跑了。你們抓多少？」

「我們不抓魚。」

「為啥不抓？」

「呃，我們要去南邊海灣抓海星跟細菌等等一類的東西。」

「哦，是喔。那好吧。史帕奇，我先閃了。」

「等等，強尼。你說你只捕到十五？」

「對呀。如果你跟我表哥連絡上，替我轉告他，好嗎？」

「好，強尼，我會的。西方飛翔號結束通話。」

希特勒大軍開進丹麥、直搗挪威，法國陷落，馬其諾防線失守——這些我們都不知道，但我們很清楚方圓四百英里內的每艘船、每天捕了多少漁獲。他們只在乎捕魚，他們也只有這麼多。租船這事兒也一樣。船主不是不信任我們，他們甚至沒好好聽我們說話，因為他們不太相信世界上竟然有我們這樣的人存在。顯然我們太荒謬了。

出發時間迫在眉睫，我們開始擔心了。好不容易終於有位經濟拮据的船主開出合理價格，而我們也即將答應時，他卻晴天霹靂、沒來由地漲了租金。他被自己先前的決定嚇壞了。他之所以提高價格，並非想訛詐我們，只是想逼我們知難而退。

　　租不到船的問題愈來愈棘手。就在這時候，安東尼‧貝瑞（Anthony Berry）的「西方飛翔號」駛進蒙特瑞灣。東尼對租船這個主意的反應相當淡定。他以前就曾經把船租給政府，讓他們給阿拉斯加海域的鮭魚做標放流，早就見怪不怪了。此外，他還是個聰明又有耐心的人。他知道自己有些怪僻，也曉得有人也跟他一樣，因此他願意讓我們做任何我們想做的瘋狂事，只要我們 (1) 租金合理，(2) 表明目的地，(3) 不堅持做一些會危及船隻的事，(4) 準時返航，以及 (5) 別想糊弄他。他不急著用船，而且他本人也樂意同行。東尼年輕、嚴肅，是個好船長。他略通導航（這在漁船隊相當罕見），還有一種與生俱來、頗令人欣賞的謹慎個性。他的船很新，乾淨且舒適，引擎也保養得不錯。我們決定租下西方飛翔號。

　　西方飛翔號長七十六英尺，寬二十五英尺，配載一百六十五匹馬力的直逆式柴油引擎，航速最高可達十節。甲板室最前方是舵輪，接著是船長室兼無線電室、臥艙（非常舒適），最後是廚房。廚房後方有個很大的魚艙口，艙口再往後是大旋轉台和圍網絞機。這艘船有二十英尺和十英尺兩艘輕艇，光潔無瑕的引擎亦十分討人歡心 —— 活動零件表面濡覆一層薄油，閃閃發亮；外殼的綠漆亮麗鮮新。機房地板乾乾淨淨，所有工具全部擦亮且歸位擺好。只消瞧一眼這機房，任誰都會對船長充滿信心。我們見過不少漁船機房，西方飛翔號的完美絕非一般。

　　至於船員，我們簽下輪機員泰克斯‧塔維斯（Tex Travis）和水手史帕奇‧埃尼亞（Sparky Enea）、丁尼‧寇雷托（Tiny Coletto）。這三個人的態度都有些勉強，因為整件事實在太瘋

狂了：我們之中沒有一個人去過加利福尼亞灣。雖然船長東尼曾遠航至聖盧卡斯岬，但加利福尼亞灣的名聲實在太差。這批船員都是經過深思熟慮才答應跟我們去的。

雖然眾人何時才會改變看待我們的態度誰也說不準，但這一天竟然來得相當快。或許是因為大家都曉得東尼·貝瑞個性謹慎，不會恣意涉入荒唐事；又或者他們只是鬆了口氣，因為這事兒終於搞定了。總之大伙兒突如其來的提議令我們應接不暇：有人表示願意無酬隨我們出海；也有人找上史帕奇，提出的數字比我們給的更多，而他只需要轉讓這份工作、待在蒙特瑞花錢就行了。但史帕奇拒絕了。這項計畫儼然成為一種榮耀。眾人給予的幫助比我們用得上的還多，我們得到的建議足以感動全球各國的海軍部門。

起初我們不知道船員們對這次遠征有何想法，正式上場後，他們全都成為採集好手，但偶爾還是會帶點情緒：譬如丁尼被紅石蟹夾傷，他怒氣衝天地發出戰帖，不僅誓言消滅所有紅石蟹，甚至遷怒所有眼力好、動作快的採集高手。

我們以莊嚴、敬畏的心情簽下租約。看著船隻租約，心情不可能輕鬆愉快，因為租約條文已然預見、或不曾忘懷上蒼最悲哀且專斷的作為，將其化為種種可能，卻又以必然發生的口吻敘述之。因此，你會讀到你或其他人遇上船難、撞上暗礁時該如何反應，讀到死在海上最痛苦、最驚愕的細節；你會讀到如何處理受損的船架，如何對付飲水短缺與船員暴動。船隻租約大概是僅次於結婚證書或死亡證明，至今最嚴肅的書面文件吧。合約也為雙方立下罰則。假如某天早上，初升的太陽發現

你竟然出現在莫哈維沙漠中央，那麼你只消翻開租約，找出誰該問責、依條文指示的罰則辦理就行了。我們費了好些工夫才擺脫租約罩頂的沉重感。我們想著將來可能過著更好的人生、償清債務，而我們之中至少有一個人在那神聖、恐懼的時刻，認真想過要立下禁欲禁色的誓言。

不過租約終究是簽了。我們開始把食物搬上西方飛翔號。供應七人六週所需的糧食著實可觀：好幾箱義大利麵，好幾條板箱的桃子、鳳梨、番茄和整塊羅曼諾起司，大批罐裝牛乳，麵粉和玉米粉，好幾加侖橄欖油、番茄膏、薄脆餐餅，一罐罐奶油、果醬、番茄醬，還有米、豆子、培根和罐頭肉、罐頭蔬菜及罐頭湯。滿坑滿谷的食物。船員們熱切、開心地把這些食物儲存起來。它們一件件消失在櫥櫃或廚房地板上的小洞口，其他更多則送進艙底。

我們有過多次採集之旅，不過大部分都在溫帶地區。這次用於採集、防腐和儲放標本的器材都是根據以往在其他得來水域的經驗、以及預期炎熱潮溼國度可能加諸的困難而挑選的。事後證明有些選對了，有些錯得離譜。

這艘船不大，書庫應力求精簡好用。我們造了一座鋼鐵強化的堅固木頭書匣，前板為折葉設計，放下來可作書桌使用。這只木箱大約能裝二十本大部頭參考書，附帶兩個檔案格，一格放科學期刊抽印本，一格收納信件；此外還有個小金屬盒放原子筆、鉛筆、橡皮擦、書夾、鋼捲尺、剪刀、標貼、大頭針、橡皮筋等小玩意兒，另有一格放置三乘五英寸的索引卡匣。我們亦分別為信封、大開本抽印本、小開本抽印

本、打字紙、碳粉、墨水和膠水騰出專屬小空間。書匣前板剛好擺得下攜帶式打字機、繪圖板和丁字尺，前方有一道窄長溝槽放置捲圖和海圖。這座精簡複雜的書匣闔上後長四十二英寸，寬與深皆為十八英寸，置入物品的重量在三百至四百磅之譜；設計初衷是可置於矮桌或空臥鋪上使用，特色為精實、完備、取用方便。我們把書匣搬上西方飛翔號，結果船上不僅沒有可以棲放的矮桌，書匣也塞不進臥鋪，再加上甲板溼氣重、故不適合安置，最後只好把它綁在甲板室屋頂的欄杆上，蓋上好幾層防水油布再用麻繩捆緊。由於船身總是搖擺起伏，書匣無時無刻都得牢牢綁住，是以我們得移開防水油布，解下綑繩，掀開前板，把頭擠進兩個裝柳橙的條板箱之間，上下顛倒讀取書標，找到想要的書，拿出來，闔上前板，覆上層層油布再捆緊綁好，整個過程得花十分鐘。要是船上有矮桌或大一點的床鋪，這個書匣會是很完美的設計。

　　因為這些許許多多的小錯誤，我們斷定，所有前往未知海域的採集作業皆應執行兩次：一次去犯錯，一次去修正錯誤。採集時之所以碰上大難題，絕大多數肇因於前人並未翔實記錄攜帶的設備項目，以及這些設備適用與否。我們打算從我們自己的記錄開始修正這一點。

　　當時所有能取得、且內容與加利福尼亞灣所在的「巴拿馬海域動物群區」有關的期刊抽印本，全被我們攬入書匣了。此外還有多本重要著作，像是強森和史努克、立克茨與凱爾文、羅素與楊格、弗萊特利與瓦騰的那幾本，奇普的《美國西岸貝類總覽》，費雪的三大冊海星專論，拉斯本的螃蟹專論，

施密特《加州海域十足與甲殼動物》，弗雷瑟《北美太平洋岸水螅總覽》，巴恩哈特《南加州海水魚》[1]，另外還包括整個太平洋岸的《沿岸引航》以及涵蓋整片海域的航海圖，大、小比例尺版本兩種都有。

我們的照相設備不只綽綽有餘，根本多餘。因為壓根沒派上用場。我們帶了一顆上好的德國反射式鏡頭，八釐米攝影機，三腳架，光度計及其他等等等等。可是我們沒有專職照相的人。退潮時，大伙兒忙著採集，沒有人有時間把手擦乾、拍攝採集時的景象。接下來，麻醉、宰殺、防腐、標示的工作實在太重要，所以我們仍舊沒空拍照。這是人員配置上的疏失。船上應該有一名除了拍照以外、其他什麼事都不用做的攝影師。

我們的採集工具基本上還不錯。小鏟、撬鉤（九孔撬）、撈網、長柄抄網、木製魚箱和數支夜間採集用的強光手電筒（七顆燈泡）。送進西方飛翔號的容器也多到感覺沒完沒了：

---

1 譯注：此處提及的著作及著作人分別為 Johnson, M.E., and H.J. Snook *Seashore Animals of the Pacific Coast*; Ed Ricketts and Jack Calvin *Between Pacific Tides*; Russell F.S and C.M. Yonge *The Seas. Our Knowledge of Life in the Sea and How it is Gained*; Flattely F.W. and C.L. Walton *The biology of the seashore*; Josiah Keep *West Coast Shells*; W.K. Fisher; Mary Jane Rathbun; W.L. Schmitt *Marine Decapod Crustacea of California*; C.M. Fraser *Hydroids of the Pacific Coast of Canada and the United States*; P.S. Barnhart *Marine Fishes of Southern California*。

木製魚箱就有好幾個，此外還有容量十五及三十加侖、外箍鍍
鋅鐵圈的硬木桶共二十只；一箱又一箱的大罐小罐（容量有一
加侖、一夸特、一品脫、八盎司及五盎司），還有兩盎司附旋
蓋的標本罐；好幾打軟木塞玻璃瓶（主要分四種規格：一百乘
三三釐米、六液打蘭、四液打蘭、二液打蘭[2]）；附旋蓋的二
又二分之一加侖罐共八個。即使帶了這麼多瓶瓶罐罐出門，結
果還是不夠用；於是在旅程結束以前，我們只能把標本擠在一
起收置。此舉實在是憾事一樁，因為許多構造脆弱的動物應該
分開保存，才不致壓壞。

　　至於藥劑部分，我們帶了藥用福馬林和變性酒精各一
桶，容量都是十五加侖。酒精根本不夠，所以我們在瓜伊瑪斯
買了約十加侖的蔗糖酒精，補滿庫存。我們帶了兩加侖的瀉鹽
供麻醉用，同樣用罄，必須在瓜伊瑪斯補貨。此外，藥箱還納
入薄荷腦、鉻酸、奴佛卡因等動物用鬆弛劑。製備用品則有固
定石鱉等軟體動物的玻璃板及線材，大量橡膠手套、量杯、鑷
子和解剖刀片。我們的博士倫雙筒顯微鏡光源十二伏特，惟船
身搖晃，難以控制燈光，最後只好改用束光手電筒照明。我們
有幾個容量十五至二十加侖的鍍鋅鐵托盤，可以盛裝硬化及固
定好的標本切片；另外還有幾個攤展標本用的琺瑯和玻璃托
盤，以及一個觀察用的小水族缸。

2　譯注：1 加侖（gallon）約等於 4.5 公升、1 夸特（quart）約等於
　　1.1 公升、1 品脫（pint）約等於 0.6 公升。1 液打蘭（dram）約
　　等於 3.6 毫升。

　　關於藥箱要放什麼，我們也仔細考慮過了。我們帶了寧必妥、治療曬傷用的比特新，一千顆劑量兩克的奎寧膠囊，應付藤壺割傷用的百分之二氧化汞軟膏，瀉藥，氨水，紅藥水，碘酊，生物鹼，還有最後一項：一點點「醫療用」威士忌。後來，威士忌瓶在旅程結束前就空了；不過，既然全程無人生病，這點威士忌也算是克盡職責了。

2

　　除了核對清單、檢查裝備或勉強小睡以外，其餘零碎時間我們都上碼頭看船，看著他們把繫船浮標綁在防波堤後面。髒兮兮的船，好好上漆的船，每一艘船彷彿都蓋上船主性格的印記。船上的紀律就等同於船主的個人意志，所以每艘船的規矩各不相同：如果船桅支索生鏽、甲板未清、塗漆斑斑剝落、繩具隨意堆疊，那麼無需親見船主也能知曉此人脾性；如果繩具整齊盤好，繩索悉心上油，主桅瞭望台還釘著一副略顯奢侈的鹿角，當然也同樣沒必要瞧上船主一眼了。這裡有許多船都釘了鹿角。我們問起緣由，得到的答案是「帶來好運」。從很久很久以前開始，鹿角就能帶給漁民好運；蒙特瑞的漁民大多來自西西里島，而鹿角早已成為該民族根深柢固的觀念。假如你問：「這主意打哪兒來的？」船主會說：「鹿角能帶來好運，我們都會釘一副在船上。」一千多年前，鹿角是釘在桅杆上的。當時大概有來自迦太基和提爾的船停靠西西里，船桅上就釘著鹿角，說是會帶來好運，惟理由不得而知。鹿角已成為某種重要的民族靈魂象徵——不光是鹿角，船本身也是——所以對船主本人、或幾乎所有人來說，「船」比其他任何工具更

隱約貼近個人原型的象徵。擁有一艘「理想的船」是一種情感。由於這份情感太過強烈，以致投入造船的真摯程度大概沒有其他經驗足堪比擬。造得差的船不是沒有，但數量不多。有人主張，劣船無法熬過大風大浪，因此根本不值得打造；汽車倒也有同樣的說法（爛車抵不過顛簸路面的挑戰）。顯然，造船者受到比個人意志更強大的動力所驅使：船肋的定義及給人的感覺就是堅固，龍骨完整無瑕疵，船殼板必須仔細挑選並安置。造船者把最好的自己融入船體，也將潛意識中許多先祖們的記憶與船合而為一。我們之一曾路過紐約市梅西百貨的船艇展示部（那裡有水棲兩用船、平底小艇和小型遊艇），發現自己竟然會用指關節銳聲敲擊每一艘船的船身；他納悶不已，不明白何出此舉，然而就在他自我懷疑的當下，他聽見身後響起敲擊聲——另一人也用**他的**指關節輕敲船體，節奏完全相同：每艘船敲三下，聲音尖銳響亮。他觀察了一個鐘頭，每一位經過的男人、男孩和幾位女士無不做出相同動作。這是否可能是下意識的測試之舉？他們之中有許多人可能不曾上過船，有些小男孩說不定連船都沒見過，但大家還是會敲敲船殼板、試試它夠不夠堅固，而且他或她本人甚至不知道自己正在做這件事。進行這項觀察的我們推測，對於任何可能發出反響的大型木製物體，這些人及我們自己可能都會敲它一敲；於是他轉往鋼琴展示處，還有販售冰箱、床架和松木櫃的樓層，卻發現沒有人動手敲這些東西——大家就只敲船。

　　要想探究這個潛意識的根扎得有多深，必須再回到施與受的層面來看。人類經過數千年有意識地嘗試錯誤才造出船，

除了意外落入溪流的枯葉，「船」在自然界完全沒有對應之物。**人**造**船**，而**人**也反過來從**船**獲得自我心靈的變體，以致他在看見棲於水中的船隻時，深情地胸口一緊。一匹馬、一隻漂亮的狗有時也會迅速勾起類似情緒，但是在無生物中，唯有船能做到這一點。此外，船也超越其他所有無生物，在人類心中具有人格化的地位。駕船時，我們偶爾也會覺得她似乎有些緊張不適，在舵手還來不及反應前，便將船鼻倏地轉向斜浪；暴風雨過後，她彷彿累了、懶洋洋的；當色彩繽紛的旗幡高高掛起、拍打飄揚時，她又開心地把船鼻翹得老高，船尾則像驕傲又自信的女孩兒的翹臀，微微彈躍。有人說，曾在觸礁前感覺她在顫抖，或在擱淺、碎浪灌進船身時聽聞她哭泣。這不是故作玄虛，而是認同 —— 造出這艘最棒、最貼近自我的工具的人，他得到一顆船形心靈；而船則獲得人形靈魂。人的精神與感覺觸角深入船身，使這份認同得以完整。是以我們很容易就能理解，維京人何以希望身後能讓遺體隨無人船漂向遠方，因為人船共存，缺一不可；若前述方式不可行，那麼也必須將此人與他的最愛 —— 他的女人和他的船 —— 擺置成一個封閉圓圈。在岸邊熊熊烈火中，三者朝著同一方向啟程；最後又有誰能從聚疊的灰燼中看出男人或女人止於何處，船身始於何處？

這份人與船的奇特認同實在太過完整，以致若有誰能用炸彈或魚雷或砲彈摧毀一艘船，其內心必然存在殺意；若非擁有「自我毀滅」這個我族與生俱來的悲傷特質，此人肯定下不了手。人類似乎擁有「謀殺」的天性。唯有這份天性能使我們做

出炸船這種令人作嘔、親痛仇快的行為，因為我們可以、也有能力殺死我們的最愛——想當然耳就是我們自己。

我們研究潮池內的小生物，看牠們進食、繁殖、為競食而互相殘殺。我們為其命名、描述其特徵，並且在長時間觀察後得到與其習性有關的部分結論，於是我們說：「一般說來，這個物種會有這種和那種行為。」然而，雖然人對「人類」這個物種及其個體知之甚詳，卻不會把人類當成「物種」來進行客觀觀察。若說「人類假使能更仁慈地對待其他人類，戰爭似乎就不會到來」，這話無疑是徹底無視我們這個物種的歷史紀錄。假如我們以觀察寄居蟹的高明方式來觀察自身，根據手邊的資料，我們可能不得不這麼說：「**智人**的鑑定特徵之一是『常有一群個體週期性地感染一種狂躁型焦慮症，導致這群個體發動毀滅攻擊；毀壞的對象不限於同類，也包括同類所創的作品。目前尚無法得知該病症是由病毒、或透過空氣散播的某種孢子所引起，亦無法斷定這是不是該物種對某些氣象刺激所產生的特有反應。』」然而就可觀測的過去或現在而言，「希望」人類不會永遠如此——**希望**是該物種的另一項鑑別特徵——仍未對人類造成任何改變。兩隻淡水螯蝦相遇時，通常都會打架。有人說，假以時日，牠們或許就不會這樣打了；然而要是沒發生突變，牠們應該不會失去這項特徵。故我們這個物種大概也一樣。若是沒有某種心理上的突變（至少目前還看不出跡象），人類應該不會放棄戰爭。再者，若有人把殺戮、破壞歸咎於經濟不安定、社會不平等或不正義，那也只是換一套說詞罷了。我們擺脫不了自己的本性。也許，淡水螯蝦純

粹是因為忌妒而躁動，抑或性別不安全感作祟；但結果就是打架。假如未來的二十、三十或五十年內，不管在哪個政治或經濟安定的體系皆未出現人類傾向殺戮的證據，那麼，我們或許就能得到可供比對及檢驗的行為模式；但截至目前為止，這種情形還未出現。就目前看來，我們這個族類的殺戮天性依然和我們多變的性癖好一樣，規律且顯著。

3

　啟程前往加利福尼亞灣之前，我們常坐在碼頭上，看著沙丁魚圍網漁船穿梭在漂浮的葡萄柚皮之間。防波堤大多時候都不怎麼乾淨。彷彿就維持大海清淨而言，任意改變海岸線是粗鄙且不實際的。我們和未來的伙伴聊天。輪機員泰克斯對港口十分著迷。他出生在德州北部的潘漢德爾區，年紀輕輕就迷上柴油引擎。柴油引擎設計簡單、威力十足，猶如一套披著閃亮金屬的純邏輯組件，對泰克斯較纖細且有條理的思考方式產生莫大的吸引力。泰克斯對某些事可能表現多愁善感或不合邏輯的一面，但他喜歡他的引擎正確真實、符合邏輯。當年，泰克斯駕著他的老福特，意外（可能是酒精作祟）來到海邊。他坐在海灣旁，發現了一樣不可思議的東西：他處遍尋不著、最棒最厲害的柴油引擎，還有船——兩者合為一體。他震撼狂喜，自此未曾恢復；他再也離不開大海，因為他在其他地方找不到同時包含這兩種美好的任何物品。只要引擎在身邊，他心裡就踏實；一旦走下甲板，他就等於他的引擎。他不看、不觀察，只消走動便了然於心。不管多累或睡得多沉，只要引擎聲一個不對，他便立刻彈起、跳下床，人還沒醒就已經來到機房

了。要是軸承燒壞或出現裂紋，我們敢說他肯定鬧胃痛。

　　我們也和西方飛翔號的股東兼船長東尼聊天，對他身為船長的滿意度持續增加。東尼擁有斯拉夫人沉鬱深幽的眼眸和達爾馬提亞人的鷹勾鼻。話很少，不太笑；個兒高，瘦削卻非常強壯。東尼鄙視制服。他在航程中幾乎都穿花呢外套、戴舊呢帽，彷彿透過這身打扮表露心聲：「我跟那些天殺的快艇佬不一樣。我把大海放在腦子裡，不是穿在身上。」東尼十分熱中且愛好正確，厭惡錯誤。他認為「推測」完全是浪費時間。我們發現，除非東尼是對的，否則他一個字也不會說；這點令人惋惜，也造成些許財物損失。跟他打賭沒用，起爭執更是不可能；假如他不是正確的一方，他永遠不可能吐出半個字。不過，一旦他知曉並說出事實，他會完全無法容忍自然且相對的非事實，並且極為憤怒。對他來說，「不精確」好比不公正，蠻橫無恥，別人若拿不精確的資訊挑戰他，他可能會失控咆哮；不過，即使事後證實他的論點正確無誤，他亦不沾沾自喜。理想的法官即是如此。雖痛恨竊賊，卻不會將定罪視為勝利；而東尼，當他確切掌握事實、擊垮錯誤，他只覺得愉快，而非理直氣壯。他頂多略帶感傷地嘟嚷這個世界好愚蠢，竟然包容錯誤、或一度為其辯護。他喜愛「測深索」，因為這條鉛線以刻度陳述事實；他也愛海軍航圖，在進入加利福尼亞灣前，他對《沿岸引航》亦頗為讚賞。其實《沿岸引航》並非有誤，只是編修校正的資料總有變化，而東尼很不擅長應付變化。現代物理學的關聯式思考在他看來根本是褻瀆，他拒絕與之打交道。緯線、羅盤和正確的海軍航圖才是值

得信賴的對象：圓是事實，方位定了就不會變，兩者猶如跨越心頭的閃亮黃金線。進入加利福尼亞灣之後，灣內蜃景導致視距落差極大，當時我們曾經好奇東尼的堅定是否因此動搖；但答案似乎是否定的。他的人格特質使他成為優秀的船長。他能避險就絕不冒險。因為對他來說，他的船、他的命和我們的命都是不可輕蔑之事，不容他恣意對待。

　　這會兒要來講講船上的一樣設備。即使現在再提起它，我們心頭依舊竄起一把無名火，真希望我們的筆尖也能流出些許毒液。萬一將來遭誰控告，我們或許會自我防衛地表示：「本書提及的舷外馬達純屬虛構。不論現役或除役的舷外馬達若有雷同，皆為巧合。」為求保密，我們就叫這玩意兒「漢森海牛」（Hansen Sea-Cow）──炫目刺眼的小機具，一身鋁漆，處處是醒目的小紅點。漢森海牛是造來賣的，迷惑買家雙眼，噗噗噗地鑽進不設防的心臟。當初我們是為了船上小艇才帶上它的。照理說，它應該要能推船靠岸或離岸，應該要能將小艇送入河口、沿著小海灣移動。只是我們沒料到一件事。近年來，工業文明已然達到現實的巔峰，進而衝向某種趨近神祕主義的範疇；在生產漢森海牛的工廠裡，機械手臂拴旋螺絲、扪板鑄模，測量切割，此外還發生了幾近古怪的數學計算事件。探尋已久的祕密意外解開，生命由此創造，機器終於啟動。一顆懷有惡毒靈魂的心靈誕生了。我們的漢森海牛不只是生物，還是卑鄙、易怒、為人不齒、有仇必報、愛搗亂且討人厭的生物。在為期六週的關係中，起初我們只是從機械的角度觀察它，然而隨著它的生物反應愈來愈明顯，我們也開始觀察

其心理活動；最後我們終於確定一件事：一旦這種令人憎恨的小馬達學會自我繁殖（若真有那麼一天），人類命運堪憂。這群小馬達極度憎恨人類，所以它們等待、籌畫、組織安排，然後在某天晚上，在一陣小小排氣聲的咆哮呼吼中，它們終將一口氣撂倒我們。我們認為，舷外馬達之父「漢森先生」（也是這頭海牛的發明者）大概不明白自己做了什麼。我們認為，他創造的這頭怪物和其他所有生命的發生並無二致，同樣意外且隨機；唯一的不同點是，這頭海牛源自已知的生命。我們熟悉的生命形式乃是數十億年突變與複雜化的結果，漢森海牛的生命與智慧卻同時綻現。它不只是一個物種。它已然重新定義生命本身。我們在漢森海牛身上觀察到以下幾項特徵，且能一再檢驗並重複確認：

1. 瘋狂得不可思議。漢森海牛喜歡騎在船上，把螺旋槳泡在水裡輕盈拖游 —— 而我們卻在奮力搖槳。

2. 不管動或不動，漢森海牛需要的汽油量都一樣；顯然它無須仰賴爆炸內燃，直接透過體壁就能汲取油料。總之我們每一次出海都必須加滿油箱。

3. 漢森海牛顯然擁有某種預知能力，也能讀懂人類心思 —— 尤其是我們情緒爆炸的時候。因此，每當我們氣得逼近臨界點、想動手毀掉它的時候，它就會突然啟動，發出巨大噪音且興奮不已。它這麼做有兩個目的，一是拯救自己的性命，二是錯誤重建我們對它的信心。

4. 漢森海牛碰不得，崩潰點一大堆。如果遭到螺絲起子攻擊，它會立刻裝死、癱軟無力。這種天性跟負鼠、狒狓及樹懶家族的幾位成員如出一轍，這些動物遭遇螺絲起子攻擊時也會倒地裝死。

5. 漢森海牛討厭泰克斯。或許是因為它能感知泰克斯擁有機械知識，能診斷它的缺點。

6. 漢森海牛在以下條件或情況下會徹底罷工：(a) 浪太大，(b) 起風，(c) 晚上或清晨，還有傍晚，(d) 下雨、起霧、結露，(e) 航程超過兩百碼。但若是陽光普照、風和日麗的溫暖日子，且不遠處又有白色沙灘 —— 也就是它有心情工作的日子 —— 漢森海牛輕輕一按就啟動，一動就停不下來。

7. 漢森海牛誰也不愛，誰也不信任。它沒有朋友。

到後來，或許連我們的觀察都有些情緒化了。每次它一坐上船尾、把漂亮的小螺旋槳懶洋洋探入水中時，總是擺出一副要死不活的模樣。最後我們也感染了它的惡毒狡詐。其實我們早該毀掉它，但我們沒有。回到家，我們給它上了一層新鋁漆，再用紅釉料給紅點補色，然後便把它給賣了。我們原本說不定有機會幫世界擺脫這顆機器毒瘤呢！

4

　若說我們這趟遠征行純粹是臨時起意,著實荒謬。雖說我們可以在一兩個月內改變西方飛翔號的模樣,使它成為採集者的夢想之船;不過短租船主絕不樂見他的船有一丁點改變,而我們既沒有錢、也沒時間改裝,乾潮期就快到了。船上沒有常設實驗室;雖然魚艙空間夠大,可是艙內溼氣足以令儀器在一夜之間生鏽。此外也沒有暗房,沒有固定式水族缸,沒有能養活動物的大缸,也沒有可汲取海水的幫浦。除了廚房餐桌,我們連張像樣的桌子都沒有。我們把顯微鏡和照相設備安置在空床上,攤展動物用的琺瑯平底盤則放進條板箱(條板箱跟船尾網桌拴在一起,旁邊還擠了兩艘小艇);魚艙艙蓋板變成臨時實驗室和水族缸;我們拿桶子舀海水,注入平底盤。另一張空床堆滿手電筒、醫藥品以及其他較珍貴的化學藥劑。抄網、木質採集桶、好幾箱小玻璃瓶和大玻璃罐則全數放進魚艙。幾桶酒精和福馬林被牢牢綁在甲板欄杆上(我想我們每個人都有過一個恐怖念頭,那就是整整十五加侖的福馬林液發生滲漏並且爆炸),任何一個用過福馬林的人肯定都會對它敬而遠之,而且幸好我們沒有人對福馬林過敏。航行初期,我們的小冰

箱（配有二行程汽油馬達，還能循環冷卻海水、飼養活體動物）原本放在甲板室屋頂上，後來則移到網桌後面。順帶一提，這小東西效率不佳，馬達運轉不順、功率不足，不過在加利福尼亞灣的好些日子裡，它倒是設法讓一些些啤酒（或許不只一些些）降了點溫度──因為我們認為飲用未煮沸的生水是不智的，但煮過的水又不好喝（全體伙伴開心支持這套理論）；再者，當時天氣太熱，水很難煮沸，而大伙兒也都非常想測試這個聽來十分完美的科學觀察實驗。於是我們每個人都設法減少飲水，把攝水量降至絕對低值。

甲板欄杆上還綁了一大支加壓氧氣鋼瓶，壓力表和安全閥都用帆布包好。後來，船上的東西愈積愈多，有些物資只能先收起來，有些就再也沒拿出來用了。此外大伙兒都同意，初期日夜兼程行船時，每個人都要輪流守舵值班；一旦進入灣區、展開採集作業，屆時就只有約聘船員要負責船務運作，因為我們會在夜間下錨，僅於白天行船。

行前準備逐漸進入尾聲，我們和眾友人也隱約有些躁動焦慮；大伙兒來來回回上船下船，少說數百次但完全沒必要。我們運用巧思收納裝備，有些卻從此再也找不著。這幾天整個蒙特瑞都洋溢著節慶氣氛，感覺相當興奮──倒不是因為我們即將啟程，而是沙丁魚季結束時，罐頭工廠和船主都會大舉慶祝一番。他們會在碼頭盡頭擺上大型烤肉宴，免費供應啤酒、沙拉給所有賓客；沙丁漁船也會掛上旗幡彩帶，當季捕獲量最大的漁船則成為奇特的海上遊行皇后。每艘漁船皆開放參觀，熱情招待船主和船員的親朋好友。酒宴川流，賓主盡歡；整齊劃

一、莊重威武的漁船大遊行偶以混亂告終。這項慶典在週日舉行，於是我們計畫週一早上出航。西方飛翔號也像其他漁船一樣，掛上紅藍相間的彩旗綢帶，至於船主船員們則拒絕在慶典結束前出發。我們乘船遊行，幾個人站上主桅瞭望台，其他人站在甲板室屋頂上。後來我們跟其他五千人擠在碼頭上大啖厚片烤肉、暢飲啤酒同時聽人演講。這是沙丁漁民有史以來辦過最盛大的烤肉會，馬鈴薯沙拉直接裝進洗衣盆送上桌。一波波演講逐漸來到愛國主義高峰，整個蒙特瑞充斥著前所未有的歡欣與美好感受。

我們在此應該提一下向墨西哥政府索取航行許可的經過。行前準備期間，墨西哥正要舉行總統大選；由於當地局勢複雜，我們擔心可能發生暴力衝突。當時的墨西哥處於一種微微緊繃的狀態，故我們認為似乎應該申請許可保身，言明此次航行沒有政治目的、亦無涉商業利益。我們即將展開的工作確實可能讓某些忠誠愛國的關務人員或軍人感到十分可疑：一艘駛入荒涼海岸、杳無人煙之地的鬼祟小船，以及成天在海邊翻看石頭的一行人。對於我們的工作，我們大概怎麼解釋都無法讓這些軍人滿意。對於這群滿腦子軍事思維的傢伙來說，駕船遠行一千五百英里的目的就只是為了在海邊翻石頭、撿拾小動物（大多不能吃），而且這一切竟然不涉及開槍打人——這種事未免太過荒謬。不僅如此，常看《生活》、《畫刊》、《展望》戰事版的人，可能會覺得我們的設備似乎有幾分從事顛覆運動的味道；但是除了一把點二二制式手槍、一把嚴重生鏽的十號口徑霰彈槍，我們沒有其他武器。話說回來，興奮過頭的

草莽士兵極可能會把那支氧氣鋼瓶誤認成魚雷，而某些實驗設備看起來亦頗具殺傷力。其實我們並不擔心自身安危，但總不免想像萬一哪天碰上絕佳的退潮海濱，卻不幸身陷處處泥濘的墨西哥軍營，錯失良機。我們天真地以為，鑑於加州政府與墨西哥政府商業往來頻繁，應該可以在某份文書裡提及我們，爾後我們再利用這一小段話說服墨西哥政府，表明我們意圖端正。於是我們寫信給州政府說明計畫、並提供一份名單，表示名單上的人都能證實我們動機純粹，無不良企圖。我們像孩子一樣對政府懷抱信心，等待一份簡單陳述證據事實、無從錯辨的文件到來；此外我們也告訴自己，我們是美國公民，而政府是人民公僕不是嗎。哎呀，但我們哪懂得外交程序？在差不多該收到消息的時候，州政府回信了，然而通篇的外交辭令實在艱澀難懂。內文隱晦地表示，首先，儘管其他政府單位可能有不同的意見，但州政府並**不是**人民公僕。再者，除非這項海洋無脊椎動物採集作業由教育機構負責執行——若委請該領域權威布特勒博士領軍則更佳——否則州政府對此作業的興趣不大、或完全不感興趣，而州政府從不為普通公民出具此類聲明文件。最後，州政府向上帝祈禱，保佑我們不會捲入麻煩，不致因此向州政府請求協助。上述內容全都裹著一層令人費解的優美詞藻，於是我們恍然大悟，外交官何以總說他們在「解讀」日本或英國或義大利的訊息。其實我們也是趁著晚上精神好的時候解讀這封信，將句子拆成字詞再重組，這才得到上述重點。我們猜測，「重點」可能是個會令州政府打哆嗦的粗俗詞彙。

　　這下可好。我們沒拿到航行許可，而我們想像出來的士兵仍舊對那支氧氣鋼瓶吹鬍子瞪眼睛。幾位墨西哥的朋友決定出手幫忙：駐舊金山總領事寫了幾封信陳述我們的計畫，然後再透過一位朋友牽線，我們終於聯絡上墨西哥駐華盛頓大使卡斯提尤‧納黑拉先生。不可思議的是，大使先生竟然立刻回信，表示我們沒道理不該去這一趟，而且他會監督此事、即刻核發航行許可給我們——他的信就是這麼寫的。讀信時，我們有些感傷：大使先生似乎是個很好的人，但惋惜的是他的外交事業恐怕沒有未來——這個充斥國際政治現實的世界沒有他的容身之處，因為他的來信我們一讀就懂。顯然卡斯提尤‧納黑拉先生跟這個圈子格格不入。他不僅措辭清楚明白還信守承諾：許可文件很快就發下來了，完完全全就是我們要的。此時此刻，我們想對這位紳士承諾一件事：將來無論什麼時候，如果他的清晰思路與邏輯無可避免地導致他受到懲罰，我們非常樂意協助他在其他專業領域有個嶄新的開始。

　　許可文件送達時，信封上的美麗封緘讓即使不識字的士兵們也能知道，就算我們並非我們所表述的身分，至少也是頗具影響力的間諜或破壞份子，他無權動我們分毫。

　　於是，除了燃料箱（我們打算在聖地牙哥補充燃料），此行物資已全部裝載妥當。船員參加慶典競賽——小艇競速、過油桿、滾水桶——最後啥都沒贏回來，但沒人在乎。深夜，活動結束，我們行前最後一次在岸上入眠，可能遺漏的事物亂七八糟堆滿我們的夢境。宴會落下的啤酒空罐隨著海浪輕刷防坡堤，來回漲落。

　　我們原訂三月十一日早上十點啟航，但送行的人太多，道別的過程太歡樂，以致過了中午我們才想到該出發了。道別當下或道別的時刻肯定名列人類體驗過最愉快的時光，因為它帶有某種無涉失落的溫暖哀傷。道別時，平素不怎麼喜歡彼此的人會超越這份情感。眾人一再道別，就是沒法兒解開繩纜、發動引擎。要是能永遠活在道別的狀態裡，不必離開或留下，持續沉浸在愛與渴望、洋溢金色光芒的情緒中，肯定十分美好。想念但毋須離別，被愛卻永不饜足，這感覺該有多美、多令人渴望；因為在這些時刻裡，你我已無分別、亦不存在。做妻子、做未婚妻的前來送行，或熱情婉約，或情感奔放，同樣美麗動人。慶典落下的啤酒空罐猶如小鈴鐺，頻頻輕敲船身；海鷗低飛盤旋，無法落地，因為此處已容不下牠們——送行的人實在太多，甚至還有好些陌生人也被離別的魔法吸引，登船握手致意、晃進廚房寒暄。此時若再不把藥箱拿出來，大概就真的走不了了；幸好到了十二點半左右，象徵保安健康的最後一劑處方開出來、斟好也服用完畢，於是我們這才明白，不只我們能受庇佑不生病，船上其他五、六十位蒙特瑞居民也能懷抱期望，健健康康過上好一段日子。

　　船隻租約已生效，合約言明我們可以在十一號出發，船主說到做到。於是我們半請半強迫地遣走賓客，解開繩纜，倒退掉頭，從漁船陣列中破浪出發。索具上的旗幡彩帶迎風飄揚。一出防波堤，海風強勢撲來，我們——至少我們自己看來——感覺非常勇敢，畫面也相當好看。卡布利尤角暗礁上的小鳴鐘浮標似乎也很興奮，海風清爽，浮筒劇烈起伏，四枚響片

以輕快的節奏敲擊鐘身。我們站在甲板室頂上，看著太平洋樹林鎮迅速掠過、覆著松林的蓊鬱丘陵起伏倒退，彷彿移動的是它們，不是我們。

我們坐在條板箱上，想著生物學家大多都是怎麼樣的人；他們是科學界的男高音——喜怒無常，情緒化，好色，笑聲爽朗，身體健康。過去一度有過另一種類型（大學常以「死腦袋」〔dry ball〕稱之），但這些人實際上並非生物學家。他們屬於「田野防腐派」，性喜醃漬，只研究防腐保存、看不出任何自然本質的生命形式。這群頑固心靈創造了一個因福馬林而皺縮的世界。真正的生物學家探討生命——精力豐沛旺盛的生命——並從中學習，學到生命的第一守則就是活著。但這些死腦袋就連每隻海星靈魂深處、每條腕足囊泡都曉得的事都學不會：不論是海星本身、或位處生物階層最低等的生物系學生都知道，牠必須全方位增殖。有了這些觸手腕足，牠就能循線直抵全方位的潛能極限。其實我們也認識幾位身體力行「全方位增殖」的生物學家，其中一兩位也因此碰上點小麻煩。真正的生物學家和鐵匠一樣，都會大聲唱歌且坦然走音，因為他曉得，最常患上前列腺炎和胃潰瘍的都是蠢蛋。有時候，也許他全方位增殖的傾向稍微過了頭，不過這部分的他也跟其他生物一樣，說停就停、不拖泥帶水。此外，真正的生物學家也是極好的同伴，至少他不會把荷爾蒙不足和道德倫理混為一談。

西方飛翔號乘風破浪，朝蒙特瑞灣南端頂點裘角推進。不遠處有一道白線，顯示我們即將抵達外海；北風強勁，暗礁上

的浮標呼呼作響、載浮載沉，吼得像一頭躊躇悲戚的公牛。濱海公路上，方才前來送行的朋友駕車與我們等速並行，惆悵地揮舞手絹。那天我們全都有些多愁善感。我們繞過浮標，越過暗礁；才過暗礁，船身即劇烈起伏再打直。我們朝南方前進，北風在後方使勁地吹、掀起大型湧浪，浪頭不斷從船身底下經過，使我們看起來像是靜止不動似的。一隊鸕鷀貼近海面，低飛越過船首，像一串綁在一起、由同一套神經系統操縱控制的動物——動作整齊劃一，撲動有力的翅膀飛翔空中。牠們的翅膀似乎不時輕觸浪尖，且無疑是順著浪槽飛行，節省體力逆風前進。牠們並未左顧右盼，亦未改變方向。鸕鷀似乎總是明確知曉該前往何方。一頭海獅好奇探看。這黃褐色的老頑固蓄著漂亮鬍鬚，肩上刻印奮戰留下的傷疤。牠同樣游過船首，然後轉身，輕輕踩水與我們並行，仔細打量我們；最後牠滿意了，哼噴鼻息，切過海面朝岸上的海獅聚集地游去。海獅總有這麼些地方，讓牠們能往來交遊，不時相聚。

　　風愈來愈強。岸邊房舍的窗戶閃耀落日餘暉的光芒。主桅鋼索開始在風中哼起歌兒來，音色低沉卻頗具穿透力，宛如撥弄低音提琴音調最低的琴弦，音質出色。船身騎上層層波濤，滑移前行，越過高峰接著落入低谷。廚房抽風機傳來熱咖啡的香氣；自此以往，只要我們人在船上，這個香氣就永不散去。

　　日暮時分，靜不下來的我們又再次回到甲板室屋頂，聊起「海中老人」（Old Man of the Sea）；他或許是神話，只不過有太多人宣稱曾經見過他。人類的某些脾性迫使老人在海中布

放大量怪獸，使人類不禁懷疑怪獸是否當真存在。就某種程度來說，牠們確實存在，因為我們總是不斷見到牠們。某天下午，我們在蒙特瑞的實驗室喝咖啡、和吉米‧寇斯特尤閒聊。吉米是《蒙特瑞先驅報》的記者。這時電話響了，市政版編輯說，有條腐爛的海蛇被沖上莫斯蘭丁海灘，約莫在蒙特瑞灣中段那一帶。他要吉米趕過去拍照。吉米急忙趕到，湊近那條散發惡臭、身上的肉已腐爛脫落的怪物一看，發現怪物腦袋上釘了張字條，上頭寫著「別擔心，這是姥鯊」，底下署名「霍普金斯海洋研究站　羅夫‧波林博士」。波林博士此舉無疑是出於善意，因為他熱愛真相；然而他的善意卻澆了蒙特瑞鎮民一盆冷水──他們實在太希望這是一條海蛇了。就連我們都如此希望。未來，當人們發現或捉到一條貨真價實、完整且未腐爛的海蛇時，勝利的吶喊將傳遍整個世界：「喏！你們看！」他們會說：「我就知道牠們一直都在那裡。我就是有種感覺，覺得牠們始終都在。」每個人心裡的海洋都需要海怪存在，而海中老人只是其中之一。你在蒙特瑞可以找到許多見過他的人。丁尼‧寇雷托就曾經近距離見過他，甚至還能大致畫出他的模樣。海中老人非常高大，立於水中時，大概比浪頭還高出三、四英尺；他會直盯盯瞧著趨近的船隻，待後者非常接近時再緩緩沉入水中，消失不見。他猶如身手矯健的潛水伕，有著一雙大眼，披著毛茸茸的獸皮。截至目前為止，還沒有人拍到他的照片；如果將來他當真被拍到了，波林博士大概又會馬上跑來鑑定，戳破另一則美麗故事。為此我們寧願永遠沒有人拍到他。因為，假使海中老人到頭來只是嚴重畸形的海

獅，應該會有許多人悵然若失，揪心不已——就像發現聖誕老人不存在一樣，而大海從此再也不若以往美好。幽暗深邃的海洋深處就如同你我心底最隱晦的角落，孕育著幻夢象徵，偶爾有如海中老人躍然眼前者；就算這些象徵之物的外表恐怖可怕，但它就在那裡，而且屬於你我。沒有無名怪物的海洋就如同無幻無夢、一覺天亮。史帕奇和丁尼從不懷疑海中老人存在，因為他們注視過他。我們其他人亦不懷疑其存在，因為我們知道他就在那裡。我們接受這些年輕人的證詞，其確信程度足以判人死刑；我們知道他倆見過這頭怪物，他們描述他的方式彷彿曾經親眼見到他。

我們常會想到這類常駐心靈深處的海洋記憶或海洋思想。若有人要求描述何謂「潛意識」，即使是象徵性的答案，通常也會以「一潭深水，光線只能穿透極短的距離」形容。我們想到，人類胎兒在發展時期的某個階段，曾經有過殘餘的腮裂。如果腮曾經是人類發展的一部分，那麼設想心智或心靈有其對應的存在或也合理。如果有一段生命記憶強大到足以透過腮裂的符號保存下來，那麼，存在於個人潛意識中、象徵多數且占有優勢的這枚水生印記，或許也代表了構築人類集體潛意識基礎的心靈記憶。試想，潛意識都存著什麼樣的記憶啊：何種怪物與敵人，還有對黑暗、壓力、甚至是被捕獵的恐懼！有好些例子指出，就連無脊椎動物似乎也**記得**、並且對強烈程度不足以激起反應的刺激產生反應。說不定，除了對海洋的記憶，人類最強烈的記憶就是對月亮的記憶。然而月亮、大海與潮汐實為一體。即使是現在，潮汐依舊能造成極微小、但可測

得的重量差異。舉例來說，雄偉號郵輪在滿月時的重量約莫少
了十五磅[1]。喬治·達爾文（達爾文之子）的理論指出，在距
今十億多年前的前寒武紀時代，潮汐活動極為壯觀，當時的重
量差異也因此更大更明顯。對當時沿岸潮間帶的動物來說，月
球引力肯定是最最重要的環境因子，這些動物的吸排水量和體
重肯定隨著月球運行及相位變化而劇烈增減，尤其當時月球的
公轉軌道還是橢圓形的；相較之下，太陽的增幅作用可能就比
今日微弱得多。

　　循此，再聯想到潮汐對那些體內塞滿精卵幾近爆炸，盼著
微微引力牽引即可將其排出的動物性腺減壓效應，還有透過體
壁裂孔排出卵子的多毛蟲（polychaete worms）；這種古老蠕
蟲源自久遠以前的寒武紀，至今幾乎沒有太大改變。如果我們
承認潮汐會造成潛在影響，那麼只消再加上「本能」概念──
也就是遺傳得來的心靈模式──就能隱約理解，月相週期變化
的力量早已深深植入所有海洋動物、或甚至更高等動物（以及
人類）心中了。

　　討海人看見海中老人從海面升起、攔住船隻去路時，可能
也同時體驗了過去和現在。這或許不是幻覺；事實上，這不太
可能是幻覺。兩者的相互關係過於微妙，也太複雜。潮汐對靈
魂的影響著實神祕難解，而世人也可能更加意識到，即使是今
天，潮汐效應比我們普遍以為的還要確切、強烈且廣泛。比方
說，有人提出報告指出，拉布拉多海潮的漲落會干擾無線電接

1　Marmer, *The Tide*, 1926, p.26.

收[2]；近期觀察到的光速波動似乎也和潮汐週期有關[3]。因此我們大可放心預言，所有與環境對應的生理機制都可能受到潮汐影響，端看我們夠不夠細心、能否讀懂箇中涵義。

喬治‧達爾文這套理論的物理證據或多或少仍屬假設，意即非事實，傾向解讀；由於該理論包含一些未知的連結與因素，不難想像他的批判者可能連同其生物學意涵整套推翻。或許我們該換個角度解讀：動物本身似乎為這套天體演化潮汐論提供了驚人確證；若有誰能釐清來龍去脈、解釋這種原始印象，最後幾乎不得不提出這類理論假設。若要把我們在繁殖期動物身上實際觀察到的強烈月相效應，僅僅歸因於巧合、或是目前已頗微弱的潮汐力，似乎太過牽強。動物最原始、最具威力的種族或集體直覺大多與節奏感或「記憶」有關，影響全面，且在過去的影響力可能更甚今日。如果把這層深遠效應歸因於物種在發生初期受到潮汐力壓倒性、足以烙印為本能的強大影響，或許更為可靠。不論是否有人發現這類機制，或者能不能發現這類可經由「種質」（germ plasma）留下銘印的機制，「銘印存在」仍是不爭的事實。銘印存在我們體內，史帕奇、船長同樣也有，磯沙蠶（palolo worm）、旗鬚沙蠶（mussel worm）、石鱉，甚至女性的月經週期也都存在銘印的痕跡。如果，銘印一路從海蛇、海中老人進入你我夢境，沉沉棲於靈敏細緻的神經纖維中，那麼這段看似遙遠的長路其實

2　　*Science Supplement*, Vol. 80, No. 2069, p.7, Aug. 24, 1934.

3　　*Science*, Vol. 81, No. 2091, p.101, Jan. 25, 1935.

一點也不遠。人類心靈孕育的種種象徵符號，似乎根植於人類始祖的生命沃土。符號，海蛇，大海還有月亮，也許都只是象徵心理生理扭曲變形的信號燈。

5

　　黃昏到來，夜幕降臨。風停了，惟浪頭仍高，不見白浪。好幾隻鼠海豚游近，瞧瞧我們復又游開了去。守舵換哨，我們迎接在船上的第一餐（歡送宴剩下的冷食點心）；下哨的人亦不願回鋪床休息。我們穿上厚外套，窩在舵手坐的長板凳上。羅盤盤面上的小燈、還有左舷及右舷燈，象徵本船疆界的最外圍。我們行經南角，風浪展平形成遼闊的湧浪，速度也變快了。船長東尼說：「都是這樣。所謂『岬角引大浪』。」另一人可能會說：「愈到岬角浪愈大。」這兩句話都以相當自然的方式呈現施與受之間的關係。這種關係能貫穿海浪，從一道浪到次一道浪再到下一道；雖然前一道浪或已消失，但每一道浪都藉由「扭向近岸伙伴、充分觸及對方」的方式彼此相連，並受其扭力影響。如此這般，這份力量接續傳向岸邊，直到最後一道浪（從海上往回算）或第一道浪（從岸邊起算）觸及陸地，碎成浪花。思考的起點很重要。

　　光芒銳利刺眼的星子紛紛出現，燦亮得足以令幾道白浪襯著幽暗水域微微發光。從舵輪望去，立於船尖的船首旗迎著航道，來回掃過地平線上的星星，每經過一顆便遮去一顆。我們

曾試著用船首旗持續遮住一顆星，但根本不可能；沒人辦得到，就連東尼也投降。不過，東尼實在太了解他的船了，他能在我們偏離航道之前就察覺航道偏了，故能在錯誤發生前即校正錯誤。這事無關判斷或思考。任誰坐在一匹深諳其脾性的馬兒背上，也能擁有這份直覺：此人幾乎能透過膝蓋感覺馬兒的衝動，知曉但不真的知道牠何時羞怯退縮，也知道牠會朝哪個方向跳躍。陸地上的人（或是長期待在陸地的人）拙於掌舵，要他在波濤洶湧的海上操舵行船無疑相當困難，於是他一抓舵輪就開始緊張，如果一旁還有像東尼這樣的傢伙面帶嘲諷地看著更是如此。這時，要讓羅盤盤面保持穩定幾乎是不可能的事，標度會在兩度與十度方向之間來回擺動。隨著疲憊悄悄襲來，掌舵者偶爾會忘記要將舵輪往哪個方向轉，才能讓羅盤標度盪回想要的方向。舵輪只能朝兩個方向轉，非左即右；此時若操舵高手東尼剛好坐在身旁，那麼校正航道所拖延的時間（船身急速搖擺時，慢慢修正可能會讓船隻越過航道、偏向錯誤的那邊）就會更加令人發狂。他不會糾正你，他甚至不開口。但東尼熱愛真理，而航道就是真理。如果舵手偏離航道，那麼他就是對東尼撒謊；由於航道的投影與船首形成一直線、延伸即可環繞世界一周（假設如此），因此船尾拖曳的航跡就是舉發舵手的證據。若有誰能像計算數學般完美地掌舵（這當然不可能），那麼他的航跡必定是一條直線；不過就算航跡原本是直線，一旦遭到拖行，必定會受洋流或海浪影響而彎曲，進而抹去你真實虔誠的種種努力。航海術大概也像世間萬物一樣，都有一套統一場假設：內在因素應該有船、人對

船的控制、引擎、還有船員，不過主要還是船長的意志和意圖，其次是他的應變經驗，他的哀傷、野心與喜悅。至於外在因素則包括海洋（及其周圍的陸地）、海浪、洋流與風等等對舵輪、以及因應舵輪對抗外力變化而產生的持續且多變的影響。

若你駕船**朝某個目標前進**，你不能就這麼理想地、無窮盡地直直朝它駛去。你得先偏向一側，或者繞過去；不過你倒是可以確實依循羅盤指向，無限前進。羅盤指示的方向永遠不變，故抵達目標只是實現夢想。舉例來說，若要航向某個岬角，你在一段距離外可先直直朝目標前進，快到目的地再時稍微改變航道；又或者，你也可以設定岬角的羅經航向，待接近目標時再目測修正。此舉正是將理想化為現實的體現 —— 呈現內傾與外展、微觀到宏觀之間的關係。羅盤只是理想，代表無法企及的當下；而目視駕駛則是折衷的完美，讓你的船得以真實存在。

航海學的發展過程與思考、情緒發展相似 —— 對發明者來說，這無疑是一段跌跌撞撞且嚇人的漫長過程，心懷恐懼者則視其為可怖之物。這群探索的心靈肯定經常盼望能在地平線彼端找到恆定不變的參考點；要是有顆星星能始終如一地懸在那兒，供人測量，這事該有多簡單？在清朗無雲的夜晚，確實有顆這樣的星子低懸夜空，只是它不甚可靠，移動軌跡是弧形的。儘管這顆「北極星」的弧形軌跡仍有極細微的偏移，但相對來說還算穩定，因此發現北極星仍令人無比振奮。北極星能指引方向。在海上迂迴前行的人們心中，北極星就像意志堅定

的美麗女神，迎向愛與信任的星子。

人類總是渴望**始終如一**。我們發現，世間唯有羅盤指向、思維及個人理想不會改變——席勒與歌德指稱，理想必須「能夠實現」，於是貝多芬據此寫出第九號交響曲，獻給席勒的《快樂頌》。

潮池常被稱為「岩石底下的世界」。而航海或許也能以「地平線內的世界」稱之。

駕船時必須克服的外在影響都具有振盪本質，週期有長有短，或二者兼具。若以黑格爾來解釋，振盪幅度最高與最低的平均面即象徵「矛盾」。無怪乎，物理學的振盪符號「$\sqrt{-1}$」是基礎，意義原始且無所不在，幾乎每一道方程式都能發現它的存在。

6

三月十二日

　　我們在早上來到聖塔芭芭拉海峽，此處海水質潤色灰，多是長而平滑的湧浪。薄霧低懸海面，海鳥時而現身、時而不見。這時，彷彿優游在朦朧鏡中的鼠海豚破水而出，圍繞船邊。牠們真是來找我們的。我們之前就看見牠們改變航線，加入我們；實在是生性好奇的動物。日本人吃鼠海豚，但西方人鮮少打牠們的主意。咱們船上的丁尼和史帕奇（這兩位熱中捕捉各種魚類，或用魚叉捕獵任何會游的生物）也堅決不碰鼠海豚。「牠們很會哭，」史帕奇說，「如果受傷了，牠們會哭到你心碎。」這事很難理解：瀕死的牛也會哭，動彈不得的豬也會尖叫抗議，但鮮少有人為豬牛心碎。不過，鼠海豚會像孩子一樣傷心、痛苦地哭泣，因此我們猜想，討海人對鼠海豚的真實情感，大概不會比「純粹就是害怕聽到牠們哭」更複雜吧。動物的天性和人類的部分脾性大抵有對應之處——鼠海豚愛玩、享受速度，無法無天地自誇自負。我們觀察牠們好幾個鐘頭了。牠們在水中繞圈畫圖，下潛上衝側身翻轉，似乎想瞧瞧有沒有人在看牠們。牠們會猛地加速，拱背擺尾，使出全身的力量，接著再慢下來，僅用尾部附近的肌肉出力。牠們浮出

水面，氣孔像眼睛一樣開合喘息，下潛之前再緊緊閉上。突然間，牠們似乎玩累了，於是身體一拱、尾巴驚人一甩，忽地失去蹤影。

薄霧漸升，惟海面油滑依舊，猶如新雪保留過去的印記。船身近處有一片油亮光影，料想是大批沙丁魚在此兜游；海面上也有幾隻海鷗前來作伴，飽餐一頓後棲游水面、悠閒地梳理羽毛。一艘日籍郵輪快速溜過光滑的海面，從我們身旁經過，拖曳的尾流使我們上下晃盪了好一會兒。這一天過得漫長且慵懶。晚上途經洛杉磯，東一簇西一簇的市鎮閃爍著點點燈光。聖佩德羅的漁船探照燈持續掃過海面。一束炫目強光延伸數里，落在我們身上，燦亮得將伙伴們的身影投射在排氣煙囱上。

清晨，天未破曉，我們進入聖地牙哥港。穿過狹窄水路，依循燈光指引變換航道，終而停靠碼頭。雖說敝國並未參戰[1]，這裡的一切仍因戰事而紛亂擾攘：鋼鐵火藥，轟隆震天，人們腦袋空空面無表情，像死人一樣準備去摧毀破壞其他東西。飛機編隊隆隆飛過，潛艇靜靜流露不祥氣息。潛艇是個無趣的地方，艦上官兵必得限制思考方能執行任務，是以我們在和一位贏得艦砲射擊競賽的海軍軍官聊天時，曾經問他：「您可曾想過，當你們下令**發射**、結果有顆砲彈落在某條小街上，如此可能摧毀多少家庭、影響成千上萬人？」「當然沒有。」他說。「那些砲彈射程極遠，你看不見它們落在哪裡。」

1　譯注：作者寫述當時，美國還未參加第二次世界大戰。

他的回答十分正確。如果他真能看見砲彈落點和砲彈造成的結果，如果他真能感受到手臂落下的威力和砲管發出的振波，他大概就無法執行任務了。他本身就是那尊砲的弱點。不過，一來他看不見落點，二來他堅信這是彈道學和軌跡理論要處理的問題，故他無疑是一名優秀的槍砲官；但他同時也謙遜得婉拒承擔思考責任。如果他容許自己思考，勢必危及其所在世界的整體架構。任何模式中的每一道細節都必須謹守崗位，否則極可能破壞設計或致其瓦解。但我們好奇的是，在當前這個模式裡，這些構成整體的零件是否還未緊繃到超出極限的地步，而我們這個時代的矛盾是否還不至累積形成荒謬的結論，終而導致整體結構崩塌。鑑於各國之間的矛盾愈來愈大，領導人也必須愈來愈不聰明，才能穩坐大位。

那年的聖地牙哥港滿載炸藥，還有各種運送炸藥，以及將炸藥投至敵方（目前尚未確認誰是敵人）的工具與裝置。指揮並主導這套機制的無疑是真正的現實主義者。他們知道敵人隨時都可能冒出來；敵人一旦出現，他們有的是炸藥可扔。

我們在聖地牙哥把油料和水箱補滿，補足冰塊，添入最後一批易腐壞（非醃漬）食品、麵包、雞蛋和新鮮肉片。這種好日子其實也沒幾天。待冰箱冰塊融光，屆時就只剩罐頭及海中現捕的食材可吃了。我們靠岸整整一天一夜，最後一次理髮，享用牛排。

這趟小遠征已然成為我們心中無比重要的一件事，彷彿我們即將不久於人世。陌生人上碼頭盯著我們瞧，小男孩像猴子一樣跳上甲板；那些總是安安靜靜站在碼頭上的人問我們要往

哪兒去，聽聞我們回答「加利福尼亞灣」時，他們渴望得淚眼汪汪，極欲同行。他們就像無所事事站在機場或火車站的男男女女，一心渴望離開，而他們最想遠離的對象是自己；但他們不知道的是，不論你前往何方，肩上的擔子也會跟到天涯海角。有個也想共襄盛舉的男人得知他獲准放我們離開，便站在船首繫纜旁等待，站了好一段時間；後來他終於得到通知，於是先解開船首繫纜、再奔向船尾解開艉纜，之後就站在碼頭上看我們離港。他也急著離開。

*   *   *

才剛進入墨西哥領海，海水顏色就變了，變成深邃的群青色──靛藍漂白粉的顏色，極為濃烈，彷彿能深深穿透海水。漁人稱之為「鮪魚藍」（tuna blue）。到了星期五，我們已越過「下角」；這片海域有不少海龜和飛魚，丁尼和史帕奇立刻取出釣具，之後整趟旅程沒再收起來過。

史帕奇‧埃尼亞和丁尼‧寇雷托從小在蒙特瑞一塊兒長大。小時候，他倆都是小霸王，兩人也為此相當得意。有人不經意提過，警方曾經成立一支特別小組，專責監視丁尼與史帕奇的成長發展。兩人身材結實，個頭都不高，幾乎形影不離，而且似乎也經常對同一件事燃起衝動：假使丁尼跟某個女孩兒約會，而史帕奇約了另一個，那麼之後丁尼必然會把史帕奇的女孩弄到手（一方面是對方默許，一方面是要詭計）；不過這沒關係，因為史帕奇就算是移山填海也會成功把到丁尼的

女孩兒。

這兩人一起輪值守舵。他倆值班時，我們常常離奇地偏離航道，但沒人曉得為什麼：羅盤似乎總會失控，航線也一逕往內陸偏斜。兩傢伙把帶羽毛的假魷魚勾上釣線，再把釣線纏在桅杆支索兩側的滑車上、墊上汽車用的內胎。由於鮪魚的衝撞力道極大，勢必牽動船身；而船速加上鮪魚的游速，效應驚人，故即使釣線沒斷，鮪魚下巴肯定裂開──內胎解決了這個問題。它可以吸收魚身首次咬餌造成的拉扯，讓方向和速度達成平衡。

史帕奇和丁尼守舵時，也會一併關照釣線動靜；若橡皮內胎開始彈動，其中一人就會爬下去抓魚。如果是條大魚、或者魚掙扎得厲害，**抓魚的**會歇斯底里大叫，**守舵的**便下去幫忙。於是舵輪就開始自在轉動。我們懷疑，他倆的這種習慣跟我們偶爾來一段的奇妙航程到底有沒有關係。回到崗位後，兩人肯定少不了爭執討論，然後可能忘了設定的航線，遂捏造一套差不多的版本。「不用說，」他們可能會這麼想，「這麼做遠比把船長叫起來確認航線要好多了，也比較厚道。如果沒走太遠，差個五度十度其實也沒那麼重要。」若說東尼熱愛事實及其本質，那麼丁尼和史帕奇絕對足以與之抗衡，甚至還贏過他──他們不怎麼相信事實真理，又或者更進一步，他們也不怎麼相信非事實。那些盯著他倆長大的警察們肯定相當能夠欣賞兩人的反覆無常。這兩傢伙會測試每一件事，查明是事實或非事實；同理，他們也拿羅盤來試，因為他們懷疑羅盤本身就有缺陷。而且，假如東尼說「你們偏離航道了」，那他們可能會

回答：「喔，不過我們沒撞到什麼呀，不是嗎？」

7

三月十六日

下午兩點，我們進入麥格達雷納灣。海水油亮平滑依舊，陽光鑲著薄霧，輕觸水面；飛魚在推進的船首前方左右飛躍。雖還未證實，不過與白晝期間相比，飛魚在夜間似乎能飛得更遠。若飛行中的飛魚是因為飛鰭變乾才落水，那麼這項觀察應該還算合理，因為飛鰭在晚上不會太快變乾。話說回來，這一切說不定只是視錯覺罷了：晚上我們通常會把探照燈直接照在飛魚身上，而這道詭異光束或許會讓飛行時間感覺比實際還要長。

丁尼是天生的叉魚好手，他總是手持長矛，穩立船首。截至剛才為止，除了鼠海豚之外幾乎沒啥動靜，而他是不會對鼠海豚出手的；但此刻，海龜三三兩兩出現了。丁尼先是等待一陣，然後揚起魚叉射向海龜群。史帕奇立刻放開舵輪，與他合力拉起一頭小海龜，身長約兩英尺半。這是一隻玳瑁[1]。這下可以來觀察伙伴們的心腸有多軟了。那根小魚叉刺穿玳瑁相

---

[1] *Eretmochelys imbricata* (Nelson, 1921, Y-29, p.114)。另一個常見名稱是 *Chelone imbricata*。

對較軟的龜殼,然後在體內斜向一方;他們把海龜吊在支索上,牠無助地揮動鰭狀肢、伸長老皺的頸子,鸚鵡般的嘴喙咬得死緊。黝暗的眼眸流露困惑與痛楚,撕裂的殼滲出大量鮮血。丁尼突然感到相當自責,他想趕快解除海龜的痛苦。他放下海龜,取來斧頭:第一擊徹底偏離目標,斧刃嵌入甲板;第二擊順利讓海龜的腦袋與身體分家。但丁尼立刻學到一項詭異且恐怖的知識:海龜很難殺。砍頭似乎無法即刻見效,因為海龜照樣動個不停,猩紅的大量鮮血不斷從頸部冒出來,鰭狀肢亦瘋狂拍動;這頭剛被斬首的動物並未顯現任何行動受限的跡象。我們亟欲檢查這頭海龜,眼下只好暫時把丁尼的情緒放一邊。海龜殼上寄生了兩顆藤壺和許多水螅,我們立刻取下保存。小尾巴旁的凹處內有兩隻行浮游生活的方頭蟹 [2],一公一母;從牠們藏在海龜皮膚內的方式判斷,牠們在這兒似乎挺自在的。我們也急著想研究海龜消化道,一來想瞧瞧牠都吃些什麼,二來想找找看有沒有條蟲;為此,我們從兩側鋸開龜殼,打開體腔。從食道到肛門,海龜消化道內擠滿密密麻麻的亮紅色小岩蝦 [3];最靠近食道的幾隻都非常完整,適合保存。至於食道本身則排列著一根根尖銳硬棘——非骨質,而是硬得足以將食入的小甲殼類打成漿的特化組織。海龜食道奇特的蠕動方式能將這些棘湊在一起,做出研磨動作,同時將逐漸軟爛的食糜送往後方的胃部(即使在解剖期間,牠的腸胃反射仍十分活躍,讓我們得以繼續觀察)。這是構造適應食物來源的成功例子,又或者是反過來才對。海龜心臟仍規律跳動。我們取下心臟、泡在裝了鹽水的罐子裡,結果它又繼續跳了好幾個鐘

頭；二十四小時後，它顯然已不再跳動，此時若拿玻棒輕碰一下，海龜心臟又會跳個幾下再放鬆。丁尼不喜歡這次解剖過程。他希望他捕來的動物都能一擊斃命，死得乾淨俐落；後來我們切下肌肉組織，打算煮來吃，但即使是這一小塊一小塊的白肉也對觸碰有反應。丁尼發誓他要放棄這種動物，往後再也不叉捕任何一隻海龜。在他心裡，海龜已加入鼠海豚一族，成為受保護的動物。說不定，他認為扭動的海龜組織和自己有某種關聯，故無法客觀看待。

海龜料理以失敗收場。我們把肉煮熟，卻因為受不了恐怖的氣味而整鍋扔掉。（後來我們發現，料理海龜是有技巧的。）我們想保存龜殼，所以盡可能把肉刮掉再泡鹽水。我們把龜殼吊起來，深深浸入海水，希望等足蟲（isopods）能幫忙清理乾淨；無奈事與願違，於是我們只好把龜殼泡進福馬林再曝曬風乾。不過最後我們還是把龜殼給扔了。橫豎這標本做得並不漂亮，我們也不喜歡。

那晚我們碰上一群鰹魚[4]。這群游速快、線條俐落又漂亮的魚兒是鯖科底下的一種。守舵的小子們放線釣上五條，不過我們也因此嚴重偏離航道。我們試著以錄影方式拍下魚兒在瀕死掙扎時的體色及圖案變化：當牠們的尾巴激動拍擊甲板時，身上的顏色會反覆出現脈衝般的明暗變化；待其死亡，則

2　*Planes minutus*。

3　*Pleuroncodes planipes* (Stimpson)。

4　*Sarda chiliensis* (Girard)。

又呈現另一種全新圖樣。我們原本希望能用彩色底片給多種動物拍照記錄，因為泡製的標本不可能保有原色，也因為許多動物（其實是大多數的動物）生前是一種顏色，死後會呈現另一種顏色。可惜我們之中沒有一個是攝影專家，因此成果有限。鰹魚很好吃，史帕奇為大伙兒做了一桌粗大的炸魚柳。

那晚我們還撈到兩條小小的北方飛魚[5]。後來在對照巴恩哈特的《南加州海水魚》時，史帕奇看見一幅燈籠魚插圖，標名「*Monoceratias acanthias* after Gilbert」（棘單角鮟鱇，吉伯特命名），他脫口問道：「牠幹麼追吉伯特？」[6]

平滑深藍的海水疾速奔流，一切宛如夢境。遠方漂著一只貌似從某郵輪落下的箱子，引起我們注意，而我們也很難不靠過去撿它。海面開始出現另一種鼠海豚，體色偏灰（先前遇上的北方鼠海豚是深棕色），身型修長，游速極快，鼻吻較長且呈槳狀。牠們大群移動，頻頻躍出海面，看起來玩得很開心。此處豐富的生命讓人感覺精力充沛、豐足富饒。愛玩的鼠海豚、海龜以及大群魚類像一陣輕快的微風拂擾水面，注入活力。有時，我們還會在遠處看見一群鮪魚輪番躍起；在牠們使勁躍出水面的那一刻，陽光在牠們身上粼粼發亮。這片海域充滿旺盛的生命力，說不定海底也同樣豐沛富饒；顯微鏡下，海水滿滿都是浮游生物。這是一片「鮪魚海」——生命之海，從浮游生物到鼠海豚，應有盡有。那隻玳瑁也因為尾巴底下住著幾乎是片利共生的小螃蟹、背上騎著藤壺和水螅，使其生命更為圓滿；遠海岩蝦[7]亦將大海布綴得點點猩紅。這裡處處是食物，每一種生物都是另一種生物的養分，生命欣欣向榮。

　　十六日傍晚五點左右，我們在拉薩洛角北方七十英里處海面遇上一大片紅岩蝦；點點鮮紅襯著群青色海水，相當漂亮。眼前沒有保護色這回事，你很難找出更鮮明的對比。海水幾乎像是凝固了一樣，摻雜小小的紅色甲殼動物 —— 墨西哥人以「小龍蝦」（*langustina*）稱之。根據史汀普生[8]紀錄，一八五九年三月八日，加州蒙特瑞曾有大批**小龍蝦**被沖上岸，然此地離牠們的自然棲地超過數百里遠；這大概是某次洋流循環異常所造成的奇特現象。我們讓引擎空轉，緩緩靠過去，同時拿抄網撈捕小龍蝦。我們把小龍蝦放進白瓷盤，拍了幾段彩色影片。（順帶一提，這是整趟旅程中少數成功拍攝的影片。）我們發現，盤中的小動物不會快速游動，比較像在水中扭動爬行。最後我們把小龍蝦浸入清水，待其死後再以酒精防腐保存 —— 酒精立刻奪去牠們鮮豔的顏色。

5　*Cypselurus californicus*。

6　譯注：原文 "after" 有「依……命名」之意，也有「追隨、追捕」之意。

7　*Pleuroncides*。

8　譯注：即 *Pleuroncodes planipes* 的命名者。

8

三月十七日

凌晨兩點，我們通過拉薩洛角。此處和賽德羅斯水道、合恩角都是舉世聞名的危險海域，即使別處風和日麗，這裡的天氣總是奇差無比。若能安然通過這些半神話區域，行船者無不如釋重負，因為這些海域不僅常有暴風雨，天氣亦詭譎難料，是以原始的恐懼——如錫拉－卡力布狄斯情結[1]——再度升起：古人因恐懼而將此地妖魔化，唯有在祈禱獻祭後才敢通過兩名女妖駐守的海峽。越過拉薩洛角這一路確實狂風大浪、顛簸難行，不過一轉進岬角南側，海面立刻變得十分平靜。約莫清晨五點，我們遇上一群密集度更驚人的紅色小岩蝦，於是再度停船大撈一番。一尾鮪魚在我們撈捕紅岩蝦時同時上鉤，遂把牠也拉上船當早餐。用餐時，我們提到這魚的學名為正鰹（*Katsuwonus pelamis*）[2]，但史帕奇堅持牠叫「煙仔

---

1 譯注：錫拉（Scylla）和卡力布狄斯（Charybdis）出自《荷馬史詩》，據說是分踞於義大利本土與西西里島之間的墨西拿海峽（Strait of Messina）兩側的女妖，船隻行經此處必定會遇上其中之一。後續引申為兩害相權取其輕、兩難之意。

2 譯注：*Katsuwonus pelamis*。Skipjack 為俗名。

魚」（skipjack），因為他正在啃這條魚，而他非常確定他絕對不會吃什麼勞什子「正鰹」的。兩鐘頭後，我們抓到兩小隻純金色的鬼頭刀[3]，體色驚人地美麗，忽明忽暗、不斷變化。這種魚的分布範圍極廣。

　　我們即將來到日夜行船的終點。自離開聖地牙哥以來，除了日前為捕捉小龍蝦而讓引擎短暫空轉以外，這艘船不曾停下來過。半島海岸線朝遠方延展，平緩的丘陵荒涼枯黃，岩石乾裂；即使是三月天，熱氣仍懸罩陸地上方，微微閃耀。東尼一路穩穩地沿著近海航行，直到此刻才逐漸靠向陸地；因為我們即將在今晚抵達聖盧卡斯岬，之後打算只在白天行船。除了普爾莫崖、拉巴斯和天使灣幾個原本就規劃要去的採集點外，沿途只要遇上看起來挺有意思的海岸，我們都會靠過去瞧瞧。這段歷時九十小時、說短不短的小旅程即將告一段落，大伙兒都挺開心的。那天下午，陸上乾枯的丘陵呈現一片金紅；到了晚上，沒人願意離開甲板室屋頂。南十字星座剛好斜立在地平線上，空氣溫暖宜人。東尼花了好些時間窩在廚房，反覆研究海圖。他以前來過聖盧卡斯岬一次。十點左右，我們看見人工岬上的燈塔，但是一繞過岬角，夜色墜暗；惟漆黑中依然可見兩座巍然矗立的「修士岩」。《沿岸引航》提及聖盧卡斯岬的碼頭盡頭有燈光，但我們啥也沒見著，東尼只得緩緩將船靠向幽黑的泊港。岸上一度有閃光，稍縱即逝；時間已過凌晨，在這種時刻，肯定不會有哪戶墨西哥人家還亮著燈。西方飛翔號甲板室射出的探照燈彷彿遭黑夜吞沒。站在船首、手持測深索的史帕奇探得深水區，於是我們緩緩駛入，停船漂行並再次測

深。海灘突然出現，就在前方三十英尺左右；小小浪花化成碎浪，但測深索顯示深度仍有八噚[4]。我們往後退了些，下錨靜候，等它抓牢底岩，這才關掉引擎。我們在甲板室屋頂上坐了好一會兒。陸地的甜味伴著暖風吹送過來，一種混合沙馬鞭、青草和紅樹林的味道。竟然這麼快就忘了，這屬於陸地的味道。在岸上的時候，我們的鼻子太熟悉這些氣味以至於忘了；不過，在海上待了幾天，嗅覺記憶模式不再，因此這多日來的第一道陸地氣味才會強烈激起一陣鄉愁，清晰猛烈，不可思議地親切。

清晨。前夜的黑暗神祕不見蹤影，小小泊港溫暖耀眼，岸上只見海灘邊緣的幾棟房子，還有緊鄰岬角岩堆的鮪魚罐頭工廠。天一亮，昨晚漆黑無光之謎隨之揭曉：《沿岸引航》沒寫錯。罐頭工廠的碼頭盡處確實有座燈塔，不過，由於電力來自工廠發電機、而工廠發電機只在白天運轉，所以燈塔只在白天發光。白晝來臨，燈塔亮起，毅然持續運作至傍晚才再度熄滅。《沿岸引航》赦免無罪，它沒撒謊，因此就連東尼（昨晚他吃了點苦頭）亦不得不按捺最初的怒火。說不定，這次經驗就像笑話集裡那些措辭謹慎的謎題一樣，對東尼嚴密的思考方式不啻為一次教訓。《沿岸引航》說「有燈光」——但它沒說何時會亮。是我們自己做了錯誤假設。

3　*Coryphaena equisetis*。

4　譯注：噚（fathom），英語世界最常用的海洋測深單位。1 噚約為 6 英尺，相當於 1.8 公尺。

　　半島末端的巨岩彷彿是文學著作才有的情景：臨海屹立，雄踞數千里山脈及半島末端，無疑是「陸之盡」最貼切的注解。好望角也是這樣。也許，我們的內心深處從這類地形地貌感受到某種「終結」之感，故它們也因此成為結束的象徵。修士岩巍峨聳立，宛如保護者迎視無盡大海。

　　兩百多年前，耶穌會修士克拉維赫羅踏上聖盧卡斯岬和下加利福尼亞半島。以下節錄自其著作《下加利福尼亞遊歷》[5]萊克與格雷譯本第十五頁：岬角位於半島南端之末，東及紅河（即科羅拉多河），坐落北緯三十三度、西經一五六度的聖地牙哥港可謂其西界；北與東北毗鄰蠻荒之境，沿岸鮮為人知、內陸則一無所知。岬角西為太平洋，東為加利福尼亞灣，加利福尼亞灣形似「紅海」，故古往亦稱「紅海」；為紀念征服墨西哥且發現、橫渡加利福尼亞灣的著名征服者柯提茲，又名「柯提茲的海」。半島全長約十度（緯度），最窄及最寬處約三十英里至七十英里以上不等。

　　「加利福尼亞，」克拉維赫羅又道，「最初僅為港口名，爾後延伸稱及整座半島。部分地理學家甚至任意將阿帕契族之鄉新墨西哥及其他與加利福尼亞實際位置相距甚遠、且毫無關聯之地區，一併劃入加利福尼亞境內。」

　　克拉維赫羅談及命名。「此名來源不可考。然據稱，征服者柯提茲認為此地氣候炎熱、且自認略曉拉丁文，遂將港口命名『Callida fornax』（熱火爐）；其後，或柯提茲本人、或科氏的多名侍從之一再循此造出『California』一字。此番推論若非屬實，猶屬可信。」

就因為最後這句話，我們決定喜歡這傢伙。克拉維赫羅為人謹慎，他在《下加利福尼亞遊歷》的觀察紀錄正確地驚人；即使不見得全是事實，至少句句可信。他總是言及自己的選擇。或許以下這段話可作為他耶穌會訓練的明證：「若你選擇相信，」他明白表示，「你的選擇或許不正確，但至少你不是傻子。」

萊克與格雷的英譯本包含不少有趣注解。「著名的海盜德瑞克為了向祖國致敬，稱加利福尼亞為『新阿爾比昂』[6]；而德國耶穌會神父舒瑞爾和法國地理學家德費則以『卡羅林納島』指稱加利福尼亞。『卡羅林納島』一名始於西班牙國王卡洛斯二世時期，當時該半島被認為是一座島；不過這個名稱與其他別名皆迅速被世人遺忘，惟柯提茲賦予之名日益普及。」

萊克與格雷在第二條注解繼續闡述。「針對『California』或部分人士使用的『Californias』，我們想補充唐荷西·坎波這位博學的前耶穌會修士根據語源學所提出的意見。坎波神父認為，『California』由西班牙文『*cala*』及拉丁文『*fornix*』組成，前者意指『小海灣』，後者為『拱頂』；理由是聖盧卡斯岬有一處小海灣，海灣西側有塊鑿穿懸空的岩石開口，此巨大開口的上半部呈拱形，完美得有如藝匠之作。或許，柯提茲注意到這座小海灣和拱頂，再加上通曉拉丁文，便給這港口起了『*Cala-y-fornix*』（音近 California）這個半西班牙、半拉丁

5　Stanford University Press, 1937.

6　譯注：Albion 為大不列顛（英格蘭）古稱。

文的名字。」[7]

　　「據此，我們還可以加上由前兩項推論所組成的第三項推論：『California』前半部仍如坎波神父所想，源自『cala』；至於後半部，作者認為『fornax』亦不無可能，因為柯提茲覺得這小海灣十分炎熱，故談及此地時可能以『cala, y fornax』描述之。」注解結束。

　　對於以上推論、以及「California」名稱由來、別名等等一切學術討論，我們認為全非事實。地名依附地點，要不牢牢緊跟、要不脫落遺忘。人類好不容易踏上南極洲時，不太可能脫口而出「洛克菲勒山脈」、或使用任何一個早餐食品公司設計的名字。比較可能的情況是，某個名稱幾乎是自然而然從某處、或某人嘴裡冒出來，而名稱本身和事物的關係是非常緊密的。這種命名方式在美國西部似乎更為明顯。我們以兩個例子說明這種連結：內華達山脈有兩座小山峰，早期拓荒者稱其為「瑪姬的胸部」（Maggie's Bubs）。這名字不差、也具描述性，然而對熱愛大自然但個性敏感的後人來說，稍嫌粗俗；他們多次嘗試改名卻總是失敗，最後只好妥協，僅在正式引述時以「瑪姬山」（The Maggies）稱之，附帶解釋那是當地人給的名字。「狗__丘」（Dog ----- Point）也一樣，最後同樣也在正式印刷時改成「野犬之丘」（The Dog）（是說，我們只為這批大自然愛好者「敏感」）。「犬丘」看起來

7　譯注：Cala-y-fornix：中文為「小海灣與拱頂」。"y" 為西文「與、和」之意。

並不像狗，不過它確實長得像狗的某個部位，故而得名；凡是見過犬丘的人都一致表示，該命名從解剖學來看十分精確，大讚命名者頗具巧思。其實這份巧思不僅高度發展、亦深植於人類最原始的魔法中。我們之所以為事物命名，自始至終都是為了使其更為人熟悉、進而削弱危險色彩。「樹」這個抽象名詞原本可能隱藏某種邪惡概念，一旦它有了名字，人類就覺得有能力應付了。樹本身並不危險，但森林很危險。遠古時期，人類有時會以「絕不提及名字」的方式防避災禍——譬如在馬來西亞，當地人絕對不說「老虎」二字，唯恐召喚老虎前來。至於其他文化、或即使是美國文化，命名也能建立熟悉感、削弱事物本身的力量。有些科學家和哲學家自我保護、對抗恐懼的方式亦相當有趣，這群人大多情感強烈，常心懷恐懼。當現代疆界無限拓展，哲學家猶如黑暗時代的水手，落入未知世界，於是其自救方式是打造一個名為「神祕主義」或「超自然主義」或「激進主義」的禁忌盒子，然後把所有嚇人的念頭全部扔進盒子裡，保持距離以策安全。然而，地理上的命名幾乎都和該地的某個部分有關。一如東尼說過「岬角引大浪」，這裡可以改成「名隨地方來」。「California」本意為何並不重要，重要的是在眾人賦予此地的所有名稱中、以及在所有造訪此地的人們眼中，「California」似乎是最貼切的名字。若將「California」視為無意義的字彙，那麼「新阿爾比昂」和「卡羅林納島」亦如出一轍。

關於外號或諢名這件事，我們所知最詭異的例子是一個本名叫「寇普蘭」（Copeland）的傢伙。他在美國境內住過三

處不同地方、且在當地皆無熟人，卻不約而同先有了「哥本哈根」（Copenhagen）、然後是「哈根」（Hagen）這兩個綽號。這事就這麼發生了。他莫名其妙變成哈根。我們不曉得他身上到底有什麼屬於「哈根」的特質，但肯定有，否則他為何不是「哥本」或「寇普」呢？從來沒有人這樣喊過他。人們總是叫他哈根。於是我們赫然領悟，這事已然成為神祕事件，如果有任何人想把它扔進禁忌盒、摔上盒蓋，懇請自便。

巨大的灰色修士岩屹立在聖盧卡斯岬盡頭尖端，岩石後方有一片小海灘 —— 這可是小男孩夢想中的海盜根據地。這裡似乎是最完美的藏身地點，也很適合駕著二桅帆船出征、航向世界，或者將金條、珠寶及漂亮女士（毫無疑問也是從其他船隻掠奪而來的）帶回此地窩藏。以前的人肯定也深受這處小海灘吸引，因為岩石上還留著不少海盜的名字，而海盜船也確實由此進出；但此刻，修士岩後方的沙灘上只有成堆腐爛的斧頭鯊，肝腸外露，肚腹裡的魚亦腐爛發臭。將來有一天（而且就快了），掠奪技巧更成熟、揚棄二桅帆船改用海岸大炮的海盜們，勢必會用大量灰色怪獸釘滿這片沙灘；令灣內船隻聞風喪膽的亦不再是衣著破爛的大佬粗，而是裝滿黃色炸藥的砲彈。這群現代海盜永遠不會載著珠寶或漂亮女士回到岩石後面的小沙灘。

抵達聖盧卡斯岬的第一天早上，我們刮了鬍子、把自己打理乾淨，等待墨西哥官員現身簽發上岸許可。官員姍姍來遲，因為他們得先找出制服，同樣也得刮鬍子。靠港的船隻不多，故即使是像我們這樣的漁船，他們也不想浪費登船造訪的

機會。近午時分，幾位制服筆挺、頭戴遮陽帽的男人終於走下海灘，划向我們。他們配帶點四五自動手槍（墨西哥的警用配槍都是這一款），此外還帶著墨西哥官員特有的親切禮貌。不論他們要對你做什麼，態度總是和藹可親。後來我們很快學到，其他港口的規矩也跟這裡一樣：凡是擁有制服、或者能借到制服的人，都有資格登船——譬如制服洗得乾淨亮白的海關徵稅官，身著正式西裝、一臉東尼稱之為「雙排釦長相」的工會代表，然後還有士兵（如果當地有士兵），最後是原住民（他們大多划船過來，鮮少穿制服）。這些人像大使一樣蒞臨舷側，與我們一一握手。小廚房備妥咖啡（或許再加上一滴蘭姆酒），雪茄呈上，接下來就是火柴儀式。在墨西哥，雪茄價格低廉，但火柴可不便宜；若是有人想向你表達敬意，他會替你點雪茄。如果你先給了他一根雪茄，那他必得這麼做以表達敬意。不過，在點完你的及他的雪茄以後，若火柴還未燒盡，這時任何人都能上前利用這根火柴。街上偶有需要借火點菸的陌生人，這時他們會迅速上前、借你手上的火柴一用，然後鞠躬致意、繼續前進。

以前我們總是等到失去耐性，但這回毋須久候。原來是不久以前，南部地區總督正好來聖盧卡斯岬巡視；然後在這之前，剛好有一艘快艇進港，故整件事因此簡單許多——由於官員們不久前才穿過制服，所以他們很清楚該上哪兒去找；找著之後，他們也不需要像偶發事件那樣、必須先送洗才能換裝登船。於是正午左右，他們一邊驅趕在沙灘上開心晃蕩的豬隻和墨西哥兀鷹、一邊大步來到海邊。他們擠進小船，舷緣直逼水

面，一行人隆重威嚴地來到船邊。我們各自帶著淡淡的尊嚴進行檢查儀式。因為如果我們對他們說幾句破爛西班牙文，他們必定回敬幾句蹩腳英文。檢查完畢，咖啡喝完，雪茄也抽了，他們終於下船離開，表示還會再回來。儘管我們挺喜歡這群人的，但也頗不耐煩，因為這時已經開始退潮了：海灘上暴露的岩石似乎聚集大量動物，種類豐富。

在我們行禮如儀、畢恭畢敬的整段期間，崖頂不時傳出微弱槍響──有幾個人在那兒開槍打黑鸕鶿。原來聖盧卡斯岬的每個人都討厭鸕鶿。牠們猶如白璧之瑕，是完美生態循環的唯一缺點：工廠製作鮪魚罐頭，將內臟與切除的餘料全扔進碼頭盡頭的大海；雜餘引來成群小魚，小魚則可網起做成釣捕鮪魚的誘餌。然而鸕鶿卻橫空劫取餌魚，破壞這個封閉緊密的循環。牠們潛入水中捕魚，因此驅走原本聚集在碼頭末端的魚群，害那些魚餌工人無法順利完成工作。因為如此，鸕鶿被視為搞破壞的激進外來份子，違逆聖盧卡斯岬天造的完美平衡；一如顛覆者格殺勿論，任何人皆得誅鸕鶿。船上的伙伴如此注解：「等著瞧，牠們很快就會爭取投票權了。」

官員終於放行。我們解開漢森海牛的重重包裹，將其固定在小艇尾端。這是我們首次使用海牛。潮間帶就在近處，只消扯一下啟動繩、令螺旋槳旋轉，便足以送我們抵達目的地；不過那天海牛沒反應，似乎非常享受飛輪空轉的時光。

濱海採集裝備一般包括多把撬鉤、有柄木製魚箱、附旋蓋的一夸特標本罐以及許多玻璃管。這些玻璃管是保存小型與精細動物的無價之寶。若能把這些動物一隻隻分開裝盛、或僅將

數個相近物種放入同一管，就能大大提高將牠們分毫無傷帶回實驗室的機率。每個人的口袋都塞滿這種玻璃管。軟綿綿的動物絕不能跟任何螃蟹關在一起，螃蟹活力旺盛，一旦感覺拘束或行動受限就會暴怒，亂夾一通、彼此互夾，有時就連自己也不放過。

退潮期間，露出水面的岩石底下一片生機盎然；惟「生機盎然」尚不足以形容此處的「生猛激烈」。這片潮間帶隨處可見狂暴活躍的生存競爭戲碼，一切彷彿全面升級：這裡的海星、海膽比別處同類更牢牢抓緊底沙，許多單殼貝類亦吸附得死緊，以致殼都破了，身體卻仍牢牢附在岩體上。或許，猛撲上岸的大浪是導致此地生物群如此頑強的主要原因。值得注意的是，這裡的動物不選擇遁入安全小灣或庇護塘窪，藉以躲避連擊拍岸的大浪；牠們只是加強韌性，以某種快活求存之姿反抗大海。這種強烈的求生意志激勵了我們，使我們心情舒暢；從這些動物爬行、對抗、抵抗的程度研判，牠們也幾乎跟我們一樣興奮。

海水退至遠方，我們走下潮間帶大肆採集。時間似乎不夠用。我們抓到什麼就蒐集什麼。岩石最高處擠滿漂亮、敏感、動作敏捷的紅石蟹，另外還有一些白色海螺與牠們作伴；再往下則是藤壺、紫骨螺，以及更多螃蟹和笠貝。再下來是龍介蟲——這種固著蠕蟲生活在碳酸鈣管裡，腦袋像朵紫色花兒，相當美麗。再往下是約翰‧桑托斯命名的多腕海星海灣太陽星（*Heliaster kubiniji*）。一群海膽與太陽星作伴，數量不多，但牠們全擠在石隙深處，很難用撬鈎挖出來；有幾隻頑

強抵抗，直至硬殼破裂脫離仍緊咬岩體不放。再往低處，還有一些在礁石下方海水中擺盪的深色軟珊瑚（海扇）。與海浪齊平的最底層則聚集大量鮮豔的苔蘚蟲（如外肛動物），另外還有扁蟲、濱蟹、大海參[8]、幾朵海葵和許多海綿（主要分成兩類：一種外表平滑、覆紫色硬殼；另一種外型直立，白色碳酸鈣外殼）。這裡有大量的海鞘群：一簇簇細小個體集合成「總被囊」，外觀極似海綿，故即使是經驗老到的採集者也得等待專家鑑定，才能揭曉他發現的究竟是海綿或海鞘。這事實在惱人，因為海綿只比原生動物高一級，位於演化階梯底層，但海鞘卻逼近頂端、接近脊椎動物；因此這些訓練有素的老手總會覺得，自己被這種過度民主的天意所玩的骯髒把戲給擺了一道。

我們採了不少螺類，芋螺、骨螺都有；一隻紅色的小型覆鰓動物（tectibranch，與海兔同屬）；另外還有水螅、多種環節蠕蟲、一隻紅色的五角海星[9]、以及潮間帶常見的寄居蟹。不過奇怪的是，雖然這片區域似乎是石鱉的理想生活環境，但我們竟然連半隻都沒瞧見。

採集作業倉促進行。退潮時，我們還算冷靜，穿著橡膠靴吃力行走；待潮水歸來，我們只得退回岸上。時間彷彿轉瞬即逝。那些美得不可思議的潮池、繽紛鮮豔的色彩與繁盛豐富的物種把時間吃掉了。傍晚的浪頭一波波撲上潮間帶，再度覆蓋這片區域；我們甚至覺得還沒開始就結束了。然而桶罐已滿，

8　*Holothuria lubrica*。

9　*Oreaster*。

亦無空管，待我們終於停手，大伙兒這才發現自己累壞了。

我們的採集收尾工作和正規作業方式大不相同。目前，絕大多數的生物採集都是交由精通某一個、或數個屬種的專人來執行，因此，對水螅感興趣的人會直奔礁石；如果注意力夠集中，他甚至看不見周遭的其他生物。在他眼裡，海綿就只是阻撓他採集水螅的障礙物。然而，採集大量物種能呈現生態全貌，讓人看見完全不同的意義。相較於動物個體，我們對動物的分布更感興趣；我們可以看出哪些是優勢物種，以及物種在多變的環境條件下所顯現的體型變化、族群消長。我們的做法某種程度算是老方法，有點像達爾文在小獵犬號航行期間所做的事。達爾文被稱為「博物學家」，他什麼都想瞧一瞧：他想看石頭、植物和動物，不分海陸。我們漸漸羨慕起乘著帆船出航的達爾文。他有好多空間，好多時間。他可以把動物捉來，豢養觀察；他有幾年而不只是幾週的時間，閱歷無數。我們最羨慕的是那個時代的蹩腳交通工具──小獵犬號根本快不起來。她只能迎風揚帆，緩緩前進。是以我們能夠想像，年輕的達爾文大概就坐在懸於舷側的吊椅上，手持抄網、好整以暇地撈水母。上陸之後，他改為步行或騎馬。這種步調最適合博物學家：他必須不慌不忙面對整個世界，必須有時間思考、觀察和琢磨。達爾文逆轉了現代化的進程，他並非匆匆一瞥全貌、然後一頭鑽進某個特殊領域；他針對各局部進行冗長的思考與琢磨，整體面貌於焉浮現。我們渴望窩上一個月、卻只能給兩天的採集點，達爾文整整待了三個月。他當然看得多，也能製表分類。單單「步調」就能造成如此不同的結果。達爾

文不只腦袋想著、筆下也經常寫到航速緩慢的帆船與悠閒等待退潮的耐性。這些都與「步調」息息相關。然而就算我們做得到，我們也**做不到**。我們想過其中的關聯，認為現代書寫的速度、節奏和筆調可能立基於打字機令人神經緊張的咔嗒咔嗒之上；而現代人生硬笨拙的思考方式，或許同樣肇因於生硬且笨拙的學校課程表。學校總想著趕快打發學生畢業──讓他們「脫胎換骨」。他們經常在演說時用上這個詞，但是要脫什麼胎、換什麼骨？年輕的生物學者將所學拆解分割，讓生命支離破碎，如同鯊魚大口咬下死馬屍身，瞧了一眼、旋即拋棄。這種方法不好也不壞，只不過就是我們這個時代的一種方法而已。我們大可帶著渴望回溯達爾文的年代，上身探出帆船舷側、深深凝視大海；然而對我們來說，模仿那種程序方法無疑浪漫又傻氣。放著飛機不坐，寧可駕駛帆船對抗強風狂浪，單憑一匹馬力的動力每小時航行四百英里，此舉不僅荒謬更沒效率。撇開工作不談，你我都是這個時代的產物；我們也許端出一套體面的哲學論調，但它終究造作虛假。儘管如此，我們依然能帶著懷舊的渴望（也確實如此）細細展讀達爾文縝密衡量、徐徐累積的風景與想法。

西方飛翔號焦急催促，再加上海牛還很不配合，我們終究擺脫不掉時間流逝的壓力。租約就只有六週，不可能再多了。假使退潮時的分分秒秒都在礁石上度過、連夜晚也不放過，如此瘋狂採集是否癡心妄想？我們還可以在兩次退潮之間放下底拖網，釣線抄網亦連袂出動，如此應該能在租約屆滿時完成計畫。這跟六〇年代約翰‧桑托斯在同一地點（聖盧

卡斯岬）駐紮採集的景況實在大不相同。桑托斯受美國政府
指派，以「潮汐觀測員」的身分來到此處；他有大把大把的時
間可用，遂協助自然史博物館蒐集動物標本。美國首批來自加
利福尼亞灣區的精采生物樣本，即出自桑托斯之手。此外，我
們認為以下這則故事不僅無損他的聲譽，反倒能擴展他的成
就。我們和當地罐頭工廠的經理聊天，提及桑托斯是個偉大人
物；當年，其他人可能只是寫寫潮汐紀錄、心情煩悶、殷殷盼
望能回威拉德大飯店歇腿，桑托斯卻仔仔細細、廣泛蒐集了許
多動物標本。聞言，經理答道：「喔，他的成就還不只這些
呢。」他順手指指一旁的三個原住民小孩，「那幾個是桑托斯
的曾孫。」他繼續，「鎮上有一大家子都姓桑托斯。再往丘陵
那頭過去幾里，你會找到一整族桑托斯。」只能說當時地上有
偉人吧。[10]

　　我們好奇，究竟是怎麼樣的現代生物學家──他們大多掛
心頭銜、升等以及教授招待所的流言蜚語──擁有此等熱情
與胸襟，或甚至如此強大的生育力，才能留下「一整族桑托
斯」。我們敬佩此人的所有貢獻。至少，他確確實實是個「全
方位發展」的男人。

10　譯注：本句借用自《聖經舊約》〈創世紀〉第六章：那時有偉
　　人在地上，後來神的兒子們和人的女子們交合生子，那就是上
　　古英武有名的人。（There were giants in the earth in those days;
　　and also after that, when the sons of God came in unto the daughters
　　of men, and they bare children to them, the same became mighty men
　　which were of old, men of renown.）

　　提到紅石蟹，許多人大概都會滔滔不絕說個沒完。事實上，凡是見過這種生物的人幾乎都喜歡牠。紅石蟹暱稱「莎莉飛毛腿」，光看名字就知道牠們有多受人喜愛。這些鮮豔如景泰藍的甲殼動物是踮著腳尖走路的。牠們有雙大眼，反應極為迅速。雖然聖盧卡斯岬的岩石上滿是紅石蟹身影（灣內數量略少），牠們極難捕抓。這些小傢伙似乎能瞬間朝四面八方逃竄，不僅如此，或許因為反應時間極短，牠們彷彿能讀取獵者心思。牠們次次逃過長柄網的追捕，似乎預料到網子會從哪個方向過來。若你慢慢走，整批紅石蟹也在你前方悠哉行進；你急，牠們也跟著你急。在你撲向牠們的瞬間，牠們猶如青煙、噗地消失蹤影──反正就是不見了。要想躡手躡腳接近牠們更是不可能。紅石蟹相當漂亮，身上的紅、藍與暖棕色鮮豔明亮。為了捉住牠們，我們著實費了好些工夫；後來，我們終於在一處大石隙內發現五、六十隻紅石蟹，決定智取。雖說我們動作慢，但我們肯定比較聰明；於是，我們打算以明顯優於對方的智能，與「莎莉飛毛腿」明顯勝過我們的體能一較高下。礁石頂端有一道向下延伸的裂隙，一名伙伴手持抄網，迂迴躲在裂隙後方；他完全被礁石擋住，那些柄眼仔絕對瞧不見他，肯定也沒看見他往哪兒藏。這群飛毛腿在裂隙低處打盹兒呢。另外兩位伙伴從靠海那一側慢慢晃過來，態度無動於衷，表情真摯；別人或許以為我們只是在散步冥想，什麼都看就是不看紅石蟹。終於，這群小傢伙移動至我們跟前，和我們一樣無動於衷。我們不慌不忙，牠們也好整以暇。稍後這群不疑有他、毫無防備的小甲兵行經裂隙時，將會一張大網突然

罩下、困住牠們，但此刻牠們什麼也不知道，繼續前進。來到
裂隙前方四英尺時，這群紅石蟹突然像**一隻**紅石蟹一樣筆直右
轉，攀上礁石並越過裂隙邊緣、再下行朝海邊推進。

對上紅石蟹，人類的反應總是一成不變地奇怪又好笑——
他們咆哮詛咒，破口大罵，滿腔怒火，最後還搞得自己渾身瘀
青。於是乎，向前撲跳的丁尼滑了一跤，劃傷手臂，自此他不
曾忘記、亦不曾原諒他的仇敵。從那時候起，丁尼會使出他能
想到的任何一種蠢法子攻擊紅石蟹（蒙特瑞的街頭鬥毆也練就
他一身應付戰鬥的能力）：他拿石塊扔、用木板砸、甚至還考
慮毒殺牠們。雖然最後我們的確抓到不少紅石蟹，不過料想都
是些腿瘸眼瞎、蠢呆癡傻的傢伙；若是對上神智清醒、體健均
衡的紅色飛毛腿，我們毫無勝算。

我們帶著大量動物樣本返回西方飛翔號，立刻動手分類保
存：我們把琺瑯方盤放在艙蓋板上，也把托盤、盆缽和錶玻璃
（這種器材之所以叫「錶」玻璃，是因為過去確實一度使用手
錶錶面玻璃）備好，再把剛舀來的海水注入方盤與錶玻璃，依
科別分開放置——螃蟹一盤，海葵一盤，螺類一盤，扁蟲、水
螅這類構造脆弱的動物一盤。經由這種整理方式，最後就能輕
鬆以種別詳細分門別類。[11]

11　由於記述當時取得資訊不易、亦不完整，且多次遠征帶回的標本
　　常有標示不清或錯誤的問題，導致專家學者頻頻抱怨，故我們決
　　定編寫一份採集筆記，描述宰殺與防腐保存海洋動物的一些方
　　法。這些方法都是我們及其他人多次試誤後的結果，有些可能十
　　分粗陋，但已是當時我們所知最理想的做法了。

9

　　把抓來的動物樣本分類、標示完畢後，我們上岸來到罐頭
工廠，和工廠經理克里斯、港務官路易斯先生一起開車前往聖
盧卡斯鎮。這是個惆悵哀傷的小鎮，多年前，一場冬日暴風雨
和大浪在一夜之間毀了這地方。大水漫過屋舍村落，小鎮街巷
化為一條條洶湧河流。「後來大家都沒了遮風避雨的屋頂，」
路易斯先生語氣激動，「嬰兒哇哇大哭，沒水沒食物。然後大
家就開始挨餓。」

　　進城的泥土路上有兩道車轍，坐在罐頭工廠的貨車上著實
折騰；一路上，仙人掌和荊棘叢頻頻掃過車身。最後，我們在
一間寒愴的傳統小餐館（*cantina*）前停下來；好些神情憂鬱的
年輕男子聚在餐館外，等待際遇。這些長相漂亮的男子已然
等了好久好久——代代都在這裡期盼等待。他們眼中淨是絕
望。那場冬季暴風雨已被討論過太多次，話題都搾乾了，而且
他們知道的版本全部一模一樣。這時，我們出現了。貨車停在
小餐館門口，我們這群陌生外來客魚貫下車，彷彿是餐館迄今
最不尋常的一群食客。丁尼頭戴白色海軍帽（他說那是他在聖
地牙哥某洗衣店以物易物換來的），東尼仍是那頂翻邊舊呢

帽，同行者還有遊艇帽、圓領毛衣、印著乾涸魚血的牛仔褲等各種打扮。這群年輕人精神一振，但也只有短暫一下子。我們還是不夠。那場洪水的威力強多了。他們再度陷入消沉抑鬱中。

沒有什麼地方比這種小餐館更顯哀傷了。首先，這裡樓聚著一群沒錢買酒的人。他們無所事事地站著，等待永遠不會發生的奇蹟發生 ── 金色翅膀的天使降臨吧台，替每個人點一杯飲料。這種事從未發生，但這些俊美哀傷的年輕人又怎麼曉得奇蹟不會發生？就算真有奇蹟好了，屆時萬一他們剛好不在場怎麼辦？所以他們鎮日倚牆而立，豔陽高照時便坐在牆角。他們不時離開一陣，走進灌木叢小解，也會回到小小的家解決三餐；不過他們總是匆忙回來，因為金翅天使隨時都可能出現。他們的信念雖不強烈，卻很持久。

看得出來，我們並未激起他們太大的興趣。小餐館老闆立刻拿出他最吵的幾張唱片來放，為這個哀傷的空間注入些許歡愉。店裡有百家得啤酒，而我們就愛百家得（或許有人不認同，但我們早已把靈魂賣給這家酒廠了）。這裡沒冰塊，沒電，汽油燈嘶嘶吐舌，把數里外的蟲子都給引來了。成群的蟑螂衝出來一探究竟，這些幾乎長著一張人臉的蟑螂又大又氣派。震耳欲聾的音樂使我們更加惆悵。年輕人就這麼瞅著我們。我們把喝了一半的啤酒揚至唇邊，年輕人的視線也跟著我們的手往上瞟，就連蟑螂也抬頭觀望。我們難以承受，遂替大伙兒都點了一輪啤酒，但為時已晚。年輕人已深陷哀傷，幽幽啜飲。後來我們買了草帽，因為這裡的太陽熾烈難耐；買下這種軟趴趴的帽子照理說會帶來某種滑稽的喜悅，然而這群年輕

人已瀕臨落淚邊緣，就連這份喜悅也乾涸了。金翅天使來是來了，但他們並不覺得天使哪裡好。我們似乎隱約能體會上帝的感受：在祂為天堂做了種種準備之後——規劃永恆喜悅，製琴調音，黃金鋪路，寫下讚美崇敬的禱詞——祂敞開大門，迎接只買得起廉價露天看台座位的人們；人們瞧了瞧這座天國之城，下一秒卻希望重返紐約布魯克林區。即使年輕人無心聆聽，我們仍講述奇聞趣事，然而還沒講到精采處，就連我們也乏了。那間小餐館的一切都令人提不起勁。我們起身返回西方飛翔號。我想，這群年輕人應該很高興我們就要走了。因為，一旦我們離開，他們就能重新塑造我們；但此時此刻，我們抑制、束縛了他們的想像。

稍早在吧台邊，克里斯表示這裡有一種以本地藥草泡製的私酒，名叫「達米亞納」（damiana），出了下加利福尼亞鮮少有人知道。克里斯說，這玩意兒是種春藥，還說了不少有趣故事作為佐證。他的故事隱含某種科學趣味，於是我們便買了一瓶，打算設計一些實驗來測試它。可惜這瓶達米亞納被聖地牙哥海關扣下，原因倒不是「春藥」這個浪漫理由，而是它含有酒精。是以我們再也沒能拿它進行貨真價實的科學試驗。本來我們還想用大白鼠試酒呢。不過丁尼說，**性**致來的時候，他才不要這類玩意兒攪局呢。

世上似乎沒有真正的春藥。有些是興奮劑，如斑蝥素；也有為心理創傷導致行房困難而設計的生理輔助藥品，如育亨賓；另外還有刺參等高蛋白食物、海膽性腺以及評價過高的牡蠣，甚至就連辣椒（因為具刺激性）也能有些許效果。但說來

說去沒有一樣是名符其實的春藥，沒有可以裝進膠囊的女神蜜精。曾有位年輕女子表示，她認為性交本身就是春藥；確實，性交是唯一令人滿意的答案。

　　對這個主題感興趣的人不少，但他們大多被迫佯裝不關心。為了自尊，男性必須——至少在公開場合——表述自己擁有源源不絕的性欲。每一位醫師心裡都明白，詢診者口中那位「需要幫助的朋友」的真實身分。這位「朋友」以前得過淋病，需要墮胎密醫地址的也是同一位「朋友」。這位虛幻的朋友啊！我們連夜失眠、為「他」擔心，苦心思索該怎麼才能助他擺脫困境。這位「朋友」對春藥挺感興趣，故我們得設法替他弄一點來；只不過此刻，我們幫「朋友」買的那瓶達米亞納說不定已落在聖地牙哥幾位海關官員手裡。他們說不定也有這種「朋友」。鑑於我們曾向海關說明達米亞納的用途，這瓶神奇液體應該不太可能轉贈給其他朋友，更不可能送進實驗室進行嚴謹的科學試驗。

　　我們想過，如果這是一本紀實之書，那麼勢必會跟「下流」、「猥瑣」扯上關係。不論下流或猥瑣（任讀者稱之），基本上都是一種相對或比較，大抵和態度有關。我們認識的某個人曾在鄉間一戶有錢人家工作過一段很長的時間。有天早上，一頭母牛即將分娩，大宅裡的孩子們和他一同去瞧瞧狀況。生產過程順利自然，十分完美，母牛完全不需要幫忙。孩子們紛紛提問，他也一一回答。當小牛的腦袋從胎囊露出來——小而黑的鼻子率先探出，吸入第一口氣——孩子們無不敬畏驚嘆；就在這個時候，孩子們的母親出現了，她尖聲斥責不

該讓孩子們目睹猥瑣的生產過程。這份「猥瑣」讓孩子體會生命構造的驚奇，但母親的禮儀教養與高貴出身卻將這份感受以「骯髒汙穢」取代之。若讀者屬於此類「有教養」人士，那麼本書肯定是猥瑣之作，因為潮池裡的動物只為兩件事操心：一是生存，二是交配。牠們無處不交配。我們亦可選擇較隱晦的詞彙，或採用希臘文或拉丁文；基於某些理由，這種方式似乎比較婉轉。早期的生物學家會用這種方式開他們自己的小玩笑，甚至以此為動物命名；但後來，有些同行認為前人的方法稍嫌粗俗。維里爾就曾經在《海葵：加拿大極區考察》大聲抗議。他寫道：「麥克默里奇教授致力修正林奈於一七六一年、為某個還無法驗名正身的品種所使用的種名『senilis』（老者），這項形容與事實有極大出入……一點也不適合用來描述這個物種。林奈記述其尺寸有如小指最末節，髒髒的，表面粗糙，套著一層近似象皮的被囊。如此描述完全不符合這種光滑柔軟的小生物……我們只能猜測當時林奈看見了什麼……不僅如此，除了這種不可靠的描述，多數研究海葵的現代學者也以猥瑣及不雅為由，拒絕使用依林奈命名法所取的大部分名稱。即使無人提出異議，這類混淆或混亂致使我們不可能確立物種名稱。關於海葵的學名，我們應該忘掉或忽略林奈於一七六一年使用的學名、或是其他人在那段時間所使用的別名。這些不雅別名通常是漁夫早期使用的諢名的拉丁文形式，而我國漁民甚至仍部分沿用這些諢名，用以指稱類似的生物。」

我們希望，這場詭異的「生物學清理運動」無論如何都不會影響到這本書。至少我們仍保有這份猥瑣的驚奇感。我們

不比其他動物優秀；事實上，人類在許多方面根本比不上動物。所以，我們會盡可能讓本書維持原貌，繼續墮落。

*　　*　　*

下了貨車，我們在夜色中徒步穿越沙丘；這個緯度的天空極黑，星星特別亮。此刻已聞不到陸地的味道，因為我們的鼻子又再度習慣植被的氣味了。肚腹裡的啤酒溫暖、令人愉悅，空氣也帶著某種流質的暖意，感覺真實，即使沒有啤酒也嚐得到（後來我們都嚐到了）。小徑旁的灌木叢裡有一抹亮光。信步尋探，我們發現一座被照亮的粗木十字架。交錯的十字以皮帶綁在竿子上；襯著黑夜，整副十字架彷彿在發光。湊近細瞧，這才發現地上擺著一只煤油罐，裡頭有根點燃的蠟燭，微弱燭光照亮上方的十字架。同行的伙伴告訴我們，曾經，有個男人隨船捕魚歸來，病弱疲憊的他想回家，卻在這裡倒下並且死去。他的家人在此放了一個小小十字架與蠟燭，標記地點，之後打算再安置一座更牢固的十字架。像這樣暫時標注並紀念某人逝去之處，感覺挺好的。這是他人生中唯一的孤獨之舉。在他的一生中，即使是出生都與他人密切相關，唯有死亡這一刻屬於自己。在墨西哥境內，這類地點幾乎都會做上標記，不過這跟墳墓完全是兩回事。對於逝者墳塚，家屬能以物質形式誇耀、寄託、或展現某種誇大與優雅，但這些完全不屬於逝者個人，而是一種家族或社會行為；但這座未具名的十字架與神祕燭光則完全屬於他，幾乎可說是映現了男人垂死之

際、他眼中的最後一片寂寞。

遠走幾步，十字架似乎成為小小黃光中的虛幻搖影，宛如一抹記憶。那個一心想回家、竭盡所能爬了這麼遠的男人（我們始終不知他姓甚名誰，不過基於某種理由，他也在我們的記憶中占有一席之地）已然成為超越個人的存在，成為緩慢與痛苦的象徵，成為他整個族類的永恆圖像，代表那些一代接一代、不分男女、總是奮力想回家卻再也無法真正返抵家門的人。

回到碼頭，爬上小艇，海牛照樣發不動（因為現在是晚上），我們只好划船返回西方飛翔號。出發之際，或許是魔法吧，那些俊美憂傷的年輕人竟然站在碼頭盡頭望著我們。他們動也不動，料想是哪個精靈拎起他們、送過來放在碼頭上。年輕人目送我們沒入深幽、投向漁船燈火，然後，我們料想他們又再一次咻地回到小餐館，回到那個店主曾大聲播放唱片、以拇指細細感受我們留下的紙鈔的觸感的地方。碼頭沒亮半盞燈，因為發電機在日落之後全都停下來了。我們上床睡覺。明天一早還得趕退潮呢。

聖盧卡斯岬的沙灘正在上演一場豬與兀鷹的戰爭。有時一方占上風，有時另一方奪回優勢。豬群一度大為活躍、強取生存空間（*Lebensraum*）[1]，不負物種自尊驅走侵占腐敗內臟

1　譯注：Lebensraum，德文。德國地理學家 Friedrich Ratzel 藉生物學及社會達爾文主義，提出「國家有機體學說」、進而創造「生存空間」概念。將國家比擬為具有生命的有機體，需要一定的生存空間。後為納粹的意識形態原則，並作為入侵中東歐地區的依據。

的兀鷹；然而，風水輪流轉，待千年繁盛歷史終結後，兀鷹振翅撕毀協定，揮開垃圾堆裡的豬群。此外，沙灘上還有幾隻骨瘦如柴的餓犬，牠們既沒有力量也沒有種族自尊，一心只想叼走最美味的餐點。牠們始終沒能繁榮興旺 —— 這群餓犬總是營養不良、瘦巴巴、畏畏縮縮；不過，當「豬區長」（*Gauleiter*）才剛咬住一隻肥美魚肚、還來不及喊出第二聲「勝利萬歲！」（*Sieg Heil*），餓犬已一口奪下 [2]。

2　譯注：*Gauleiter* 及 *Sieg Heil* 皆為德文，與「生存空間」同為影射當時的納粹德國。「區長／大區長官」為納粹官銜，地位僅次元首及國家領導。「勝利萬歲」為行「納粹禮」呼喊的口號之一。

10

三月十八日

　　潮汐變化的時間很短。我們希望盡可能擴大調查範圍、建立愈多採集點愈好，因為我們想要一幅幾乎涵蓋整個加利福尼亞灣的潮間帶動物全貌。隔天早上，我們抄捷徑來到半島尾部東岸的普爾默岩礁。這天天氣極好，海水極藍、輕波蕩漾，岸邊的沙灘閃爍一片耀眼金黃，海灘上方的矮丘密布深色灌木叢。造訪過聖盧卡斯岬的人不少，亦留下許多文字紀錄；我們讀過其中數篇，不用說，篇篇不認同。看在剛走下遊艇的富人眼裡，這裡不過是一處可悲可憐、骯髒破舊、又臭又窮的小地方；不過，對於飢餓交迫、才熬過暴風雨的漁人水手來說，這兒肯定舒服又溫暖。這是兩種極端，另外還有多種不同的條件組合介於此二者之間，而我們所見的版本也有我們的條件狀態。我們讀到一篇日記，作者於一八三九年經巴拿馬來到聖盧卡斯岬。他以前就讀過這地方的資料，但那些都是舊城時代的資料；而這篇日記雖是他到訪後寫的，文字描述卻跟他讀過的舊資料差不多。他不曉得那本書提到的舊城已毀，新建的城址甚至不在原來的地方。這些矛盾並未使他困擾。他知道他會在那裡找到什麼，而他也找著了。

　　不科學的人對於科學寫作始終懷有一份迷思，認為「完美」必定有一套至高無上的共同標準。這種情況再真實不過。生物學家所寫的報告並非科學判斷，而是寫作者自己的主觀判斷；至於科學巨人就像其他領域的偉人一樣，少之又少。有些報告的描述實在差勁，以致後人根本無法套用或對應於活體動物；有些報告的採集處不是漏記就是混雜不清，以致後人根本找不到內文提及的動物。同樣的狀態久經反覆成為標準，惟這種情況在其他領域亦屢見不鮮 —— 科學報告的疏漏錯誤與刑事證人的粗心陳述，基本上是同一回事。有時候，某些從事科學工作的小人物似乎以為，擁有令人敬畏的完美地位便足以掩蓋自身的不足或缺陷，猶如巫醫的高蹺與長面具、或是各種祭典及崇拜儀式，他們不是帶著祕密，就是耍弄我們不熟悉的語言和符號。我們發現，反對「通俗化」的人通常都是些一本正經的半吊子；也就是說，他們傾向透過伎倆與文化符碼，將淺顯易懂的文字寫成一般人不熟悉的文本。就我們所知，所有偉大的科學家都能與孩童毫無障礙、興致勃勃地對話交流，而某些人之所以痛恨清晰易懂，有沒有可能是因為他們無話可說、觀察無果，甚至不曾通盤理解自己鑽研的領域？愚蠢似乎與領域無關，駑鈍的科學家想當然耳、也有權用羽毛巫袍、獎章學位來保護自己；他們和那些有權有勢、統治庸材的帝國昏君，並無二致。

＊　　　＊　　　＊

　　普爾默岩礁愈來愈近。東尼派人爬上瞭望台，留意暗礁。暗礁常常像黑影一樣、忽地浮現，站在那樣的高處確實可能看清楚水面下的狀況。這處淺水區海水偏綠，沙質海底清晰可見。我們在安全許可的前提下盡可能靠近岸邊，然後停船下錨。岩礁約在一英里外。此時看來正要開始退潮。後來我們才知道，白沙灘後方的岸上有一排孤單寂寥的原住民棚屋（rancherias），棚屋旁多半種著一兩棵棕櫚樹；這些棕櫚樹高高伸出灌木叢，外人可依棕櫚樹確認棚屋位置。棚屋前後常有畜欄，養著一兩頭騾、幾隻豬和瘦巴巴的雞群，牛隻則放牧覓食。沙灘上躺著一艘獨木舟。本地居民的食材有很大部分來自海洋。從海上望過去，岸上少有燈光，理由是他們大多黃昏就寢，然後在天剛破曉、曙光乍現那一刻醒來。這裡的人肯定相當寂寞，因為每當有船隻下錨停船，岸上旋即冒出人影，紛紛划著獨木舟出海相迎。在普爾默岩礁，有艘小獨木舟划來靠在我們船邊。小船上有兩男一女，衣著襤褸寒愴，舊衣處處是其他舊衣做成的破布補丁。兩名男子身上的毛織斗篷（serapes）薄到見底，陽光一曬就透；女人的長披巾（rebozo）亦褪色已久。獨木舟緊靠西方飛翔號舷側，三人小心翼翼撩起油膩的薄毯遮住口鼻，保護自己。邪惡白人曾經戕害他們的先祖：白人肺部有病、呼吸有毒，與白人同寢將禍延子孫；凡是白人建立殖民地之處，本地原民旋即衰滅消亡。白人帶來工業與貿易，卻不見興盛繁榮；白人日益富足，原住民卻再無安逸之日。白人落腳四百年，本地人僅剩破衣與被迫穿著破衣的恥辱，手裡只有鐵魚叉，身染淋病結核，應付白人不

太複雜的精神疾患並莫名崇拜一位許久以前在白人國度犧牲的神明。他們知道白人有毒，因此遮掩口鼻防範對抗；不過他們是真心覺得我們很有意思。他們就這樣坐在欄杆上看我們，耐心等待，一坐好幾個鐘頭。我們招待食物，他們吃、也對吃食感到好奇，但他們不是為了食物來的，他們不是乞丐。我們拿幾件衣服給男人，他們仔細折好、放進獨木舟船頭，但他們也不是為了衣服來的。後來，其中一人遞給我們一只火柴盒，裡頭有好幾顆奇形怪狀的小珍珠，像一顆顆蒼白的腫瘤。五披索，這是他為珍珠開的價，他也知道它們不值這些錢。我們給他一包菸，換走他的珍珠；但我們其實並不想要他的珍珠，因為這些小東西奇醜無比。眼下這三人該走了，但他們不走。他們可以坐上好幾個星期，不動不語（惟三不五時仍交換幾句輕柔耳語）。他們不發問，哀傷的眼眸始終盯著我們。說真的，他們看起來好像在做夢。我們偶爾會問這幾位原住民，我們抓來的動物用當地話該怎麼說；他們輕聲商量，彷彿活在記憶中。他們記得的事物跟海邊、礁石丘陵及寂寞息息相關，以致他們就是這些事物本身。問起這個國度如同探問他們自身。「您有幾根腳趾？」「什麼？腳趾？我瞧瞧——十根。我認識它們一輩子了，卻從沒想過要去數。不用說，今晚會下雨，理由我不曉得。有時候，我的內在告訴我**我**晚上會下雨。繼而一想，我就是一切，那還用說，故我理當知道我何時要下雨。」這些哀傷、泛白褪色的棕色眼眸，瞳孔邊緣帶著些許奇妙紅光。他們彷彿是一群做夢的人。若你終究不得不逃離他們的眼眸，躲開他們做著無盡幻夢的雙眼，你只消說出「*Adiós,* señor」（西語：再會，先生），他們似乎就會醒過來了。「*Adiós.*」他們輕聲回應，「*Que vaya con Dios.*」（願上帝與你同在）然後幽幽划開。他們身上帶著靜默。他們一離開，我們的聲音尤顯聒噪刺耳。

大伙兒把瓶瓶罐罐、大小玻璃管和桶子等採集裝備放進較小的小艇，再把海牛架上船尾。海牛猜錯了，而它鮮少猜錯──牠以為我們要直上海灘，而非前往一英里外的普爾默岩礁。海牛大吼一聲、迅速發動，直至跑了四分之一英里才驚覺自己犯了錯。想再騙它可不容易，於是我們只得搖槳划向礁岩。

在這一區採集時，我們總是穿著橡膠靴。這兒有許多會螫人的動物，有些十分兇狠，至少有一種海膽毒性極強；另外還有帝蟲（*Eurythoe*）這種蠕蟲，螫人之後會把刺留在皮膚裡，灼痛難耐。其實就連被藤壺割傷也很容易感染。我們不可能戴手套作業，因此只能小心再小心，下手之前先看清楚手指往何處去。有些小野獸不可思議地英勇野蠻。有一回，一條不足八英寸長的海鱔突然從岩石底下竄出來，咬了我們的伙伴一口，轉眼溜掉。劇痛和受傷包紮的手指很快就能讓生性冒失莽撞的人硬生生學到教訓。橡膠靴幾乎無所不防，能妥當保護雙腳；只不過，有一種海膽的棘十分尖銳，能一舉刺穿橡膠靴和皮肉。被牠們刺傷不僅痛得不得了，傷口通常都會感染。

普爾默岩礁是一座珊瑚礁。一般認為，造礁珊瑚似乎只生長在大陸東側，西側看不到，目前已有好些紀錄寫到這種狀況；就連在普爾默這裡，造礁珊瑚[1]也只在半島東緣現身。這

種現象可能和海浪衝擊或洋流無關，不過肯定受到某些未知因素支配影響。這些因素對生態學家而言始終是個挑戰，至今百思不解。

　　普爾默岩礁的物種型態複雜度遠勝聖盧卡斯岬：有些黏在礁石上，有些長在礁石上，有些則挖洞住在礁石裡，動物相十分多姿多采。礁石上的軟溜生物在水線上下與小螃蟹、小蠕蟲和小螺類一塊兒熱鬧活動。任一小塊珊瑚礁都可能蘊藏三十到四十種動物，致使礁石呈現繽紛多變的顏色。前述那種尖棘海膽[2]不由分說、立刻給了大伙兒一記苦頭吃：我們一行人中有好幾個因為一時輕忽、一腳踩下，棘刺就這麼戳進腳趾頭了。

　　隨著潮水逐漸褪去，普爾默的礁石群緩緩露出水面；礁石平頂部的潮池極美。我們盡可能廣泛、迅速進行採集，試圖截取眼前這群動物的概括群相：這兒有像蕾絲扇一樣懸垂的紫色軟珊瑚，不少渾身軟刺、一受攻擊便充氣豎棘的小河豚；另外還有海星，包括紫色與金色的瘤海星。岩石縫隙裡躲著好幾隻棒棘海膽[3]。牠們似乎鮮少移動，因為牠們總是躲在剛好容身的石隙裡，外殼還有久據一處的痕跡。我們抓了好幾些黏呼呼的綠棕色海星[4]，同時還有一隻同樣黏呼呼但體型較大、步帶溝周圍有骨板的五腕海星[5]。礁石上附著許多藤壺，陽隧足也不少。我們抓了一隻外型華麗的大骨螺。一隻半球型大海螺背著海藻、珊瑚藻和一些小型植物，偽裝極成功；若不是碰巧把牠翻過來，我們差點誤以為牠是礁石的一部分。這兒還有岩蠔、牡蠣、笠貝和海綿，兩種珊瑚、星蟲、海參及多種螃蟹。有些螃蟹以身上的海藻為偽裝，不動的時候活像礁石上

的小突起。除了我們的敵人帝蟲之外，這裡還有不少環節動物；鑑於帝蟲螫人毫不留情，我們不得不看清楚再下手。珊瑚叢裡聚集大量活跳跳的海蝦，另外還有表殼光滑的紅蟹[6]，以及身上有黑有白、毛茸茸的小蜘蛛蟹[7]。這些蝦、蟹、陽隧足全都具有高度發展的自截行為[8]。最後，我們在礁石底下發現一隻又大又肥的軟珊瑚（即海扇），在清澈海水中徐徐擺動；只可惜牠的位置太深，我們搆不著。一位伙伴脫了衣服、潛入水中去取，但他隨時都可能遭到任何不可信賴的小怪物攻擊。礁石下方視線不清，此處的海綿比暴露在亮光下的同類更加鮮豔。咱們的伙伴並未在水下待太久。他一拉起巨大的海扇便立刻折返。雖然後來他又多次下潛，但這種軟珊瑚就只找到這麼一次。事實上，這是我們整趟旅程唯一採到的該品種樣本。

採集桶、玻璃管和玻璃罐滿滿都是標本，因為裝得太滿，我們不得不頻繁更換海水，讓動物好好活著。我們先把幾

---

1 *Pocillopora capitata*（Verrill 命名）。

2 *Arbacia incisa*。

3 *Eucidaris thouarsii*。

4 *Phataria unifascialis*（Gray 命名）。

5 *Pharia pyramidata*。

6 *Trapezia* spp。

7 *Mithrax areolatus*。

8 譯注：這類動物遭受攻擊時，會自行切斷身體的一部分來轉移掠食者注意。

副大型珊瑚泡進水桶，稍後再擺入裝盛靜置海水的淺盤裡。這事實在有趣，因為，一旦海水不新鮮或不再流動，數以千計、住在珊瑚管腔間隙裡的小小房客們就會離開隱居處，爭先恐後搶奪新家，這時我們就能輕輕鬆鬆挑揀這些不知從哪兒冒出來的小蟲小蟹了。

　　礁石內的海底布滿白色細沙，處處點綴紫色與金色的瘤海星，我們抓了不少。沙床上躺著一顆顆結瘤珊瑚[9]，質地較硬，形狀也比造礁珊瑚更規則。由於必須趕在潮水回漲之前盡可能大量採集，我們經常匆匆忙忙、未加思索就動手，不過從長遠來看，此舉影響不大；因為只要回到船上，我們就能重新整理、仔細檢視每一份珊瑚與碎石，故也因此經常發現意料之外的小動物。

　　普爾默岩礁是本次遠征發現的唯一一塊珊瑚礁，這裡的動物群、甚至藻類都相當特別。我們推測這塊礁石少有大浪撲襲，理由是，如果露出海面的礁石頂部經常遭強浪襲擊，那麼生活在此的細緻小動物肯定粉身碎骨、或被海水沖走。雖然動物在普爾默岩礁的生存競爭與在聖盧卡斯岬同樣激烈，不過在我們看來，兩地克敵制勝的方法似乎略有不同：聖盧卡斯岬的動物大多兇猛敏捷，普爾默岩礁的居民則傾向隱藏偽裝。這裡的小螃蟹會披上藻類、外肛動物或甚至水螅組成的掩蔽物，多數動物也都有可供躲藏的小通道或掩護處；前述方法在質地較軟的珊瑚礁甚為可行，但聖盧卡斯岬那種堅硬光滑的花崗岩則

9　*Porites porosa* (Verrill)。

完全行不通。遠征途中，我們有好幾次都希望當初帶了潛水裝備出門，但沒有一次比在普爾默岩礁更覺得懊悔：因為礁石在面向海岸的這一側凹陷處，聚集大量看得到卻撈不著的驚奇生物。我們沒帶蛙鏡，只能憋氣下潛，透過混沌朦朧的海水觀看一切。這實在太不過癮了。

礁石後方的海水十分溫暖。我們脫掉橡膠靴，換上網球鞋保護雙腳、以免遭各種螫人小動物突襲，然後一次又一次潛入水中，尋找造型完美的結瘤珊瑚。

我們再次嘗試發動海牛——然後搖槳划回西方飛翔號。回到船上，我們苦澀地向輪機技師泰克斯抱怨，泰克斯遂將這邪惡的小東西拆成碎片。他一塊一塊仔細檢查零件，眼中盡是懷疑。我認為，他雖欽羨能造出這座完美小引擎的手巧心靈，然而這引擎竟是為了「跑不動」而造，為此他萬分詫異。泰克斯將零件重新組裝回去，發現只要讓海牛的身體遠離水面——也就是只讓螺旋槳和冷卻水入口泡在水裡——它就能順暢運轉；若以這種方式掛置海牛，它能開開心心跑個好幾里不成問題。

大伙兒一回到西方飛翔號便起錨趕路。若海象平穩，我們會一邊行船、一邊將蒐集來的標本標示並防腐保存，這套流程很有效率；而此刻正好風平浪靜。這回在普爾默岩礁收穫豐碩，我們帶來的琺瑯盤、玻璃皿得全體出動才夠用；光是麻醉、鬆弛和防腐作業就讓我們忙到天黑才停手，天黑以後，我們又坐下來製作標籤，將每一支玻璃管標示清楚。我們填滿標本罐、黏上標籤，再將罐子裝回原本的瓦楞紙箱，放

進船艙；至於軟木塞玻璃管也會先確認有無滲漏，再用紙巾包好、塞進紙盒。這種處理方式讓我們極少因為破損、滲漏造成損失，而採集當日立刻完成標示，也讓我們在製表分類時幾乎不會搞混。不過，我們發現當初在規劃時犯了一個錯誤：低估小容器的需求量。隨船帶來的管子瓶罐根本不夠用。一般的理想做法是把每一隻動物單獨放在大小適中的罐子或管子裡，不擁擠但也不自由；然而，儘管行程還沒走完，我們蒐集到的巨量動物樣本就已經耗盡所有的材料資源和容器了。

我們向北駛入加利福尼亞灣，久聞的海市蜃樓開始扭曲大陸景象。儘管這類幻景在墨西哥索諾拉海岸更為驚人，半島這一帶的景象便已十足趣味，看得我們如癡如醉，感覺近似瘋狂。我們通過一處岬角，但岬角卻突然裂成兩半、變成一座島，接著海水湧入、將島嶼修剪成蘑菇狀石崖，最後再讓它徹底脫離陸地，懸於海面上。即使海岸近在咫尺，我們仍無法辨別陸地真貌。根據海圖，島嶼距離太遠，無法目測；海圖標示就在近處的地標，一開始怎麼瞧也瞧不見，下一秒卻突然自幻景顯現。四周的陸地虛幻飄渺，時時變化。有人想起幾則「看不見的國度」的老故事，故事裡除了王子和公主，還有巨龍相伴；較近代的版本則是英雄武士在不同維度進進出出，遠比現在的三度空間更為複雜。船上伙伴都是心胸開闊、接受奇蹟的人，但是大發現時代的西班牙人究竟有何感受？對他們來說，奇蹟猶如家常便飯，或甚至到了堅信不疑的地步。畢竟他們已經習慣不時顯現的聖像、夢見或於冥想時看見成群聖潔處女，對海市蜃景肯定見怪不怪，屢見不鮮。我們在墨西哥見過

不少神跡顯像,人物多半是耶穌基督,常於危急時刻以超自然方式現身高山或洞穴中。只不過,每次天國當局想讓世間百姓看見神跡顯像時,總是刻意挑選技巧拙劣的十七世紀西班牙木雕現身,這點似乎有些奇怪。話說回來,說不定天堂藝評家剛好特別能理解那個時代的美感;要是有人在墨西哥某深山樹下發現艾波斯坦風格的基督像,或是布朗庫西的鳥形圖騰,或甚至是達利版的《卸下聖體》,肯定會受到不小的驚嚇。[10]

對於首批抵達加利福尼亞灣、堅毅不撓的耶穌會教士來說,要讓此地原住民對教會留下深刻印象,肯定是椿艱鉅任務。這裡的空氣奇異魔幻,現實輪廓與時俱變;大地被吸上天再吐回來,夢境籠罩整座灣區,猶如某種妄想式的沉思冥想。或許,唯有十七世紀木雕才足以引發震撼、巧施詭計;不用說,當時的**奇蹟**肯定魅力十足、頗有男子氣概,方能收得成效。

幻景持續出現,東尼的脾氣也愈來愈壞,因為對與錯就在他眼前相互拚搏,但是又有誰能辨明真偽?「陸地就在那兒,只是它被陽光、空氣和水氣組成的奇妙幻影給抹去了」──話是沒錯,但舵手必須據其所見方能行船;假如陽光、空氣、水氣這三種真實共謀行騙,這教信仰真實真理之人該如何是好?東尼打從心底討厭海市蜃樓。

整理標本時,早先拋出的拖曳繩有了動靜,結果又是一條

---

10 譯注:艾波斯坦(Epstein)、布朗庫西(Brancusi)都是現代主義雕塑名家,達利(Dali)則是超現實主義畫家。

巨大肥美、強壯結實的鮪魚。牠才剛咬餌，一名伙伴便衝出去拿攝影機，因為我們想用彩色底片記錄魚類死亡之際的鱗片色澤及圖案變化；只可惜，曝光的結果一如既往地糟糕。我們啥也沒拍到。

一群旗魚隨著西方飛翔號前進，在近處嬉戲。牠們似乎純粹為了好玩或炫耀而來。有人說，旗魚飛躍是為了甩掉寄生蟲。牠們躍出水面、俯衝墜下，有時會在空中翻轉，在陽光下閃閃發亮。那天下午，我們還看見此行遇上的第一尾鬼蝠魟。我們匆忙取來魚叉、盤好釣線，第一箭僅輕微劃傷魚尾，但因倒鉤未刺穿魚體，讓牠趁機扭身逃脫。我們並未掉頭追，因為我們希望那晚能在聖靈島附近的狼岬靠港休息。

那天傍晚，我們來到狼岬附近；然而就在準備下錨時，忽地撲來一陣狂風，於是東尼決定前往大陸側的魚販岬避風。一過傍晚，風勢立刻增強，海象也隨之紊亂，玻璃罐和琺瑯盤隨時都可能飛出船緣。接下來的半個小時，我們忙著固定設備，移除原本為標本盤遮陽、此刻正撲打翻飛的大片帆布。順著強風，我們越過通往拉巴斯的水道，看見水道入口的燈塔——上一次看見這種大型燈塔是在聖盧卡斯岬的人工岬上；不過，把這種燈塔蓋在海灣內側，頗為奇特。這裡浪頭不高，不過因為風勢極強，經常形成白浪而非捲浪；後來一直要到駛入魚販岬底下，這才擺脫強風追趕。我們緩緩進港，一邊前進一邊測量深度；待船錨終於落下，大伙兒立刻把那條鮪魚煮來吃，實在美味。晚餐後，西方飛翔號上演了一場集體制裁行動。

　　由於船上沒有專職的伙房和洗碗工，大伙兒的默契是每個人都得幫忙；只不過，泰克斯有時會不著痕跡地反抗、逃避洗碗差事。他總是在適當時機**不得不**進機房處理要務。如果他能稍微改變一下做法，說不定次次都能得逞，只是我們已經開始懷疑泰克斯不愛洗碗了。泰克斯本人強烈否認。他說他非常喜歡洗碗，也請我們站在他的角度想一想：要是我們天天窩在機房，弄得滿手髒汙，我們該會有多麼喜歡洗碗？而且待在艙板底下也很危險，他補充道，機房內的引擎設備隨時可能要人命，他不希望我們涉險。對於泰克斯的抗辯，我們沉默以對，於是泰克斯開始緊張了。他提出反駁，表示他曾經從德州西部一路洗到聖地牙哥，並因此了解到自己有多愛洗碗，以致現在他不想自私獨占這份樂趣。冷漠的眼神繼續包圍他，他開始冒汗；他說，等一下（但他沒說「一下」是多久）他會請求我們讓他享有這份榮幸、把全部的碗盤洗乾淨，不過此刻他還有幾件小事得留在機房處理。這都是為了西方飛翔號的安全著想，他說。無人答話。於是他大喊：「我的老天爺，難不成你們想吊死我？」最後史帕奇開口了，態度還算客氣，但語氣十分冷酷。「泰克斯，」他說，「你要麼把碗盤都洗了，要麼就跟它們一起睡。」泰克斯回答：「你們先讓我把這件小事做完，之後要我洗四五千個盤子我也願意。」於是我們每一個人立刻分別抱起一落碗碟、來到艙房，輕輕放在泰克斯的床鋪上。他只好認命起身，鏟起碗盤杯碟、送回廚房洗乾淨。他並未咕噥抱怨，他只是徹底灰心。某種歡樂的光芒離他而去，而且他再也沒能洗掉床單上的番茄醬漬。

　　那天晚上，史帕奇在無線電室裡忙了一陣，終於和附近的
鮪魚船隊連絡上了；他們來自賽德羅斯島，正繞過半島南端準
備進入灣區作業。捕魚的不比種田快活多少，一般人很難理
解為何有人要當農夫或漁夫。漁夫經常碰上一些很糟糕的狀
況，譬如網子沒了、魚兒剽悍、海獅誤入魚網又破網而出、撞
上暗礁、捕不到魚但魚價正好、或是捕了一堆但魚價奇差；就
算有人設計了一套方法，讓魚兒乖乖游上船、扭進輸送槽、溜
下魚艙、再舉起魚鰭往自個兒身上澆冰塊，漁夫肯定還是喃喃
咒罵，因為牠們沒把自己的內臟清乾淨，也沒自備冰塊。捕魚
這行真是沒一事兒開心的。在一片塞爆船上的短波收音機訊
號、抱怨大自然不公不義的憤怒呼喊中，我們下錨停船。

　　不論是一本書、一天、或一段旅程所呈現的模式，都會漸
漸變成一種有特色的設計或風格。乘船遊歷的種種要素——多
種人格面向全部攪和在一起，東修西改，在適應既定環境的同
時也不忘帶入自己的眉眉角角、習慣規矩——終而成就一趟旅
程。這些組成因素彼此融合，一場遠征歷險於是有了自己的特
色，是以有人可能會說「那是一次愉快、相互體貼的經驗」，
或是「那次探險糟透了」，藉此為整體特色賦予明確的定義。
我們從一處採集點奔向下一處採集點。每當夜晚來臨、船錨落
下，寧靜覆蓋整艘船、航旅暫歇，我們一邊閒聊一邊推敲，又
或者一邊閒聊一邊喝啤酒，討論範圍從記憶中珍愛的女人到其
他各領域的複雜關係，五花八門。採集這事很容易生厭，乾潮
或退潮期間是大伙兒唯一能集中注意力的時候。起初，岩石

閃耀，各種移動中的動物無一不喚起注意，景象寬闊多姿多彩，相當美麗；可是約莫一個半鐘頭後，注意力逐漸渙散，畫面褪色、視野變窄並傾向集中在單一一種動物身上。這時，你會察覺自己的世界持續限縮，直到觀察的趣味（以及觀察本身）瞬間消逝。萬一這份疲憊會隨著年紀漸長而持續存在，視野亦隨之黯淡且永不復原怎麼辦？這會不會是許許多多科學工作者必經的歷程？熱情、興趣、敏銳度都將隨著疲憊逐漸消磨，最後退化成只會輕鬆說教？除了疲憊與注意力紊亂，或許還伴隨痛苦、悲傷的記憶。記憶喚起曾經有過的興奮感，於是悔恨轉為嫉妒──嫉妒那些還擁有熱情的人。於是，這群精力枯竭的學者也許會以說教作為掩護，試圖攻擊與自己狀態相反的人，手中也可能握有適合發動攻擊的武器。眼下似乎能確定的是，對於熱情消耗殆盡的人而言，大量正確數據中的一個小錯誤即足以抹去整體正確度，也會成為攻擊焦點；然而，看在仍懷抱熱情、精神力與感受力充沛的人們眼中，此等小錯誤只是努力的副產物，一點小碎渣罷了。這兩種態度可能彼此制衡，最後產生一種比各自更純粹的結果；這兩種態度也可能成為支持整體結構的張力與壓力。不過，看著原本對事物極感興趣的人逐漸失去熱情，興趣逐漸消磨以至衰亡，仍教人感傷。我們曾經見過許多教授單憑自己一個人的熱情，便足以讓整堂聽眾如癡如醉；卻也目睹同一群人安於講授多年前準備、不再更新編修的老教材。也許，我們在潮池採集時觀察到的這種狹隘傾向，也能套用在自己身上──著眼於現實的人，同時也限制了自己的眼界。如果內心活力十足、充滿力

量，那麼眼前的潮池即可朝兩個方向延伸：一方面朝原子層次探掘、一方面提升至宇宙層次，盡其所能將這一刻化為非概念時間。於是生態學遂有了一個名為「整體」（ALL）的同義詞。

「時間感因人而異」這事頗教人玩味。那幾位坐在西方飛翔號欄杆上的原住民，他們的時間感——或說「時間世界」或許更為貼切——肯定與我們不同。除非我們有辦法進入那個時間世界，否則大概永遠無法理解他們：因為持續擴張的時間似乎拖著持續膨脹的宇宙，又或者時間導向宇宙。若某人對「時段」的理解傾向地理學、古生物學指稱的概念，意即我們的時間世界所定義的「兩個時間標記之間」，可能脫口說出「多不可思議的一段時光！」然而，若此人必須設法從天體物理的角度建構時間圖像時，他面對的將是光年版、思緒錯亂的「一段時光」——除非，這個架構能納入世間萬物的相對性、時間本身也能壓縮或膨脹，讓時間圖像相對符合與之相應的宇宙脈動，那麼或許可行。

我們的觀察可能受到古老「目的論」（teleology）所限制或約束，原本漫不經心的想法可能因為希望而扭曲、改變，這點實在不可思議。曾有人說，「希望」是人類的可辨特徵，而這個簡單的大腦皮質活動似乎是我們檢視宇宙的一項主要因素。因為「希望」暗示變化，從目前較差的情境轉變成更美好的未來。奴隸渴望自由，疲憊時渴望休息，飢餓的人渴望食物。這些在經濟或宗教上渴求希望的人，無不想方設法、透過種種源於不滿足的單純奮鬥，創造一個難以逃脫的想像

世界。人類追求完美，動物趨向人類；惡者向善，低位者求高位，直到我們心中的「希望」小機制——最初或許只是為了緩衝某些概念造成的衝擊——成功扭曲整個世界為止。說不定，在我們這個族類發展出「記憶」這個小把戲，以及與之抗衡、名為「未來」的投射時，肯定也納入負責吸收衝擊的「希望」，否則人類早就因為絕望而自我毀滅了。理由是，假使有人深深地、無意識地確定未來不會比過去更好，此人可能極度希望人生不再繼續。透過「希望」這抹帶有療效的靈膏，我們可以建立自己的堅定目標，將潮池、將星辰扭曲變形，融入我們設定的圖像。對大多數人而言，「事情就是這樣，沒有理由」可能是最不入耳的一句話。即使是放棄主日學與上帝教誨的人，也依舊不自覺地受其巧妙延伸的目的所左右。若說希望可以緩衝經驗帶來的衝擊——意即一項特質平衡了另一項特質所指涉的意向——那麼這句話亦同時隱含某種目的：除非我們知道、或感受到、或認清自己**當前**的處境，體認到若是少了「希望」的平衡，我們這個族類說不定會在自己盲目突變的過程中，加入其他許多物種的行列，走向滅絕。動物學博士托斯坦・吉斯倫曾以棘皮動物化石為題，寫過一篇很棒的論文〈邁向死亡與更新的演化進程〉[11]。他在文中描述，突變往往導致毀滅，而非存活，至少以他研究的族群來看大多如此。延續這個論點，想想我們這個族類的突變轉化，似乎也

11　*Ark. F. zool. K. Svenska Vetens.,* Vol.26 A, No.16, Stockholm, Jan. 1934.

挺有趣的。有人說，自有歷史記載以來，人類還沒發生過突變；但我們好奇的是，人類可能在哪些地方發生突變？人類是唯一一種利益與動力皆源於外在的動物。其他動物可能挖洞棲身，或築巢、或占據枯樹洞而居；有些動物（如蜜蜂或蜘蛛）甚至還會建造結構複雜的棲身之所，不過牠們全是利用體液及自身技藝完成的。牠們在世上沒留下多少痕跡，然而人類卻在這個世界處處留痕、搶奪切割、摧殘毀壞。植物連根拔起，植相面目全非；人類移山填海，在平原大地到處留下生活的碎片殘跡。這些變化歷經一次又一次的精雕細琢，卻非源自任何天賦技藝的自我精進，而是人類欲望促成的結果。就生理而言，人類就算沒有這些裝飾行頭也能生存，只有「全人」（the whole man）才需要這些。人是唯一活在自身之外的動物。他的生存動力源於身外之物——財產、房子、金錢、權力。他在城市、在工廠生活，活在他的生意、工作與學問之中。他把自己投射在這些外在複合物之上，因此他**就是**它們：他的房子、車子都是他的一部分，而且是很大一部分。有件事可以完美演示這種情況：每個醫生都知道，當男人失去其所有物的時候，通常都會「不舉」。假如這份投射、也就是占據男人全副心思的事物皆位於外在，以致他自己淪為映照房子、車子、大型電梯等等的一面鏡子，那麼，若要尋找人類突變之處，這些外在動力（或說他經營處理的外在事物）才是我們應該搜尋的方向。我們確實輕輕鬆鬆就在這兒找到了突變的證據：工業革命應該就是一次貨真價實的突變，而當前的集體主義傾向——不論歸因於馬克思、希特勒或亨利‧福特[12]——應

該也能定義為另一次突變，就像長頸鹿演化變成長脖子的過程一樣。這些突變都與族群傾向或首重之事有關，這點毋庸置疑；不過，如果集體主義文化傾向也算突變，那麼我們沒有理由預設突變結果會比現在更好。從古生物學的觀點來看，裝飾與繁複會導向滅絕，這是鐵律。而人類的突變——不論是生產線、集體農場、軍備機械化、量產食物——無一不是證據、或甚至症狀，不僅和巨蜥粗厚的甲冑兩相呼應，也都是只能以滅絕告終的一種演化傾向。如果最後注定會發生這樣的結果，那麼就沒有任何思想能干擾或偏折其進程。有意識的思考鮮少能影響我們這個族類的行為或取向。眼前就有一場沒人想打的戰爭，同時也是一場看不見輸贏的戰爭——屬於夢遊者的殭屍戰爭；因為不受智力控制，只能繼續打下去。不久以前，一群正直的美國國會議員否決了一項金額數億、但能餵飽人民的經費預算；他們說（而且是認真的）這麼一大筆支出可能會壓垮這個國家的經濟結構。但現在，同一群人同樣**正直地**投入數十億美元去製造、運輸、投放炸藥，藉此保護那群他們不想花錢餵飽的人民。這種行為肯定會繼續下去。說不定，這全是人類突變的一部分，而這次突變也許會眼睜睜看著我們走上絕路。我們已經在這個世界留下我們的記號，但是森林、攀藤、冰雪和侵蝕作用不出短短時間就能移除這些記號。無奈大多數人就**只當**這是一種猜測，認為這種猜測背叛了我們這個族類；這實在

---

12 譯注：創立福特汽車，也是將生產線實際應用於工廠的實業家。此舉改變工業生產模式，進而影響現代社會與文化。

詭異又可悲，卻也是一種症狀。儘管不祥的反證多到鋪天蓋地，「希望」仍舊掌控未來：人類——不是任意某個物種，而是演化最成功的族類——將更臻完美，最後掙脫自我、邁向星辰，憑藉力量和美德拿下屬於他、亦為他所屬的疆域，即等號右邊的結果。坐在這威風凜凜的席位上，他將以純智力指揮宇宙運行。待前述命運發生之際——即我族邁向滅絕、或大步跨入上帝腦中——說不定會有一小撮退化的族人，譬如下加利福尼亞原住民好了，蔽於巨石陰影或靜坐獨木舟中，橫遭遺忘。他們或許會繼續曬太陽、吃但吃不飽、睡覺、以及交媾。此刻他們擁有許多堪比海市蜃樓的傳奇故事，魔幻朦朧；將來，他們說不定還得擔心另一支勢力龐大、宛如神祇的種族——駕駛四引擎轟炸機、在砲彈爆炸聲中飛向遠方。那聲音宛如上帝在呼喚他們回家。

　　停泊灣區的夜晚靜謐詭譎。海面平穩，幾如凝固，露水重得浸溼甲板。碎浪磋磨貝殼沙灘，嘶嘶作響，魚群在漆黑中彈躍落下，濺起水花。有時，巨魟躍出水面復又沉沉落下，傳來巨響；另一群小魚貼著水面沙沙游動，輪番躍起，發出極細微的窸窣音響。我們在灣區嗅不到人的氣味，也感受不到任何人類活動。舉凡能讓人察覺「此處有人煙」的蛛絲馬跡絲毫不存在。因此，即使海浪和魚群頻頻作響，船上的人兒依舊感覺死寂沉靜。下錨後，引擎停轉，我們反而睡不著，不時為了一絲微響驚醒過來。大伙兒神經緊張，煩亂不安。若岸上傳來犬吠牛哞，我們倒是心安；但奇怪的是，此番航行中的諸多停泊點皆俱無人聲。於是伙伴們只好拿起壓根沒聽過的書本來讀——

東尼選的是《螺栓洛尼根》[13]，邊讀邊表示他不喜歡某些詞彙被印成文字。這讓我們回想起最初我們也不喜歡聽人使用這些詞彙，因為不習慣；後來，這些詞彙和那個族裔純樸率真的腔調漸漸落地生根，我們也就聽習慣了。東尼繼續讀著《螺栓洛尼根》，新鮮文字造成的衝擊逐漸消褪，他也漸漸融入「螺栓」的曲折人生。丁尼讀過那本書。他說：「我好像也有過那些經歷。」

夜裡偶爾吹來一陣微風，船身試探地拉扯船錨，輕搖徐擺。世上最靜謐之處莫過於引擎暫歇、彷彿屏息靜臥的船兒，如此反倒教人渴望起汽缸低沉震撼的節奏來了。

13　譯注：美國作家 James T. Farrell 的三部曲作品之一。主人翁是愛爾蘭裔美國人，從一個堅強善良的青少年逐漸墮落成精神身體皆破敗的酒鬼。

11

三月二十日

　　我們標記的下一個採集點是聖靈島最南端。聖靈島南北狹長，位於聖羅倫佐海峽北側。島上多山，高聳於藍海之上。我們特別想前去一探，如此方能比較聖靈島東突處與拉巴斯隔絕、受保護的海灣此兩地的動物相。這一路下來，我們設法在同區域內、生存條件對比較大的地點進行採集（譬如海浪衝擊程度、海床底質、岩石組成、暴露程度、海水深度等等），循此多半能找出各物種最根本、最重要的差異。

　　我們一早便離開魚販岬底下的避風處，再次越過海峽。這段航程頗短。許多鬼蝠魟貼近海面悠哉巡游，僅「雙翅」尖端微微露出水面。牠們似乎正兜圈徘徊，然若我們靠得太近，牠們便倏地消失在深邃海藍中，毫不費力卻異常敏捷，速度令人驚嘆。釣線釣上兩條黃鰭鮪魚[1]，同樣是速度快、效率高的游泳好手。牠們狠狠扯咬釣線，力道之猛讓人不禁懷疑牠們何以沒把腦袋給扯掉了。

　　我們在一處粗礫岸邊停船下錨。進入加利福尼亞灣以

1　*Neothunnus macropterus*。

來，這裡是第一個能讓我們翻石塊找動物的採集點；從細沙中還藏著小石礫這一點看來，此地的生態結構似乎剛成形不久。

這回，除了東尼，所有伙伴全體出動。史帕奇和丁尼都已成為採集好手，現在就連泰克斯也決定加入，沒多久便樂在其中。我們衷心歡迎伙伴奧援，因為就整體而言，可採集的時間區段很短、範圍卻很大，所以愈多雙手幫忙、愈多隻眼睛參與採集，成果愈好。除此之外，他們都是傍海而居的人，深深尊重大海及海中所有生物。討海者自當不會輕蔑以對。

這片沙灘上的石礫大小相當完美，非常適合翻動 —— 重得足以保護石塊底下的動物、使其不受海浪輾磨，同時又輕得易翻好找。這些石礫全都覆著一層短短的海藻，埋在粗沙裡。此地的優勢物種是硫海參[2]，體色極深、幾近墨綠，身上彷彿撒了一層硫黃粉塵。潮水退去，淺灘上露出的硫海參少說有數百萬隻。牠們成群堆擠在岩石間或岩石底下，潮水一退，熱帶驕陽狠狠照在沙灘上，絕大多數的硫海參都變得極度乾縮，卻也沒有明顯外傷。這裡的海參身長大多五至八英寸，但其中有大量海參寶寶，有些長度甚至不足一英寸。我們抓了一大堆。

以數量來說，這片海灘排名第二的主要物種是陽燧足。我們已經見識過牠們在加利福尼亞灣的龐大勢力，在這裡，牠們更是鋪天蓋地、簇簇叢生，宛如巨獸匍匐在岩石底下。隨手一抄，動輒就能抓起上百株扭曲蠕動的黑色結節。我們在這裡發現五個不同品種的陽燧足，每一種都抓了一堆，以免不小

2　*Holothuria lubrica*。

心折了腿或蜷成一團什麼的；我們衷心希望能留下相當數目的完美標本。這裡海星也很多，我們採到六種。有趣的是，海星和陽燧足的差異明顯反映在兩者的學名上：陽燧足學名中的「Ophio」源自希臘文，字意為「蛇」；因此身體渾圓、伸出像蛇一樣的長臂的陽燧足便得到「ophiuran」（蛇尾）這個屬名。外型更像星星的海星則採用拉丁字根「astra」，譬如「*Heliaster*」、「*Astrometis*」等幾個屬都能看見「星星」的影子。我們還找到三種海膽，其中包括棘尖有毒的「墨西哥刺冠海膽」（*Centrechinus mexicanus*）；另外還有十來種不同的螃蟹、四種蝦子、多個不同品種且外型各異的海葵與大量環節蠕蟲——我們的冤家帝蟲亦赫然在列（加利福尼亞灣似乎處處可見其身影）——此外還有數種裸鰓類和大量星蟲。岩石與下方的細沙裡也藏著大量動物，有石鱉、鎖孔笠貝、幾種雙殼貝、扁蟲、海綿、外肛動物和螺類。

採集桶再度爆滿，不過我們也已著手篩選要留下哪些樣本。光是這一天，我們就採集到需要且足夠的海參和陽燧足。我們細心處理並保存這些標本，若下次再在新採集點發現牠們，除非觀察到顏色變化、尺寸差異等值得採集的條件，否則我們只會在紀錄上加注。循此，隨著採集作業持續進行，我們也慢慢不再蒐集某幾類動物，頂多在發現時摘要筆記。

回到船上，我們再次把採集來的樣本放進琺瑯盤，準備麻醉。我們在一隻海參體內發現一條共生小魚。這條魚在海參肛門內側活得可好了，進進出出、速度飛快，不過牠始終以尾端朝外、頭朝肛內。我們輕輕擠壓海參身體，一度成功把小魚擠

出來；不過牠腦袋一轉、一溜煙又躲回去了。從小魚蒼白、幾近透明的體色看來，海參肛門內似乎就是牠的慣常居所了。

　　觀察物種如何在一塊區域占據壓倒性優勢，挺有意思的。這片沙灘處處可見黃綠色海參，巨型陽隧足則緊追在後。就我們所知，這兩種動物都沒有任何有效的防禦特徵，不過牠們似乎也都不是其他動物眼中的美味食物。隨意觀察幾種動物，我們發現動物與地域之間似乎存在某種平衡，讓某一物種能在某特定區域內取得數量上的優勢：當該物種成功跨越繁殖與生存門檻，該區域就成牠們的專屬棲地，而其他動物——可能是該優勢物種的敵對份子、也可能是獵物——即遭驅逐或主動逃離。大多時候，某物種之所以成功據地為王，完全出於機運。在某些北國地帶，冬雪年復一年洗滌、清理岩石，故有人發現隨伴隨夏季而來的優勢物種年年不同，有時是這種、有時換一種，成功因素大多不出「先到先贏」[3]。海洋動物也和人類差不多，「先後順序」與「屬地領土」似乎是求生存、占優勢的兩大重要因素。不過有時候，動物最成功的特質往往也是牠的弱點。不少案例顯示，成功與迅速繁衍會嚴重耗盡可取得的食物供給，導致動物不得不遷移、或因此死亡。此外，動物本身的排遺也可能因為族群龐大、濃度過高而產生毒性。

　　看著這群小小怪獸，很難不反思人類的類似處境；然而性

3　　Gislén, T., "Epibioses of the Gullmar Fjord II." 1930, p.157. Kristinebergs Zool. Sta, 1877-1927, *Skrift, ut, av K. Svenska Vetens,* N:r 4.

喜投機的生物學者所面臨的最大危機就是「類比」，故我們必須小心避開類比陷阱——蜜蜂勤奮，螞蟻經濟有效率，蛇則是墮落卑劣的代名詞，凡此人類視角致使我們嚴重誤解其他動物。不過，若能一針見血坦露人類習性，又不致過度誤解我們不熟悉的動物，這種對應關係其實挺有意思的。論及物種優勢，統治權的常態更迭即為一例。試想，某人據地一方，擁有財產保障，在該地深耕已久、占盡優勢。這塊區域任他支配統治。為了保護他的領域，他有認識他、仰仗他鼻息維生的警察。他活在華衣美服、漂亮房子、珍味美饌之中，他甚至不受疾病侵擾。旁人可能會說他安穩無危、說他多子多孫，認定他的種子會在短時間內開枝散葉、遍布各地。然而，在捍衛統治權的過程中，他趕走其他不適應、無以搶下支配權的同胞族類，後者可能因此四處流浪、衣不蔽體、三餐不繼，既無安全保障亦無固定居所。這群人照理說會逐漸消亡，但情勢反轉亦非全無可能。統治者在安逸中逐漸軟弱、懼怕，把大部分的時間都用來保護自己。他非但不加緊繁衍後代，反而愈生愈少；由於外在保護極盡嚴密，致使他僅有的子嗣內在軟弱無能。原本瘦弱飢餓的被驅逐者日益強大，最強者脫穎而出。他們本就無可失去，眼前的一切任他拚奪；這群歷經淘汰篩選、天性貪婪掠奪的強人練就一身攻擊本事，而非捍衛技巧，且內在同樣堅定強大；於是有一天，統治者橫遭剷除，強壯飢渴的浪遊者取而代之，搶下地盤。

　　這個程序不斷重複。新統治者強固自身，然後弱化。統治家族的覆滅輪替速度極快，通常在幾代之內便足以走完興

起、繁盛、衰亡的歷程，有時甚至不超過一代——譬如報業巨頭赫斯特[4]——他個人的興衰輝煌轉眼即逝，什麼也沒留下。不過，某些權威或力量有時也能長久流傳，本身甚至沒有明確定義，而是透過個人精神或精神特質繼續影響後人。赫斯特的影響力在他本人過世前即已式微、在他過世後亦迅速遭人遺忘（或許只剩粗俗荒唐的奇聞軼事），但蘇格拉底的精神與思維從未隨哲人死去，繼續活躍至今。

　　人有一種奇妙的二元性，道德兩難亦由此而生。我們對好壞善惡皆有明確定義，不因對象而異，而是不分年紀、所有族類皆普遍認定為好或不好的特質。若問什麼是良善，一般人總會聯想到「智慧」、「雅量」、「仁慈」、「慷慨」、「謙遜」；至於「殘酷」、「貪心貪婪」、「自私」、「狂暴掠奪」則清一色被認定是不良、惹人厭的。然而在我們的社會結構中，所謂好的、或一般人認為的良善特質卻總是與失敗或衰退相伴，而那些「不良」習性卻常常是成功的墊腳石。一個站在全能視角的人照理說會擁抱良善，蔑斥劣惡，但他不免還是會欽羨或嫉妒在社經地位上獲得成功的人（儘管此人是個徹頭徹尾的壞蛋），進而輕視懷有良善特質的人，認定就是這些特質招致失敗。懷有這種觀念的人，他同樣也喜愛耶穌、聖奧古斯汀或蘇格拉底，因為他們都是他欣賞的「善」的象徵，而且他討厭壞惡；但事實上，他寧可選擇成功更甚良善。若把這套

4　譯注：William Randolph Hearst，出身美國舊金山。於 20 世紀初掀起黃色新聞浪潮，新聞界對其評價褒貶不一。

理論套用在人以外的動物身上，我們可以用「生存力低弱」取代良善，以「生存力強健」置換劣惡。於是乎，人類若是動腦思考、或處於奇望異想時，他會比較欣賞注定通往毀滅的進程；然而若是不想、不思考，真正能刺激他產生反應的大抵都是求生條件。除了人類，大概沒有其他動物得承受這種二擇一的折磨。若簡單形容人類是「長了兩隻腳的矛盾」，應該還算貼切。人類始終不曾適應「意識」帶來的悲劇奇蹟。話說回來，誠如我們稍早所言，人類這個物種或許尚未定型、仍處於蛻變階段；他困在過去掙扎求存的肉體記憶中，但思考和意識帶來的不安定感同樣限制了他的未來。

回到西方飛翔號上，史帕奇用番茄、洋蔥和香料調製醬料，烹煮釣上的鮪魚。眾人大快朵頤。儘管沙灘上的石頭不重、也很好翻動，但我們少說翻了好幾噸的石頭。飽餐一頓後，按理說應該繼續處理標本，將動物一一存放、標示注記；但我們就只是坐著，喝點啤酒。以這種疲累程度來說，如此已算是最好的休息了。

稍早用餐的時候，有艘船靠過來，兩位原住民爬上西方飛翔號。他們的衣服比前一天那幾位窮民身上的好多了。畢竟，他們的村鎮離拉巴斯只有一天航程（划獨木舟），或多或少沾染了那座城市的虛矯氣息。儘管仍有幾處補丁、亦稍嫌破舊，至少還沒爛到崩解散架的地步。我們請史帕奇和丁尼拿些啤酒請他們喝。兩杯下肚之後，他們變得相當殷勤友善，我們這才想起原住民似乎不善飲酒。後來，史帕奇和丁尼開始往啤酒摻幾滴威士忌，結果證明事實正好相反。這種半威士忌半啤

酒的飲料，我們沒有一個能喝超過兩杯；但這倆傢伙不僅沒事，人也變得輕鬆快活、話匣子全開。這兩個人打光腳，帶著兩把當地產製的鐵魚叉，獨木舟裡則躺著一條大魚。這艘獨木舟屬於當地典型設計，相當有意思。由於半島南部少有大樹，故此地的獨木舟皆來自墨西哥大陸區，而且絕大多數都是馬薩特蘭附近生產的。這種獨木舟為首尾同形的「雙頭」設計，由單一一柱輕質原木鑿製而成，內部則有撐杆加固支撐；有些會加裝一道小帆，不過原則上還是靠人力划槳前進（雙人槳，一人一邊）。這種獨木舟能在海上航行，速度頗快。船身裡外都上了一層薄薄的藍色或白色塗料，不僅防水且相當堅固。這種塗料是本地人自己做的，他們會定期給船身塗抹補強；塗料本身不是一般油漆，其質堅硬，像殼一樣。我們沒能學到怎麼製作這種塗料，料想應該有很多人知道做法。若是哪個年輕人擁有一兩艘這樣的獨木舟，一支鐵魚叉，以及一身短褲、襯衫和草帽，這就已經算過得很好了。事實上，一艘納亞里特獨木舟應該能讓年輕人眼中流露極大的安全感、也讓旁人露出渴羨的眼神，所以這種人大概很快就結婚了。

常有人說墨西哥人生性知足、樂天，這種說法實在無知。「他們無欲無求。」這話並非形容墨西哥人有多快樂，而是描述說話者本人有多不開心，因為美國人（大概所有出身北國的人都差不多）總是充滿渴望，而這份渴望源自內心的不安全感。我國同胞最大的動力來源正是「不安」。一般認為，沉迷賽局，喜歡打橋牌激盪腦力，或是精心算計、拿著長桿猛擊小白球，這些全是內在貧乏所致，但其實更偏向內心混亂

糾結所引發的行為。與鎮日一事不理的傢伙相比，腦中充滿雜念的人會比較常覺得「無聊」，而且他們思索的事件沒一樣稱得上清晰、俐落、簡單。心緒紛亂的人會透過打橋牌來忘卻成千上萬、各種各樣的小焦躁。因為橋牌帶有目的性，打牌時必須盡可能使出多種詭計，結果卻十分簡單明瞭；然而在玩家自己的生活中，沒有一件事是如此乾淨俐落，結果也經常曖昧不明。因此他們躲進一些有規則程序的活動、甚至賽局，藉此逃離混亂複雜的生活。是以那些貧窮的墨西哥原住民也可能只是生活沒那麼混亂（雖然我們不知道實際狀況）：不過就是生孩子、拿魚叉捕魚、喝得醉醺醺、支持某候選人嘛，過程清清楚楚、無拘無束，也都有明確的結果。我們想到墨西哥官員經常收到的賄賂。美國人普遍認為行賄是不法行為，然而賄賂也是一種簡單好使的手段。敲定生意，談價碼，付錢，彼此恭維幾句，履行服務，成。過程短暫、不拖泥帶水，兩方互不受制相欠。有點像老一輩直接以現金換商品的買賣方式。

我們發現，相較於美國常用的賒銷制度，我們比較喜歡這種「一手交錢、一手交貨」的方式。在我們那裡，沒人喊價、沒人討價還價，沒有一件事是清清楚楚的：我們先去找朋友，因為朋友認識一位法官。朋友去找法官，法官去找他認識的參議員，而這位參議員的意見能左右決標結果。最後我們成功賣掉五卡車木料，但整個過程現在才要開始，關係鏈上的成員一個個彼此牽制：十年後，決標負責人的兒子要求派任安納波里斯，參議員要求打點未來數年的交通費，法官握有你朋友的政治把柄，而你的朋友一天到晚找你討人情債，幫

需要工作的朋友找工作。說到底，當初直接去找決標負責人說
不定更簡單、代價相對便宜：你只要把那批木料以市價的四分
之一算給他，整件事就結束了；但這不誠實，這是賄賂。所以
前述那條財務鏈上的每一個人都怨恨、也懼怕彼此。反觀墨西
哥的「行賄－議價」不僅沒有強制施行機制，還能促進互敬互
重、讓人發自內心喜愛彼此。假如收賄的一方欺騙你，下次你
就不會再找他、他也很快就會被迫離開公務部門；如果他履行
約定，那你無非交了一位值得信賴的新朋友。

　　我們不知道墨西哥人是否比我們快活，他們有可能真的很
快樂；不過我們確實知道，墨西哥人快樂或不快樂的理由就跟
他們的時間感一樣，和我們完全不同，我們同樣無法切入。不
過，光是知道這項差異的存在，也算是一種收穫。

　　兩位登船作客的伙伴繼續暢飲我們認為是普通啤酒、他們
認定是某種昂貴異國飲料的玩意兒（威士忌混啤酒的味道肯
定很糟，糟到像是異國來的昂貴東西）。他們展露演說天賦，
早先我們已經注意到他們個個擁有這項才能。墨西哥原住民是
天生的演說家，不時穿插優雅手勢、笑容和高明的譬喻。年紀
較大的那位以政治為題，即興發表了一場精采演講。他瘋狂欣
賞「阿瑪桑將軍」，他是該屆墨西哥總統候選人。咱們的原住
民老先生以「戰神」比喻將軍的戰功彪炳，不過他並未言明他
口中的戰神是「馬爾斯」（Mars）還是「維齊洛波奇特利」
（Huitzilopochtli）[5]；將軍的容貌承襲自阿波羅，但不是「觀
景殿」（Belvedere）的阿波羅[6]，而是再早一點、更堅毅強壯
的阿波羅；在仁慈、智慧與深謀遠慮方面，阿瑪桑將軍更甚

神話中的其他小神小祇。咱們的講者甚至還提到將軍的床上功夫，至於他是怎麼曉得的，老先生並未多言；不過我們推斷，將軍之所以在這方面威名遠播，得因於他的選區幾乎清一色是女性。「他是個強壯男人。」講者抵靠舷窗支索、挺直背脊。我們的伙伴咕噥打岔，「如果他當選了，海裡大概會有更多魚可以讓貧苦的墨西哥人填飽肚子。」老人睿智地點點頭。「確實如此，我的朋友。」他說。後來，我們得知另一位候選人「卡瑪裘將軍」當選了；阿瑪桑擁有的美好特質，卡瑪裘也幾乎都有。既然卡瑪裘是贏家，只能說他在這些方面的發展說不定略勝阿瑪桑一籌。美德、優點在政治圈一向無往不利，因此當兩名勢均力敵的巨人彼此互別苗頭，若要判定哪一方更為傑出，大概就只剩「計算選票」一途了。

我們明白，我們遲早得擬出一套精簡、有說服力的說法，來解釋我們到底在幹什麼。我們不能照實陳述，因為實話毫無說服力：你怎能對一個成天操心吃不夠、孩子生不夠的人說，你刻意撿拾的這些無用小動物，或許能擴大你的世界版圖？這個理由連我們自己都不買帳。但我們必須編一套故事，別人問起時才好交差。咱們這群伙伴中有一位曾經徒步遊歷美國南部。起初，他解釋他之所以這麼做是因為他喜歡走

5　譯注：Mars 是羅馬神話戰神，Huitzilopochtli 則是阿茲特克神話的戰神。

6　譯注：觀景殿的阿波羅為白色大理石雕，製作於古羅馬時代，現藏於梵蒂岡。

路，因為走路能讓他看見、並且感受到這個國家更美好的一面。可是大家都不相信這套說詞，並因此嫌棄他，因為這話聽起來就像在撒謊。後來有一個人這麼說：「少糊弄我。你肯定是跟人打了賭。」從此以後，他就拿這個當理由，每個人都喜歡這個理由、也相信他的解釋。所以呢，我們得編一套我們的故事，往後只消照本宣科就行了──「我們在蒐集珍奇玩意兒」，我們這麼說。在這裡，這些漂亮小動物和貝殼實在多得不得了，一文不值；可是牠們在美國並不常見，所以還算有點價值，雖無法因此致富，至少有利可圖。除此之外，我們也喜歡這些玩意兒。自從有了這套說法，我們再也不曾遇上任何麻煩；聽者無不理解初衷，紛紛拿著他們自認能成為稀有收藏的物件來給我們，以為我們會變成大富翁──後來我們回到聖地牙哥，海關核定這數千份動物標本的總價值為五美元。謝天謝地，好在他們不曉得。希望這些原住民永遠不會知道真相，否則我們在他們心目中的形象大概一落千丈。

最後，我們的客人終於帶點微醺地走了；不過他們可沒忘記抱走一堆番茄醬空罐。對他們來說，這些罐子價值不菲。

這天晚上，我們應該無法啟程前往拉巴斯港了。因為引水人的工時很短，而且若要在上班時間以外請他領港，費用加倍。可是我們實在好想去拉巴斯──船上的啤酒都喝光了，水缸裡的水嚐起來也不新鮮（當初把水灌進去的時候，似乎就已經有陳腐味了，而且這股味道並未隨時間好轉）。我們當然不到渴死邊緣的地步，這種怪味水就算再喝個兩三天亦不成問題；我們之所以渴望拉巴斯，其實有別的理由。聖盧卡斯鎮算

不上城市，而船上伙伴打從心裡認為我們已經遠離文明太久太久了。在我們的認知裡，文明應該包括 —— 若說真有什麼要件的話 —— 高度受文化洗禮的群類。此外，拉巴斯這座城市有種與生俱來的魅力。在灣區一帶，拉巴斯的偉大無人不知、無人不曉。他們說，在拉巴斯，你能得到全世界。雖然規模比不過瓜伊瑪斯或馬薩特蘭，但拉巴斯雄偉宏大，美得無與倫比。每逢慶典之日，原住民們總會划個好幾百里前往拉巴斯過節。生在拉巴斯是一種榮耀，打從此地成為全球首屈一指的珍珠之都以來，這座遙遠的城市就一直沉浸在飄飄然的欣喜歡快中。西班牙國王袍服與羅馬主教聖帶，歷代皆使用拉巴斯所產的珍珠鑲飾。總而言之，「拉巴斯」這個名字帶有魔毯般的奇幻魅力。拉巴斯也是一座古城。在加利福尼亞灣原住民眼中，所有西方城市都很古老、歷史悠久；他們說，瓜伊瑪斯日夜忙碌，馬薩特蘭輕鬆友善（也許吧），但拉巴斯就是**古老**。

加利福尼亞灣和灣區港口對殖民文化始終帶著敵意。在新移民落地生根以前，外人總是一次又一次企圖深入這片區域。這座半島不怎麼歡迎外人，但是拉巴斯的珍珠蚌母卻把世界各地的人全都吸引過來。誠如世上所有自然財富的聚集地，恐怖貪婪一而再、再而三地在這座城市失控放縱；以下事件在拉巴斯這類地方可謂家常便飯，近年屢見不鮮。有個原住民小男孩意外發現一顆巨大無比的珍珠。他知道這顆珍珠肯定價值連城，能讓他一輩子不愁吃穿、不用工作。單憑這一顆珍珠，他就可以醉到天荒地老、老婆任他挑、製造更多數不清的小快樂。這顆珍珠宛若救贖，讓他可以花錢做彌撒，做足到能

像挑西瓜子兒一樣瞬間蹦出煉獄，也能讓為數不少的過世親戚
們搬到離天堂近一點的地方。他把珍珠握在手裡，來到拉巴
斯；在他心裡，他的未來已成為永恆。他找上一名掮客，對方
開出的價格低到令他發怒，他知道他想詛他；他去找另一名掮
客，也得到同樣的數字。後來他又陸續造訪好幾家當鋪，漸漸
明白這些掮客全是某位大頭目的手下，他最多就只能賣到這個
價錢。於是他來到海邊，把珍珠埋在一顆石頭底下，當晚即遭
人痛毆、失去意識，衣服內外全給扒搜過一遍。隔天晚上，他
在朋友家過夜，結果朋友和他又被打傷綑綁，整間屋子同樣被
搜了一遍。他逃往內陸、試圖擺脫那些人，下場是遭人伏擊且
苦刑伺候，但他的憤怒也因此來到最高點：他知道該怎麼做
了。滿身傷痕的他趁夜潛回拉巴斯，像獵狐一樣躡手躡腳來到
海邊、挖出石頭底下的珍珠——他詛咒這顆珍珠，然後使盡全
力扔向大海。儘管他的靈魂有危險、食物沒著落、也沒有遮風
避雨的地方，但他再度自由了。他大笑起來，樂不可遏。

　　這則故事看似真實，卻又像極了道德寓言，以致幾乎不可
能是真的。這個原住民小男孩太英勇、太有智慧、太世故，還
會憑知識採取行動。不論從哪個角度來看，他都和人性傾向相
反。這故事也許是真的，但我們不相信；因為過於合理，反而
不像是真的了。

　　此刻，拉巴斯這座偉大城市近在咫尺，我們幾乎能看見它
的高塔、嗅到它的香氣。拉巴斯的確應該悉心藏好，遠離塵
囂；除了小男孩想像世界中的大帆船以外，任誰不得擅入。

　　即將停靠聖靈島之前，一艘黑色遊艇迅速掠過，一身白衣

美服的紳士淑女舒舒服服坐在船篷遮蔭的後甲板上。望著他們
高杯冷飲在手，我們有些怨懟，因為船上的啤酒喝完了。丁尼
先是狠酸，「只有花枝招展的懶惰蟲才會搭那種船吧。」然後
緩和語氣，「不過我也不敢說自己好到哪裡去。」遊艇消失在
地平線外，同時地平線上又冒出一艘更討人厭的貨櫃船，髒兮
兮的、搖搖晃晃。這艘船就這麼一路巍顫顫晃進通往拉巴斯的
水道，料想艙底排水泵已經開到最大了。後來，我們在拉巴
斯港外看見這艘船，吃水極深，上岸後便向旁人說及此事；
「船快沉了，」對方平心靜氣，「這艘船一向如此。」

　　西方飛翔號亦掀起一股浮華之氣。大伙兒狠狠搓洗衣
物，白帽緣也拆下來洗，牛仔褲洗過、拉整拍平再晾於桅索風
乾，就連鞋子也刷了。刮鬍洗澡的聲音不絕於耳，空氣中瀰漫
著體香劑、髮油、乳液的甜香味。頭髮修剪梳齊，甲板室後方
的澡間小鏡頓時炙手可熱。我們就像即將登台的唱詩班女孩兒
一樣，頻頻對著鏡子搔首弄姿，品頭論足；儘管不滿意，但我
們都盡力了。天知道我們到底期望能在拉巴斯有何豔遇？不過
無論如何，我們都想呈現最美好的自己。

　　那天早上，我們動手刷洗甲板上的魚血漬，儀器歸位擺
好，釣線纏得整整齊齊，碗盤也全洗好了。我們覺得自己好像
在作秀，打算向淑女們大獻殷勤；因此我們希望不會有任何遊
艇停在西方飛翔號旁邊。如果旁邊有遊艇，我們看起來就會是
一副剽悍水手樣；如果沒有遊艇這種鮮明對比，至少還有幾位
伙伴勉強稱得上斯文英俊。在我們之中，即使是經驗豐富的老
手，也還是希望能碰上在岸邊散步、頭戴細梳綢紗的西班牙淑

女。這彷彿就像好萊塢電影《拉美日常》開幕場景：前景是卡巴萊餐廳舞台，舞者飛旋其中，背景揚起男中音，高唱「我在拉巴斯遇見我的愛　綢緞絲服的拉丁美人兒」。

眾人在甲板室屋頂集合，攤開《沿岸引航》。就連東尼也屈服了：他換了一頂花俏的水手帽，前緣有金色穗飾，看起來像野戰炮兵和潛艦水兵的綜合體；只不過上頭多加了一枚「一箭穿心」的圖樣。

我們始終非常欣賞《沿岸引航》的敘事風格與文學氣息，這會兒正好給各位摘錄幾段。首先，這書的編纂者是一群刻薄譏誚的人：他們深知本書是寫給傻瓜看的，如果花點心思就能讓讀者誤讀或誤解他們的意思，他們絕對不會放過這個好機會。幾乎沒有一件事入得了這群作者的眼。他們就像海岸線永遠不變、也改變不了的大海汪洋，或是永不生鏽、無法抹滅的燈塔浮標，或是永遠在特定時刻吹起撲來的海洋風暴，唯有理智清明的人才能讀懂書中指引。但他們不因此欣慰滿足。他們嘗試以冷靜客觀的口吻描述，不過仍不時滲入些許苦澀，尤其是提到墨西哥沿岸燈塔、浮標和港口設施的時候。以下節錄自美國水文局發行、編號八十四冊、附加一九四〇年一月修正補遺的〈一九三七年墨西哥西部與中美海岸導航指引〉第一二五頁，「拉巴斯港」條目。

拉巴斯港　位於拉巴斯水道莫戈特東緣與拉巴斯市郊海岸之間。莫戈特是一處地勢低、灌木叢生的沙質半島，東西長約六英里，南北最寬一又二分之一

英里，為安普灣大潟湖區北界。這片潟湖區地勢低平，長滿茂密樹林、灌木和仙人掌，大部分面積皆遭海水淹沒；另有一條深二至四噚的水道從拉巴斯港向北延伸，連通潟湖區西北部。

拉巴斯港 寬約二分之一至四分之三英里，多為淺灘；一條多風、深三至四噚的水道貫穿其中。淺水區深一至八英尺不等，自莫戈特東界向北延伸至普列塔角四百碼內[7]，保護拉巴斯港不受西北面的海風侵襲。

拉巴斯水道 介於上述淺水區與大陸之間，從普列塔角橫向延伸、與拉巴斯市區平行。水道長約三又二分之一英里，紀錄顯示最淺處約三又四分之一噚，唯數據不甚可靠。吃水深度不超過十三英尺的船隻可隨時通過此水道，不受潮汐限制。水道偏窄，兩岸有陡堤；部分區段的水深落差極大，可能在不到二十碼的距離內自三噚驟升至三、四英尺。水道深水區與淺水區左右兩側的突出點，於桅杆高處即可輕易觀測辨識。該水道於一九三四年的限制深度為十六英尺。

普列塔角南南東方一英里處左右，另有一條九英尺深的水道越過淺水區、匯入拉巴斯水道，經常有船隻往來使用。開曼奇托岩幾乎占據拉巴斯水道東側全段，方位角一二九度。

導航標 位於普列塔角右側，拉巴斯水道入口處。導

7　譯注：1碼約為3英尺或0.9公尺。

航標共三座，管徑三英寸，直插底岩、僅露出水面數英尺。白晝漲潮時極難辨別，夜間亦無照明。（這幾句隱含抱怨。）

燈標 拉巴斯水道的航距指標共三對，皆附照明。最外一對設於水道入口岸邊，位於普列塔角東南方約一英里處。中段燈標設於開曼奇托岩南南東方約四分之一英里的山坡上，最內一對位於拉巴斯市營碼頭東北方約四分之三英里處……

港口照明 拉巴斯碼頭Ｔ字南北端各有一座高二十英尺及十八英尺的木樁路燈……

錨地 等候入港的船隻可暫泊於普列塔角南方，該處水深七至十噚；北方的莫戈特半島亦供停泊等候，惟後者無處避風，正對入海口……

拉巴斯港最佳泊位為市營碼頭西側兩百至三百碼範圍內。水深約三又二分之一噚，沙質……

入港作業 所有外國商船皆強制引航。引水人乘馬達小艇、豎Ｐ字白旗，於普列塔角附近登船引航。引水人亦提供夜間引航服務，惟不建議於日落後進入拉巴斯港。

以上描述清楚詳細，撰文者力求精確——而且是發狂似地重視精確，因為人、潮汐、海相都可能減損他們的心血結晶。水道內的移動沙洲，鑽入底岩的三英寸標管，Ｔ字市營碼頭的木樁路燈，這些都是最近才出現的地景或設施；而引水人

在入夜後無法順利引航的這項指控，也透過冷靜、圓滑、引人好奇的方式表述。總之我們信任這些人。他們態度嚴謹，非常偶爾才會理智斷線、或者蹦出一句痛苦抱怨。譬如一九四〇年的「附錄」：

第一〇九頁第一行，作者將兩座燈塔誤植為一座，因此「**罐頭工廠上班時間內，燈塔⋯⋯**」應為「**⋯⋯兩座燈塔⋯⋯**」

又譬如：

第一四九頁第二行，「**海岸線**」後應該加上：「**防波堤外可供暫泊，兩座碼頭自防波堤向內突入。然，除碼頭外，防波堤各處漂浮腐爛惡臭的殘羹餘碎與廢棄吊具。**」

這群海岸領航員時常被激怒，鎮日不開心。不管發生任何事，受責難的總是他們；也因為如此，他們的文字風格帶有嚴格自肅的傾向。然而，不論他們再怎麼努力，大自然的生生不息與人類的莽撞粗心永遠在前方等待他們。

我們開心地依從指示，北上通過普列塔角、下錨、掛上美國國旗，然後在國旗下方掛上黃色的檢疫信號旗。我們很樂意鳴槍通知，但船上只有一把撞針嚴重鏽蝕的十號口徑霰彈槍（反正這把槍也只是用於「武力展現」，我們誰也沒想過要拿

它來打仗什麼的）。所以我們坐下來，耐心等待。這地方風景如畫，普列塔角高地和山坡上的燈標盡收眼底；遠方可見拉巴斯海灘，看起來真的就像好萊塢電影——樓層不高的漂亮房子傍水而立，綠樹成排，岸邊還有座色彩鮮豔的舞台。小小的納亞里特獨木舟來來去去，微風輕拂，在海面掀起陣陣青波。我們拿出彩色攝影機，試著拍下這一景；無奈最後還是不成功。

等待一段感覺相當長的時間之後，《沿岸引航》提及的小船終於朝我們駛來，惟船上不見白色 P 字旗；那面旗子和市營碼頭一樣，早就無影無蹤了。咱們的引水人是一位著西裝的年長男士，頭戴深色帽，動作僵硬地爬上船。這位先生非常正直：他婉拒酒水，收下香菸，在舵輪前站定後即莊重威嚴地開始指揮方向。他宛如著便服的海軍上將，靈巧地指示泰克斯——手輕輕往前推代表「前進」，手掌攤平、掌心朝下輕拍代表「減速」，豎起大拇指朝肩後快速比劃則是「倒退」。他話不多，三兩下便引導我們通過水道，連一點輕微碰撞都沒有。最後他示意我們在市營碼頭（如果還在的話）西側兩百五十碼處下錨。那兒可是全港最佳停泊點。

碼頭愈來愈近，拉巴斯也愈來愈驚奇耀眼。廣場和掛著鐵皮百葉簾的殖民風格宅邸立於海灘邊緣，屋前還有成排的美麗樹木。這裡真是個令人心情愉快的好地方。一條寬闊的步道傍水蜿蜒，兩旁有好些可供休憩的長凳，每一張都刻著該城已故榮譽居民的名字。

停船下錨後不久，港務官、海關和港口代理立即登船拜訪。港務官檢查我們的文件——那份文件給我們極高的評

價，令他深覺不可怠慢，立刻指派一名武裝警衛給我們（或者該說是三名警衛輪流出勤），保護我們不受竊賊騷擾。起初我們不太喜歡這項安排，因為咱得付錢給他們三個人；但我們很快就發現這項安排的睿智之處：我們的船從早到晚都跟客輪遊艇擠在一起，這裡的小朋友像蒼蠅一樣黏著我們，有的掛在桅索上、有的爬上甲板。雖然不時湧入的貧窮居民和小孩令我們不堪其擾，而且船上還有各式各樣的小玩意兒，換作是我們，肯定也會想趁機摸走一兩樣，結果我們竟然沒掉任何東西。警衛的做法很簡單，就是不讓這群「訪客」靠近廚房與船艙；但我們認為他們的任務應該不是防賊。因為在其他港口，就算沒有警衛，我們也沒有東西被偷。

三名警衛都是親切友善的大塊頭。他們配有自動手槍，漿挺的制服乾乾淨淨，喜愛交際也樂於助人。他們和我們一起用餐、一塊兒喝咖啡，告訴我們許多跟這座城有關的有用資訊。（後來，我們送他們一人一箱香菸。香菸對他們來說似乎很值錢。）總之他們跟一般人心中或筆下的「墨西哥軍人」完全不同──乾淨、友善、有效率。

港口代理跟著港務官一起來。港口代理大概是港務系統最棒的發明了，無所不包：替我們採購物資，陪我們四處兜繞，帶我們去吃晚餐，幫我們跟當地小店殺價議價，警告我們避開哪些地方、也推薦我們不少好去處。他索費極低，於是，出於感激，我們決定多付一倍給他。

我們一取得上岸許可，史帕奇、丁尼和泰克斯立刻下船，沒了蹤影，直到那天深夜才又再見到他們仨。他們帶著披

肩、牛角雕刻、顏色鮮豔的手絹兒等尋常禮物回來。大伙兒十分滿意這裡的換匯行情（當時一美元可換六披索），一下子就買了一大堆稀奇珍玩回來：五隻填充大海龜就占去一張鋪床，另外還有日本玩具、新英格蘭的梳子、紐澤西來的西班牙披肩、以及來自雪菲爾德和紐約的彎刀；不過這些玩意兒已經在拉巴斯待上好一陣子，因此全都帶著不容錯認的墨西哥風情。東尼不信任外國人，所以他留在船上，但後來就連他也上岸溜達了一會兒。

潮水漸退。市區東邊的低岸也開始從淺水底下露出來。我們收整裝備、朝海灘前進，期望能發現新鮮的動物群相；我們也找著了。淺灘區的海水微熱，可謂溫暖，而且也沒有浪擊。除了少數幾種加利福尼亞灣區隨處可見的物種以外，若說這兒的動物相與之前相比變化不大，肯定相當奇怪。這片淺灘為礫石基底，許多結狀與枝狀老珊瑚埋沒其中，成為穴居動物的便利藏身處。我們穿著橡膠靴在淺灘上走動，趁退潮期間翻動一塊又一塊的石頭；翻動石塊或珊瑚礁時經常攪動粉沙，導致海水一片混濁。無獨有偶，每當我們在海邊採集時，要不了多久總會引來一群小男孩。我們緩慢移動、低頭彎腰搜尋的姿勢似乎頗引人注目。「你們掉了什麼東西？」他們問。

「我們沒掉東西。」

「那你們在找什麼？」這問題真教人尷尬。我們在尋找一些對我們而言看似真實的東西，尋找理解和領會，尋找能深入解開生命之謎的模式原則；我們在尋找事物之間、一個人與另一人的關係，譬如年輕丈夫會在妻子眼中尋覓的溫暖眼神，或

在與另一人爭鬥時搜尋激憤的眼光。淺灘上的小男孩與年輕人們甚至不知道他們也在尋找這些事物。於是我們說：「我們在找好玩的東西，一些小動物之類的。」

這群小男孩決定動手幫忙。他們皮膚黝黑、衣著破爛，每個人都拿著一支小鐵魚叉。這是拉巴斯當地的玩具之一，人手一支，珍惜與珍貴的程度不亞於美國人眼中的彈珠與陀螺。他們用小魚叉戳岩石，不時有幾條閒游的小魚因為游得太近而誤遭叉吻。

這片淺灘有一種小型幽靈蝦。這種機靈的小傢伙過著穴居生活，動作敏捷，揮舞鉗螯當武器，招人極痛。牠們總是倒退回洞穴，因此若想從上方抓牠，根本就是自己送上門、等著挨夾。小男孩們替我們解決了這道難題：一隻幽靈蝦換十分錢。他們往礫石沙底和老礁挖洞，直搗幽靈蝦後門；他們逗牠、刺激牠，逼牠在洞裡氣得揮螯舞爪，然後迅速一拍，降低鉗夾威力。我們拒絕收購擊扁的幽靈蝦，他們得抓活的來。小男孩無疑是世上一等一的採集高手，他們迅速鑽研出一套技巧，能在幾乎不被夾到的情況下抓到幽靈蝦。我們手邊的十分錢很快就用完了，帶著標本來找我們的小男孩卻愈來愈多；小孩子眼光犀利，任何一絲細微動靜皆逃不了他們法眼。一旦他們曉得我們萬事好奇，他們帶來的戰利品就更教人驚嘆了。或許，我們只是延續了這份赤子之心——回想自己小時候，各位或許也都有過全神貫注趴在潮池邊的時刻吧？因為看得太專注，大小形體全部失焦，整個世界只剩鬼鬼祟祟的寄居蟹和迷你章魚怪。又或者蟄伏岩石底部，海草蕩漾覆身，然後伺機一

142

躍捕抓小魚。我們——甚至是那些利用方程式探索宇宙的人
——極有可能只是延續這份兒時驚奇罷了。

在這樣一群小男孩中，通常會有一個腦子傻、什麼也不懂
的孩子，總是找來一些像石頭、海草斷片這類沒用的東西，也
總是佯裝知道自己在做什麼。後來再想起拉巴斯的時候，最先
想到的總是這群小男孩，因為和他們有過多次交手經驗，情況
亦各不相同。

這片淺灘的生物概況很好掌握。幽靈蝦頗為常見，當地
人管牠叫「*langusta*」；我們的敵人、愛螫人的帝蟲也很普
遍，令我們下手時不得不多加注意。老礁石底下躲了不少大型
陽隧足，惟體型仍不若聖靈島的碩大；不少海綿攀附在石塊
上，自帶裝飾的小螃蟹在石隙間出沒躲藏。美麗的紫色海扁蟲
（polyclad）悠哉爬過紫色海鞘叢，牡蠣狀的巨蛤[8]雖不常見，
我們還是採了不少樣本回來。此外，我們採了幾種不同型態的
非造礁珊瑚[9]，兩種體型更大、更氣派的細腕海星[10]，至少三
種海葵，還有一些棒狀海膽、螺類和許多水螅。

有些無殼螺類身覆海藻與水螅，濃密如森林，很難一
眼看出來。我們發現一種蠕蟲樣、行固著生活的腹足動物
（*Aletes*）[11]，多種雙殼貝（包括體長與外形皆像花生的碎礫
蛤〔boring clam〕[12]），亮橘色的大型海蛞蝓，寄居蟹，蝦
蛄，宛如流動明膠、布滿岩石表面的扁蟲，還有星蟲及多種笠
貝。這兒有不少太陽星，但不論數量或體型皆不及我們在聖盧
卡斯岬看到的海灣太陽星。

小男孩們抓得滿手，跑來跑去，我們的桶子和管子很快就

滿了。十分鎳幣早已用罄，因此這會兒變成十個小男孩組成一隊，他們的興趣和目標是一披索銀幣，拿到之後再零兌拆分。對於拆分這檔事，他們似乎非常信任彼此，也很肯定自己絕對不會被搶。或許他們還不夠市儈，不曉得錢的價值。這些窮巴巴的小男孩似乎還沒學到「互相欺騙」的偉大真理。

拉巴斯的窮小孩極多，其中大部分都跟我們有過交易。待我們好不容易、終於返抵西方飛翔號，準備把標本倒出來整理時，又有一群小男孩蜂擁而至。風聲已然傳開：聽說港口那邊有群瘋子，願意付錢換取小男孩在岩石上撿到的東西。說他們「蜂擁而至」還算客氣，我們壓根硬是被一大票帶標本來的小男孩給淹沒了。他們划獨木舟來、划平底船來，有些甚至游泳過來，每一個身上都揣著標本。有些（標本）我們要，有些我們不要；儘管有些小男孩心裡微微受傷，卻不埋怨。大批小男孩成群往淺灘移動，然後再成群回來。第二天，就連住在山丘上的小男孩也出現了，千方百計、想方設法帶來各種活體動物。要不是我們在第二天晚上啟航出發，他們大概會擠爆整艘船吧。除此之外，還有更多小男孩參與了我們的岸上採購行程——幫忙提包裹、跑腿、指路（大多是錯的），試圖滿足我們

8　*Pinna* sp。

9　*Porites*。

10　*Phataria*。

11　*Aletes* 或近似種。

12　*Lithophaga pulmula* 或近似種。

的所有需求；其中有個男孩迅速脫穎而出。他跟其他孩子不同：其他人肩薄體瘦，而他有副寬肩，五官與神情亦隱約帶有日耳曼或盎格魯薩克遜血統。其他小男孩靠工作賺錢，這個孩子創造工作、洞燭先機。他選擇的差事不見得必要，但他總有辦法讓自己成為必要人物。他在碼頭等候至深夜，翌日天剛破曉就見他現身甲板上。其他小男孩似乎有點怕他，漸漸地，他們褪入背景，讓他主導全局。

這孩子總有一天會變得非常有錢，拉巴斯也會以他為榮，因為他必將擁有其他人必須向他購買或租借的商品或服務；他長得一副成功模樣，也有成功的辦法。話說回來，首日的成功令他沖昏了頭，於是他開始耍小手段騙我們。我們其實不在意，偶爾被騙也是好事；小小受騙能帶來不少樂趣，要控制損失也很容易。他的手法很簡單：他先完成一項工作，然後設法讓我們落單、再分別索取費用，這樣他就能重複收費了。我們決定不再用他，但其他小男孩的做法更絕——男孩消失了。後來，我們在城裡看見他，他的脣鼻包紮得厚厚一層；我們從另一個小男孩口中得知來龍去脈：咱們的金融奇才對其他小男孩說，他是我們唯一的僕人，我們交代他轉達其他人都不必再來了。但其他人發現他騙人，於是伏擊他、把他痛打一頓。雖然他不太勇敢，不過他會成為有錢人，因為他有心致富。其他人只想買甜點或新手帕，這個積極進取的小男孩想要有錢；他們絕對無法與之競爭。

出發那晚，我們遇上另一個小男孩。這段經驗尤其感傷。我們上岸溜達，把小艇綁在沙灘木樁上。一行人踏上異常

親切的街道，最後走進酒吧喝啤酒（夠奇怪吧）。酒吧很大，天花板很高，但客人寥寥無幾。我們坐下來啜飲啤酒，不經意瞥見一張猙獰小臉、皺起眉頭盯著我們。那是個年紀非常小、膚色極深的原住民男孩，他的眼神帶著某種恨意。他目不轉睛瞪著我們，憤恨異常，於是我們決定趕快喝完走人。來到酒吧外，他繼續緊跟我們，不發一語。我們穿過燈光柔和的街道往海邊走，他仍未慢下步伐；快到海邊時，他開始劇烈喘息。最後我們終於走下海灘，正準備解開繫船繩索時，他突然驚惶大喊「*Cinco centavos!*」（五十分錢）並立刻後退一步，深怕挨揍。於是，我們彷彿、也幾乎明白是怎麼回事了。我們都有過這種經歷，曾經必須設法弄到一份差事。也許這個小男孩的父親是這麼說的：「蠢蛋，有一群外國人在城裡到處撒錢，你爸我爛著一條腿，你卻什麼也不做。別人家的孩子都在攢錢，但你呢，因為你懶，不懂得利用這個大好機會海撈一筆。路易斯先生今天下午在小餐館抽雪茄、還點了一杯啤酒，就因為他沒有你這種兒子。你什麼時候見過你爸我抽雪茄？一次都沒有！現在滾出去，給我撈幾個銅板回來。」

於是，這個恨透了做這種事的小男孩不得不扛下重擔。他討厭我們，就像我們也曾經非常討厭那些不得不向其索討工作的男人；同時他也很害怕，因為我們是外國人。他盡可能拖延，但是眼看我們就要走了，他只得開口，而且態度非常卑微。五十分錢。我們彷彿知道這對他來說有多困難，遂給了他一披索。小男孩綻放笑顏，當下急著尋找能為我們做點什麼。小艇還綁在樁柱上。他像獵犬一樣攻擊浸溼的繩結，

甚至用牙齒咬；但他實在太瘦小，怎麼也解不開，幾乎要哭出來。我們解開繩結，將小艇推向大海；他立刻踩進水裡揮手引導，直到無法再前進為止。大伙兒內心五味雜陳。希望他父親能買一根雪茄、一瓶好酒（aguardiente），微醺且愉快地用小男孩聽得到的音量、對在場其他人說：「我的好兒子小璜安。這種好兒子不多見了。這根雪茄是他送給他瘸腿老爸的禮物。我的朋友們，擁有像小璜安這樣一個好兒子，真是我的驕傲。」我們也希望他能給小璜安——假設這是他的名字——五十分錢去買冰棒、買個紙牛造型的小炮竹。

不用說，我們在拉巴斯確實被騙得很慘。也許那些船工騙了我們，也許我們被店家狠敲一筆，誰知道呢？但我們也有錢得不可思議，因此無法分辨、亦無法本能地意識到自己何時被騙。在這裡，我們很富有，然而在我們自己的國家卻非如此。那種非常有錢的傢伙早已發展出某種直覺，能辨別自己是否受騙。我們認識一位擁有多棟商辦大樓的有錢人。有一次，他在看報表的時候發現，某大樓的某間廁所有兩顆燈泡被偷走了。為此他很不開心，一連好幾個星期都在抱怨這件事。「世風日下，人心不古，」他說，「現在你還能相信誰？這個小賊就是指標，象徵全人類道德淪喪。」

只不過，我們才剛變成有錢人，所以這些我們全都不懂；不僅如此，我們其實還滿開心的。那些船工一看見海牛不肯上工，立刻抬高價碼；可惜我們的錢早花光了，想擺闊也擺不來。

12

三月二十二日

　　這天是「聖週五」[1]。我們仔細梳洗、換上最好的衣服來到教堂，全員出動。前往教堂的路上，隱約有種遊行的感覺，彷彿突入異邦，格格不入。教堂內幽暗陰涼，人很多，老太太裹著黑色披肩，原住民動也不動跪在地上。這座教堂並不富有，建築老舊亟需整修。唱詩班黑人小孩以歌聲詮釋耶穌受難的「苦路」（Stations of the Cross），唱的似乎是古西班牙牧歌，歌聲銳利高亢，有時微微走音，最後一個音通常都用喊的。演唱完畢，一名面貌姣好、臉龐瘦削如苦行僧、目光如炬的年輕牧師站在唱詩班後上方開始布道。他的信念充滿整座教堂，眾人屏息聆聽；突然間，那幾幅醜陋淌血的耶穌像、皮笑肉不笑的聖母、以及裝束過度講究的聖人們彷彿都不存在了。這位牧師比他們更純粹、更純潔、更堅強，貞潔的他彷彿在為他們祈求。過了好一段時間，眾人起身，魚貫走出幽暗陰涼的教堂，回到炫目燦白陽光下。

　　聖週五的街道相當冷清，風止樹靜，舉目淨是白晝日光

1　譯注：即「耶穌受難日」。

──那是一種沉靜，彷彿整個世界皆屏息等待耶穌通過死亡和地獄的恐怖試煉，通過意志的磨難考驗。群樹、山丘和人們似乎都在等待，就像男人等待妻子產下嬰孩，滿心期盼卻又懼怕驚恐，同時帶著些許的不可置信。

誰也不敢肯定「耶穌復活」是否真有到來的一天，但或許，敬拜儀式、信徒與信徒的感受，教堂裡殘疾病弱之人，空著肚子的小男孩，隱忍悲苦地望著目光憐憫的聖人塑像的老婦們──這些人更令我們感觸良多。我們喜歡這些人。和他們共處，我們感覺心境平和。漫步在街上，我們有好一段時間都在思索教堂裡的人們：每每在落入飢餓之前得以飽餐一頓的仁慈靈魂，還有藉由勞動來忘卻疾病貧困的善良好人。

於是我們明白了。他們──還有我們──都是疾病、傷痛、飢餓和酗酒的產物。說不定有哪位全知全能者有辦法治癒我們這個族類，讓我們一連好幾代都過著健康快樂的日子？我們都是自身疾病與苦難的產物。這些因子和其他遺傳因子同樣影響深遠。為了達成治療與餵養的目的，物種必須有所改變，其結果是變成另一種截然不同的動物。我們好奇，人類當真能容忍少了梅毒和結核病的歷史？我們真的不知道。

在標榜精神制約的宗教系統中，固定參與宗教儀式、領受聖餐之人大多懦弱，期望藉由限縮情緒體驗以延續生命，故我們認定我們應該不會喜歡這個新族類。這些宗教狂熱者不僅懼怕痛苦和悲傷，連喜悅也不敢輕嘗，他們自我保護得極為徹底，以致在我們眼中就像死了一樣。這個新型動物源自物種淨化，卻不怎麼討人喜歡──正因為有掙扎和傷痛，我們才得

以參與別人的人生；而健康、衣食無虞、不懂悲痛的無心之人，總是帶著某種無邊無際的自鳴得意。

　　拉巴斯海邊有座正在施工興建的旅館，看起來昂貴奢華。再過不久，說不定就會有客機載著大批洛杉磯週末觀光客前來造訪，而佛羅里達式的醜陋或許也將在這座貧窮破舊的美麗古城處處綻放吧。

　　路邊爆出一陣雞啼。我們往泥牆內探看，發現牆後的院子裡果真有雞。於是我們詢問一旁的女子，是否能向她買幾隻雞。賣是能賣，她答，但牠們不是「養來賣」的雞。我們獲准入內。這群雞並非「養來賣」的第一個證明是：我們得自己動手抓。我們鎖定兩隻看起來沒那麼壯的雞，分頭追捕。不論其他人批評下加利福尼亞人如何懶散、不論是真是假，此話絕對與他們養的雞無關：牠們根本是運動健將，無論速度或逃脫技巧都受過高度訓練。牠們能跑能飛，被逼至角落時甚至能突然消失，然後在院裡他處再度現身。若說雞群主人不太想抓牠們，那麼這份猶豫並未感染拉巴斯的其他居民——城裡大大小小、男女老少全都來了。群眾圍觀，先是興奮地猛出主意、後來忍不住下場幫忙。院子裡塵土飛揚，男孩們像美式足球員一樣猛追飛撲；我們勢在必得，因為若是有人累了，馬上有另一群人接替追捕。如果競賽公平、那幾隻雞也有合理的休息時間，我們大概永遠抓不到牠們。不過，這場消耗戰終於令其耗盡體力，使我們一舉拿下；雞隻筋疲力竭，連羽毛都快掉光了。圍觀群眾心滿意足，我們付錢買雞走人。

回到船上，殺雞的工作就落在史帕奇身上。他討厭這差事，不過最後他還是砍了牠們的腦袋，但心情沮喪。他把兩隻雞吊在舷側放血，結果另一艘船靠過來、一下子就把牠們壓扁了。即便如此，牠們的肌肉仍舊硬邦邦——這兩隻雞擁有我們至今所見最發達的肌肉，雙腿堪比芭蕾舞者，胸肌也沒有一處是軟的，燉煮個把個鐘頭還是煮不爛。我們很抱歉就這麼宰了牠們。牠們是敏捷的雞界勇者。在美國，這些雞應該輕輕鬆鬆就能拿到頂尖大學的獎學金、入學就讀，因為牠們有志氣、不屈不撓，還有任誰都能看出來的一片赤誠。

下午退潮時分，我們前往莫戈特採集標本。這片沙質半島地勢略低，乾潮時會露出一大片淺灘，濃密的紅樹林則標記了滿潮線前緣。我們從西方飛翔號下錨處一眼就能看見這塊區域。此地沙質細滑，沒有卵石、碎石或珊瑚礁埋沒其間。一名年約十九的高瘦男孩已在我們船邊徘徊了好一陣子。他有自己的獨木舟，表示願意幫我們划到那片潮灘上。男孩名叫勞烏·維雷茲，會說一點英語，幫了我們很大的忙——他領悟力強、反應快，在工作上給我們極重要的協助。我們抓了不少動物，他一一告訴我們這些動物的本地名稱，譬如雙髻鯊叫「cornuda」（有角的），紅笛鯛叫「barco」（船），「caracol」及「burral」泛指螺類，但主要用於體型較大的海螺。海膽叫「erizo」（刺蝟），「abanico」（女用手搖扇）是海扇，藤壺是「bromas」（笑話），至於江珧蛤這種大型蚌類則暱稱「hacha」（斧頭）。[2]

這片沙地非常有意思。我們挖到兩種「角貝」

（Dentaliums）、大概有好幾隻，這是此行首度發現這種動物。角貝長得像細而彎的牙齒，屬於裸鰓類底下一個少為人知的小綱（掘足綱），一般稱「齒貝」。

我們在淺灘底部的一些小石子上，找到三種附於石頭表面的海葵。這裡也有沙海葵[3]。被我們挖出來的時候，沙海葵把身體藏進醜陋的灰殼裡；然而當牠們埋在沙裡、恣意伸展時，看起來就像可人的紅色、紫色花朵。另外還有為數不少的黑色小海參（這種我們沒抓過）及另一種體型較大、黑白相間的海參在沙地上爬行。我們找到不少心形海膽，一種穴居型及兩種常見的陽隧足。不少海綿和海鞘附著在一些非常非常小、看起來不太牢靠的小石頭底面，不過，既然這片潮灘似乎鮮少出現擾流，小傢伙們應該安全無虞。這裡還有數種扁蟲、星蟲、螠蟲、沙蠶、以及一大堆只能千篇一律注記為「某種蟲」的動物。我們還採了一份海鞭樣本。這種令人讚嘆的生物其實是一種群居動物，外觀活脫脫就是一條白色長鞭；中軸為角質柄，上部則由許多生命獨立、體腔共構的珊瑚蟲所組成；這群珊瑚蟲透過管道系統彼此相連，融合成支撐群體的中軸。

潮水復來，我們慢慢移向潮間帶紅樹林，聞到紅樹林特有的腐味。那股氣味迎面撲來，刺鼻甜腥的花香夾雜根部肥沃的腐土味，實在令人作嘔。然而紅樹林的驚奇豐富頗值一探：大

2　譯注：此處皆為西班牙文。

3　*Cerianthus*。

型寄居蟹彷彿以踩高蹺的樹根為家，來自爛根的黑色腐土宛如陸地及海洋動物熱鬧擁擠的聚會所：大量果蠅與昆蟲在泥巴上爬來爬去、嗡嗡飛舞，同為腐食者的寄居蟹在高腳樹根間鬼祟進出，有時還爬上樹根。

我們推測，我們之所以不喜歡這種鹹水灌木叢，理由是這裡有一股濃得化不開、結合紅樹林根部與腐臭氣味的怪味。我們坐下來，靜看根部叢林間忙碌移動的生命，領會到一種彷彿處處都有祕密謀殺的感覺。在那些承受潮水往來沖刷的岩石上，主要上演的是兇猛飢餓但興高采烈的殺戮戲碼，主角們精神飽滿、暴力十足；然而此處則傾向埋伏狙擊，無聲奪命。紅樹林根部不斷傳出科里科里的聲響，氣味腐臭難聞。我們自覺好像在目睹什麼恐怖事件似的。沒人喜歡紅樹林，勞烏說，在拉巴斯，大家都不喜歡紅樹林。

潮水迅速漫過淺灘。我們涉水走向一艘倒扣在沙地上的廢船，從腐爛的木頭及生鏽的引擎採下好些藤壺。這天收穫滿滿，再者也因為上教堂的關係，一整天的心情都很奇妙。有時候，人會覺得心滿意足、胸臆溫暖；在那樣的時刻裡，世間萬物、視線所及之處、所有的氣味和體驗都是構成這份巨大完滿的關鍵要素。那天，即使連紅樹林都是完滿的一部分。說不定，原始人的犧牲或獻祭也能帶來同樣的效果——善惡、美醜與無情融為一體，創造完滿。或許一個「完整的人」就需要這份平衡。挖到角貝時，我們激動興奮，就像挖到金塊一樣。

勞烏的獨木舟上也有一支拉巴斯魚叉，我們買下、打算帶回家。這是一根鐵製魚叉，一端有鐵環、可綁繩線，另一端是

附鉸鉤的尖刺。小繩圈將鉸鉤暫時扣在鐵桿上，箭尖刺中魚身時，強勁摩擦力使繩圈鬆開、倒鉤遂在魚肉組織間彈開並勾牢。我們想好好留著這把魚叉，但後來在追捕鬼蝠魟時搞丟了。各位閱讀這段文字的當下，大概有許多身上插著我們的魚叉的鬼蝠魟在加利福尼亞灣區巡游吧。

我們也想帶一艇納亞里特獨木舟回去，因其輕便、吃水淺，不僅是潟湖區採集的理想船隻，就連波濤洶湧的大海也能應付。可惜沒人願意賣。這種獨木舟大老遠從大陸上運來，炙手可熱。有些用了很久很久的納亞里特獨木舟還另外加了木條支撐，船身也有不少補丁。

回到西方飛翔號時已近黃昏，甲板上擠滿排隊等候、捧著亂七八糟各種各樣標本的小男孩。我們買下需要的標本，另外還買了一大堆不需要的。這些孩子在武裝警衛的嚴厲目光下，等我們等了好久；不過，旁觀軍人大叔疼愛拉巴斯窮小孩的方式，其實也挺有意思的。若是有人不守規矩、或在甲板上快速奔跑，他會出聲警告，但完全不是警察那種不耐煩的咆哮；如果我們的做法不夠公正公平，他也會站在他們那邊。小男孩們是他的同胞，我們付他高額薪水並不會令他倒戈、背棄同胞。雖然他身上帶著槍，但那也只是某種徽章，絲毫不顯暴戾；當他進入船艙廚房、或者和我們同桌而坐時，他會卸下槍帶，掛在旁邊。我們喜歡他對男孩們說話的聲音和語調。威嚴、權威但不是欺凌威嚇，而這些來自城裡的孩子似乎也都尊敬他，不會怕他。

有個男孩耍詭計——他摸走某副標本、再轉賣一次——這

154

大概是數一數二古老的小朋友詐欺手法吧。警衛鄙視地短短訓斥他幾句，這孩子立刻失去地位，連朋友也沒了。

　　另一個男孩用魚叉叉著一尾魚，看起來像河豚——灰灰黑黑，腦袋大大扁扁的。我們想跟他買，但他拒絕了，說是已經有人出一百分錢請他抓這種魚。那人想用河豚來毒貓。他抓到的是四齒魨（botete），這是我們出海以來首次見到這種河豚。拉巴斯居民普遍認為四齒魨的毒素集中在肝臟，所以會拿牠的肝來毒殺小動物和蒼蠅。我們倒是未做此嘗試，但後來我們發現，四齒魨在灣區較溫暖的淺水水域十分常見，搞不好還是潟湖區和大葉藻淺灘區最主要的魚類。四齒魨通常棲息在灘底，身上密密麻麻的斑點使其猶如隱形；牠偶爾也會停伏在大葉藻間小小的空曠地帶或淺沙坑裡，這表示（尚不足以證明）四齒魨可能有經常使用的固定棲所。若遇人行過淺水區，四齒魨先是靜靜伏在灘底不動，一直要到快被踩到時才會迅速游開，留下混沌沙霧。

　　礙於採集與防腐保存的時間壓力，我們一時忘了檢查牠的胃內容物，因此我們不知道四齒魨以何為食。

　　四齒魨的文獻紀錄散見各處，不易取得；同屬的其他成員也都有毒，廣布世界各地具淺灘的溫暖水域。鑑於這種魚相當常見、且作食用十分危險，但相關文獻竟少之又少，實在納悶；若不慎食入，肯定痛苦至死，幾無例外。假如四齒魨數量稀少，那麼少有討論是可理解的；然而深入描述其他罕見魚類的文獻所在多有，遠遠超過這種致命小河豚。我們對牠十分著迷，一連抓了好幾隻。以下是少數幾份提及四齒魨習性及其惡

行的文獻內容，但我們依然不曉得牠到底殺不殺得了蒼蠅。

海爾[4]的論文指出，「魨形目至少有二至三個亞目的魚種肉薄、質硬，通常帶苦味且不甚可口，還含有具毒性的生物鹼。食入這種毒素會發生『魚肉中毒』，魚毒會攻擊神經系統，引發嚴重的腸胃不適、痲痺癱瘓，最後極可能致死。」

海爾在第四二三頁提及鱗魨科（Balistidae），或所謂「砲彈魚」（如「灣豚」〔Gulf puerco〕）：「雖然魨形目在東方魚市很常見，不過鱗魨科幾乎完全不適合食用。菲律賓有些地區會把這一科體型中等的魚種拿來吃，然因牠們的肉幾乎都有毒，故應嚴格禁止販賣才是。由於鱗魨科會造成中毒，古巴、模里西斯皆明令禁止魚市販賣。」

「法蘭西斯・戴在《印度魚鑑》第六八六頁寫道：『模里西斯的莫尼爾博士表示，這種魚毒主要作用在胃部神經系統，引發嚴重胃痙攣，並於短時間內擴散全身。劇烈抽搐會嚴重傷害肌肉系統，導致舌頭僵硬、兩眼發直、呼吸費力，最後在大發作的極度痛苦中死去。緊急處理時會開立強效催吐劑，之後再給予病患油劑與鎮痛劑，舒緩不適。』」

「雨培在描述阿比西尼亞帝國的硬骨魚時，表示『黃邊鱗魨』（*Balistes flavomarginatus*）在紅海畔的傑塔十分常見，常有人拿到魚市兜售，但是只有朝聖者因不諳魚性才會購入而食。他還說，鱗魨科整科的魚嚐起來都有苦味，其氣味更像是

4　"Poisonous and Worthless Fishes: An Account of the Philipine Plectognaths." 1924, p.415.

腐敗的食物。」

　　海爾在四七九頁談到四齒魨科，不過文中大多以菲律賓方言的「*batete*」或「*botete*」示之。「這種危險魚類廣布於全球溫暖海域，在菲律賓全境沿海都很常見。儘管當地居民或多或少都知道這種魚的魚肉有毒，居民──特別是漁村居民還是會烹煮來吃，一年到頭總會傳出數起死亡案例。」

　　「一位日本調查員曾經非常仔細地研究過四齒魨科魚肉中的生物鹼（該文刊載於《病理及藥物學檔案》，惟始終無法取得論文副本），發現成分非常接近毒蕈鹼──這是一種主要可在毒蠅傘（*Amanita muscaria*）及另外幾種真菌找到的毒素。這種毒無臭無味，為劇毒性之結晶型生物鹼。」

　　他還寫到，菲律賓人認為此魚的膽囊、脾臟和卵毒性最強；不過在拉巴斯，本地人似乎認定肝臟最毒，也只會拿肝臟來毒殺動物和蒼蠅。話說回來，這也可能是因為魚肝比其他部位更引動物青睞，更適合作誘餌。

　　第四八八頁，海爾繼續記述四齒魨：「一九二三年十二月一日出刊的《澳洲醫學誌》提到，兩名馬來人不聽他人警告，執意食入一種四齒魨科魚類。午餐進食後無明顯症狀，晚餐續食，然不久後兩人突然猛烈疼痛，其中一人於病發後一小時死亡，另一人拖了三小時亦不幸喪命。」第五〇三頁言及二齒魨科，即一般常見的「刺豚」：「本科魚種以劇毒聞名，絕對不可食用。」

　　四齒魨遲鈍、動作慢，既不帶刺也不特別聰明，故不論躲藏、避敵或攻擊都不出色；若從「先有雞還是先有蛋」此擬人

思維探討習性與毒性之間的關係，雖不甚重要但相當有趣。這種動物之所以帶有毒性，究竟是因為無法利用速度或聰明自保、故而產生毒性，抑或是仗著肉身有毒、長相亦不討喜，所以乾脆「聽天由命」放棄速度和好腦筋？受保護的人類通常很快就喪失防禦和攻擊能力。不過，四齒魨或許壓根毋需用腦、不用耍詭計、也不需要防禦技巧來保護自己，因為除了想拿牠來毒貓的人以外，根本沒有人要抓這種懶散又老土的魚。

那晚，丁尼帶著幾隻**陰蝨**（*Phthirius pubis*）樣本回到船上。由於他未做田間記錄，故無法或不願交代明確的**採集地點**。他帶回的生物樣本並無特殊之處，屬於廣泛分布於世界各地的常見品種。

我們預計隔天清晨啟航。是夜，一行人在拉巴斯昏暗的老街上悠閒散步。我們百思不解，為何灣區這一帶令我們感覺如此親切、給我們一種「家」的熟悉感？我們甚至不曾見過任何一座像拉巴斯這樣的城市，然而來到這裡不僅不像初訪，反倒有如歸來。加利福尼亞灣全域隱約帶有某種特質，能讓人產生似曾相識的錯覺，在聲聲驚嘆及異國景致中不斷點頭低語「是的，我懂。」岸上野鴿在向晚微風中咕咕啼叫，一陣劇痛（某種情感震撼）和渴望瞬間襲來。此時若依隨內心低語的衝動，任誰都可能緩步踏進荊棘叢，追循野鴿呼喚。回憶加利福尼亞灣猶如重建夢境。這無疑是一種情懷，和那地方的美或甚至有意識地喜愛幾無關係。不過，加利福尼亞灣確實令人神往。我們曾經和好幾位擁有遊艇、想去哪兒就去哪兒的富翁聊起那個地方，他們發現自己每隔一陣子就會受到吸引、前往灣

區。我們既然去過，心底自然也藏著一股積極動力，告訴自己一定要再回去。如果加利福尼亞灣區是個富裕繁榮之境，一般人尚能理解這股吸引力；可是那裡不僅居民不友善、鎮日繃著臉，處處驚奇駭人，石堆高聳入天，飲水也不乾淨。即使不明白為什麼，但我們就是知道：有生之年一定要再回去。

　　那天深夜，大伙兒聚在甲板上。隔壁的商船正在抽汲壓艙水，準備起錨前往瓜依瑪斯、裝運更多貨品回來；惟拉巴斯已沉沉入睡，街上沒有半點動靜。潮水轉向，牽動船隻左擺右轉。退去的潮水在水道中抵著船身低語，我們聽見拉巴斯的狗兒在夜色中吠叫不已。

13

三月二十三日

　　我們一早出發。蓄八字鬍的引水老先生登船領我們出港，深深一鞠躬後即下船踏進緊跟於後的小船。海面平靜，海水極藍、幾近墨黑；我們沿著海岸北行。我們想在聖荷西島附近停船，把那兒當作下一個採集點。重新上路的感覺真好。能脫離那些無所不在的小男孩堅定不移的視線，不用再感受他們無盡等待、渴望做點趣事的感覺也很好。

　　下午兩三點左右，我們在聖荷西島西南方尖端的裹屍布灣停船下錨。方才接近聖荷西島時，一座深色小島引起我們注意：儘管日光燦亮，這個地圖上標示為「低島」的地方卻仍是黑色的，看起來相當神祕。我們直覺認為那兒肯定發生過什麼奇怪又晦暗的事件，又或者那是一座廢棄的人造島嶼。低島僅四分之一英里長、數百碼寬，北端是尖坡，南端是一片約四十英尺高的平緩台地。即使隔著一段距離看，依舊能看出島上有種我們稱為「焦化」的特質。大伙兒都知道，這種焦化的海岸幾乎沒什麼動物；動物不僅不喜歡這種環境，要想成功生存也難，就連藻類都像殖民失敗的拓荒者。這片焦土是否肇因於某種致命化學物質，不得而知；不過，憑藉多年採集經驗，即使

距離尚遠、無法看清細節，我們還是能認出焦化的海岸。

低島距西方飛翔號下錨處約一英里半，周圍的空氣彷彿也一塊兒染黑了。眼下正是海牛能好好發揮效用的時候——最初我們買下它，也是為了這個理由。那天，我們對它非常客氣（當然是帶著私心的）。我們說它好話，溫柔地將它放在小艇船尾，假裝我們原本就知道它會認真工作，壓根沒想過它不會動。但它就是不動。於是我們搖槳——載著海牛——划向低島。這座島的怪異之處實在太多，我們決定多用些篇幅描述。以下全是未解之謎，將來若有誰讀到這些、又知道答案，或許能給我們指點迷津。低島沒有合適的登陸點，每一條可能的水路都散布著被海水磨得光滑的巨大礫石；因此即使無風無浪，巨石仍可能撞壞船底。我們取道低島東緣，這一側的巨石灘後方有一面高聳的懸崖，崖底有數個淺淺洞穴。潮間帶的巨石群間設置不少大鐵環和長長的粗鐵鍊，惟嚴重生鏽，一扯就散。此外，在高度離海灘六至八英尺的峭壁上還吊著好些大鐵環，鐵環直徑約八英寸。那些裝置的年代似乎非常久遠，但由於灣區空氣潮溼、氧化迅速，導致我們無法明確指出它們究竟有多老。峭壁底部的洞穴裡明顯有生火痕跡，成堆的灰燼有新有舊；灰燼中不只有數千枚蚌殼，甚至還有龜殼，彷彿有人把動物帶來這兒燻烤似的。其中一處火堆旁還有一堆切丁的龜肉。一切就這樣神祕地陳列在這裡。這一帶不僅沒有蚌類，就連海龜亦不常見；島上沒有可生火的木材，故肯定是從其他地方帶來的；這裡沒有淡水，且船隻即使靠岸亦無處下錨；所以，為何有人大老遠帶著蚌貝、海龜、木材和水來到這

座無處可藏的小島，我們實在不明白。聖荷西島就在一英里半外，不但可輕鬆靠岸，有水也有木材；故這也是一道無解謎題，跟我們猜不透大鐵環的用途一樣。那些鐵環不可能用於固定大型船隻，理由是近處既沒有夠安全的水域可供停泊，也沒有可供躲避強風或暴風雨的小海灣。我們實在太好奇了。眾人循著一條沿石壁開鑿的小路登上崖頂平台，只見稀疏枯草和幾株仙人掌，沒別的了。一隻黑色大烏鴉踞於懸崖最南端，不滿地對著我們淒厲尖叫；我們才走近，牠便振翅飛走，消失在聖荷西島那一側的天空。

崖頂淺黃，枯草淡棕，我們實在無法解釋這座島何以從遠處看來會是黑色的。灘上巨石與構成峭壁的岩石都是帶紅色的火成岩，而這座島就和這整片區域一樣，都是火山作用的結果。

在岩灘上採集時，一如所料，我們只看見種類不多、過得亦不甚開心的動物們。這裡的動物體型都很小。海灣太陽星數量不少，但個頭小、顏色蒼白；這裡也有海葵和不少的海參、海兔。唯一一種似乎對低島相當滿意的動物是紅石蟹。這種漂亮小生物在岩石上爬來爬去，儼然主宰整塊區域。我們抓了好幾隻外觀像蟲的腹足動物、幾隻龍介蟲科的管蟲、兩三種螺類和不少等足蟲及跳鉤蝦。

海潮復來，漸漸危及棲靠在巨岩上的小艇，我們整裝返回西方飛翔號。坐在船尾的伙伴憤恨地猛拉啟動海牛的細索。真希望我們剛才直接把它倒吊在崖壁鐵環上，讓它永遠留在那裡；海牛邪惡神祕的引擎大概也會喜歡那種滋味吧。

　　一旦拉開距離，低島看起來又是黑色的了。希望將來有誰能告訴我們這座島的故事。

　　回到西方飛翔號，我們央求泰克斯一勞永逸、把海牛拆解到只剩螺絲零件的程度，搞清楚海牛不工作究竟是涉及存在與本質的形上學問題，還是能修好的機械問題。泰克斯就著甲板上的日光動手拆解、再重新組裝，最後把海牛固定在小艇上；螺旋槳運作得十分完美，甚至還出海繞行一圈。我們這才覺得終於擁有一具可靠的舷外馬達了。

　　我們的錨點非常靠近聖荷西島。那晚，一批外型似甲蟲、會咬人的小黑蠅成群來訪，留下奇癢無比、宛如火燒的刺痛。我們就算把自己從頭包到腳也沒用，因為牠們會鑽進床單、毫不留情地咬我們。大伙兒實在沒辦法睡，只好閒聊，於是丁尼決定透露一些過去的豐功偉業──就算只有一小部分是真的，那也是我們聽過最不正經、卻十足吸引人的傳奇故事。可惜我們不能節錄幾段、放進書裡，不過當時在座的一般大眾確信，丁尼分享的事蹟已然超越我們讀過的所有生物學專述。礙於清教徒與郵政法規的通力合作，這類偉大文學作品只可言傳，因此丁尼的傳奇故事必須以非文字方式繼續流傳下去。

14

三月十二日　復活節

　　海灘滾燙金黃。我們游泳，在沙灘上散步，然後沿著沙灘與潟湖之間的邊脊（以大片紅樹林為界）走向內陸。面向潟湖那一側的邊脊有數千個小洞穴，料想是大型陸蟹的居所；要想把牠們挖出來，幾乎不可能。潟湖陸區擠滿身體小、喳里喳里、泡泡吐個不停的招潮蟹，以及幾種河口常見的螺類。我們聞到紅樹林開花的味道，不過沒有爛根的腐臭味；這裡的氣味清新甜美，宛如新刈的青草。從我們涉水前行的起點望去，景致如畫：海水如鏡，猶如鑲邊的翡綠紅樹林襯著焦黃紅棕的遠山，一切像極了多雷筆下充滿壓迫感、危機四伏的天堂。空氣炎熱滯悶，潟湖水波不興；偶有小魚上浮水面才泛起小小漣漪。這真是一處引人好奇又靜謐的休憩處。也許正是這份靜謐，使我們聽見腦中響起拉巴斯教堂裡的童稚歌聲。我們並未認真採集，也沒什麼效率，就這樣昏昏沉沉度過白晝，憶想陳年舊事，沉浸在各自的思緒裡。後來，我們聊起思考的方式（manners）和方法（methods），探討哪一種比較不合潮流。在這樣的日子裡，我們思緒奔騰、觸及所有可能，討論動腦的方式和切入問題的途徑；我們認為，經由檢視思考技巧，應可

有意識地體會某種方法或方式的「純粹意義」，而部分的「非目的導向」或「現況導向」（is）思考或許能以較常見的「因果法」替代之。

　　光影時刻變化、模糊迷濛的加利福尼亞灣其實和你我頗為相似。我們每每嘗試運用思考，卻發現我們的身體、我們的需求、我們的厭膩總是一再推開或動搖這些想法。我們決定把那天關於「非目的導向思考」（non teleological thinking）的一部分討論寫在這裡，或也是個不錯的主意。

　　「大蕭條」期間，曾有許多一貧如洗、卻不思節儉且毫無自覺的家庭（現在也還有）；我們也常聽聞地方政府必須援助這些家庭，因為他們得過且過、無心工作。其實，只要他們願意力圖振作、發憤圖強，最後都有轉機；就連亨利・福特在大蕭條時期最悽慘的時候，他對付這個問題的解方也是「每個人都應該挽起袖子，努力工作」。

　　這個觀點就目前而言還算正確。但我們想知道，會因為得過且過或力圖振作而在大環境中互換位置的人──也就是有可能無端失去工作的人──他的人生究竟是何況味？因為在那段期間，只有百分之七十的可僱用人口找得到工作，其餘都得靠政府救濟金過活。

　　「得過且過」的態度和「如果發生這樣、那樣的事，就可以或可能怎麼樣」並無關聯。得過且過就只是考量「現有條件」而已。大蕭條期間（此時亦然），這些「組成社會的獨立個體」不論其專長為何、不論為人多麼積極進取，仍有相當大比例的獨立個體注定失去工作。而且，若說這些人是因為

「能力不足、適應不良或運氣不佳而失去工作」，就某種程度
而言並非事實。這個現象無涉因果，總地來說就只是「一種情
況」，與「動物製造的後代數量超過世界的負荷能力」有關。
這群組成社會的個體常以「個人」為名受到指責，然而身為社
會的一份子，他們不該受責難。任何一個人都有可能從「基
本權利遭剝奪」的一方（即社會中下階層）轉為較富有的一
群，憑藉的可能是幸運、修正企圖或才能；然而不論個人再怎
麼努力，終究不可能人人受惠，因此多數人的命運仍維持原
貌。受僱與失業人口比例繼續維持在百分之七十與三十，其中
僅小部分成員調動位置；但是沒有人應該被究責——至少不
該承擔社會責任。他們之所以處在那樣的狀態，**理由是**天生條
件如此。就私心而言，我們或許可以欣慰地說「幸好是他們
（而非我們）占去最下層的位置」。總得有人吊車尾。

因此，假如某人性格十分積極進取，那麼即使在嚴重低於
正常標準的經濟環境下，他也依然能得到工作，原因就只是有
人比他不積極；這些比較不積極的人代替他成為可能領取政府
救濟金的人。同理可證，我們永遠不該因愚者之見而沮喪，因
為愚者及其極端性會深深影響整體平均標準，使我們這群衣著
不體面、通常還蓄鬍的傢伙只會被視為「有點奇怪」的傢伙而
已；同樣的，我們亦不該暢言贊同所謂的成功法則，告訴高中
畢業生如何如何才能順利就業，因為工作機會僅僅只有他們人
數的一半而已！

不幸的是，這種思維模式令許多人感到不舒服，女性尤其
可能因此心生怒氣。她們多半認為這種想法「冷酷」或甚至

「冷血」，然而事實上，這種思維和傳統的體貼方式相比，似乎更溫柔且通情達理，肯定也更實際、不易生錯覺，甚至連責備的成分也比較少。將這種思考方式作為增進理解的工具，益處毋庸置疑。

　　舉一個更極端的例子。黑斑海兔是一種無殼、全身軟趴趴、俗稱海蛞蝓實為海螺的動物；牠們常在河口潮間帶鑽爬，像隻蹲伏的兔子。據加州某生物學家估計，一隻海兔在一個繁殖季內至少可產下四億七千八百萬顆卵，卻只有約一百顆卵能順利長至成體。顯然，這些卵幾乎全數無法成熟：這群可能性全都不能、**不可以**變成事實，要不然海洋大概很快就會被海兔占滿，容不下其他。生存競爭冷酷無情，就連同種之間也一樣，否則要不了幾代、海兔就會覆滿整個地球；不僅其他動物沒東西吃，海兔本身也必須同類相食才得以存活。一般說來，一季之中，有幸完全成熟的海兔卵大概不到一兩顆，其餘幾乎都在孵化期各階段被獵食者吃掉。且讓我們假定這些獵食者的生命週期就是建立在大量海兔幼體及其他食物來源上——所有生命形式皆以這套假設為基礎。現在請想像一下：為父亦為母的海兔（海兔為雌雄同體，異體受精）對自己的下一代說道：「你們要努力工作、積極進取，最後才能長成像爸媽我這樣重達十磅、強壯結實的黑斑海兔。」想想，這偽善、虛言迷妄、樂觀如波麗安娜[1]的天才說謊家，竟然對這數億顆卵——牠**全部**的後代——說出這種話，拿這麼個微乎其微的機率作賭注！順帶一提，這些卵有百分之九九點九九九注定陣亡，沒有任何一位預言家能預見哪幾個特定個體會活下來；但即使是最

平庸駑鈍的學生也能信誓旦旦地預言，這群海兔大概只有寥寥數隻能活下來，而且不論是誰，**幾乎**都沒有生存機會。然而這裡還是有個「幾乎」，因為這個族類畢竟延續下來了。此外，海兔父母的那番勸戒甚至還帶有某種貌似真理的假象：儘管個體差異小到幾乎不可能再小，這仍舊是一場關乎敏捷和（或）運氣的競賽。

「目的導向思考」與個人理解最最密切相關的，是評估因果、衡量事件的目的。這種思考方式主要著眼於變化（changes）與解方（cures）——從最終模式（通常是主觀判定或擬人投射）來考量最**理所當然**的情況。目的導向思考認為，即使不了解實際條件或情況（不幸的是，就連最淺薄的理解也不需要），通常也能使情況好轉。有時候，這種以目的為導向的觀念會讓人無法忍受或拒絕面對現實，進而選擇以其他激烈但無效的努力去改變當事人不想要的條件狀況，以此取代理解和接受；殊不知，理解與接受可能引導我們採取更明智的作為，以面對未來可能出現的任何變化。

非目的思維來自「現況導向」思考，關乎天擇，故達爾文似乎已經明白這個道理。這種思考方式清晰、深入、著重本

1　譯注：概念源自 1978 年美國小說家 Eleanor Emily Hodgman Porter 作品《少女波麗安娜》（*Pollyanna*）。主人翁波麗安娜是個正面樂觀、並以其樂觀思想感染周遭人物的人。後衍生出「波麗安娜行為」（Pollyannaism），亦作「積極偏向」（positive bias），指稱人們大多會認同別人對他們所做的正面描述。

168

質，超越傳統或個人投射，將事件視為一種發展、表現，而非結果。他們渴望「有意識地接受」，而這也是最重要的先決條件。非目的導向思考的著眼點並非事件應該如何，或可能、可以如何，而是事件「目前」的實際狀況——竭盡所能去回答「這是什麼」（what）、「現況如何」（how）這類就科學而言已十分困難的問題，而非追究「理由為何」（why）。

我們可以拿型態上的微觀與宏觀作為這兩種思考模式的有趣類比；對比於前者的不受限制與不明確，後者不可違背且毋庸置疑。以概率來看，電子想去哪兒就去哪兒；然而，任何一種原子聚合皆有其固定型態（想想那數十億兆、無法勝數的相同單元），組成方式亦固定不變，不論再怎麼拖延聚合過程都不可能改變這種必然性。一根木頭或一塊鐵最後之所以分解，始於不朽不滅的電子掙脫束縛；即使某些保護措施可能延緩這個步驟（譬如應用「熱力學第二定律」的塗漆或防鏽），電子終究還是會踏上旅程。

有時候，比起解釋或定義，舉例更能有效釐清事實。我們透過前述兩種思考模式來考慮以下三種情形。

情況一：為什麼有些人長得比較高？

目的導向的「答案」：這是調節生長的無管腺體功能不足所致。這答案看起來夠簡單了吧。但這份簡單只考量到功能不足與不全，結果亦顯而易見，是以任何一個腦筋清楚、個性直爽的小孩在聽見這個答案以後，可能反問：「哦，那腺體為何功能不足？」這個問題直指非目的導向的思考方式，也顯示目

的導向思考很快就會陷入起因造成的僵局。

　　非目的導向思考則傾向「凡事無解」，只有隨著眼界拓展而愈來愈大、愈來愈有意義的局面或描述。在面對「情況一」時，非目的導向的思考步驟可能如下：

1. 「變異」普遍存在，也確實是最原始、最根本的特質。任何一種實體都有變異，刮鬍刀片、量尺、石頭、樹木、馬匹、火柴或人類，無一例外。

2. 在這種情況下，前述變異會以平均值為基準 —— 也就是透過測量統計、或常態觀察取得成年人平均身高 —— 朝矮的一方或高的一方發展。

3. 傾向「長高」的變異，似乎總是和某種調節生長的無管腺體功能不足的情形有關。而這種現象恰可作為另一種變異的指標。

4. 另外還有一些已知與身高有關的關聯因素，譬如整個內分泌鏈的代償調節即為一例。此外說不定還有其他尚未發現，或個別觀之不甚重要、合併考量卻頗具意義的關聯因素，或是這些因素合併後可能突破某些關鍵閾值或門檻。

5. 題目提到的人之所以比較高，是「因為」他們落在「具備上述關聯」的這個族群裡。換言之，「他們之所以個子高，是因為他們就是高個子。」

　　這是目前最新的統計狀態（或「現狀」），比目的導向的

「解答」複雜許多——坦白說這些根本稱不上「答案」。然而就某種意義而言，唯有現實複雜，狀態才可能複雜；要像描述現狀的「是什麼」（is）一樣簡約易懂，才是真正簡單。

我們可以把這整套理解簡化為帶有深刻意涵的一句摘要：「因為如此所以這樣。」但同樣幾個字亦可能解釋為態度膚淺、敷衍，對未來漠不關心。這句話想呈現的「全真理」（all-truth）是深刻、廣納百川的包容與理解，容許無限變化，也會因為附加關聯日益明顯而拓展其真實界限；只可惜，目前還沒有能明確區別這兩種態度的好辦法。

情況二：為什麼有些火柴比較粗？

把一盒火柴倒出來瞧一瞧。乍看之下長短都一樣，若要找出差異，只消拿測徑尺或精密天秤量一下就知道。假設最大偏差值只比平均值多了百分之〇‧〇〇一（實際上應該更高），但即便是如此細微的差異也可能極具意義，就像海兔群一樣。我們依假設平均值將差異分成「偏高」與「偏低」兩組，結果沒有一根火柴的粗細與平均值完全一致。問題的荒謬性於是浮現，而這種現象沒有任何**特殊**理由。情況就是如此。在這種情況下，可能有某項或某幾項因素比其他因素更重要；基於「變異普遍存在」的道理（即使是導致變異的各項因子本身也有變異），所以這盒火柴肯定有變異存在，搞不好某幾類變異還占了大宗；不過這似乎並未回答情況二的問題。比較好的答案是「本質如此，必然如此」。這話並沒有明褒暗貶的意思，因為「明白事物本質」本身就是一項了不起的成就。

話說回來，如果尺寸變異十分明顯——尤其是前提已要求「一致」——那麼其中勢必有某項特別重要的「肇因」或「誘因」，而且也應該找得出來。又或者，假如有人要求一定得說清楚講明白，此人亦可檢查製作火柴的機械設備，找出造成火柴變異的機械變異（其他人為了在情感上理解這種情況，也會設法感知這層關係、為其命名以「確立」變異，不再為此煩心）。不過，若當真這麼做了，他可能得考量更廣大的結構或原理，譬如變異的普遍性，但這和我們認為的因果律的關係就更遠了。

情況三：領袖

若從「目的導向」下注解，應該是「在一項既定行動中踞於顯著地位，實際指揮，有意識地帶領群眾的人——類似對軍隊下令『前進』、站在隊伍最前端的人」。一般人會用這個詞來描述教會領袖、政治領袖、科學思想領袖等等；不過這段注解在闡釋方面仍有其限制。

而「非目的導向」大概會這樣描述：我們稱之為「領袖」的人，其實就是那些在特定時刻、朝某個方向移動的人——這個方向背後通常隱含最大的權重或負擔，同時也是群體未來移動的方向。

若要更生動描繪這種狀態，各位不妨想想阿米巴原蟲在顯微鏡底下呈現的移動方式。那些像指頭一樣的突起（偽足）會超越主體範圍、朝四面八方伸展，爾後整個主體再「流入」其中一隻或相鄰的數隻偽足，藉此移動。設想一下，那些「恰

巧」落在偽足前端的份子們——整個動物體經由這隻偽足前
進、或主體逐漸灌入這隻偽足——應該被賦予意識，並且對它
們自己及其追隨者說：「這支偉大的隊伍由我們直接帶領。我
們的『帶領』其他份子依循這個方向移動，故整個群體依循我
們開拓的道路前進。」這段話就等同於我們一般認定、名為
「領袖」的態度。

實際上「思考」明顯有三種不同方式，其中兩種屬於
目的導向。我們一直在討論的「生理目的論」（physical
teleology）是當前最普遍的思考模式，「精神目的論」
（spiritual teleology）則相對罕見。「精神目的」在過去是
顯學，現在則多以形上學形式出現，亦體現於多數宗教系統
（一般大眾普遍多理解宗教精神。不過，我們懷疑今日的理解
可能與最初的闡述有所不同，又或者只有熟知教義的人才能真
正理解宗教精神）。有時，透過同一個問題即可看出這三種思
考差異。以下舉幾個例子說明：

1. 梵谷在「亞爾」時期（Arles epoch）發狂且拚命創作，
   最後以癲癇發作及自殺告終。
   答案（生理依據）：梵谷在創作豐沛期間未好好照顧身
   體健康，經常曝曬於烈日下或承受惡劣氣候，故使癲癇
   加劇、心情沮喪，最後自殺。
   精神依據：梵谷之所以急於創作，理由是他心裡有
   數、預見自己不久於人世，因此他最想做的就是盡可能

展現本質,愈多愈好。

非目的導向之描述:前述兩項因素、以及其他許多徵候
與表現(有些可由梵谷書信內容推想)都是梵谷本質的
一部分,或可瞥見其「生之欲」(lust for life)。

2. 甲狀腺型精神官能症(thyroid-neurosis syndrome)。

答案(生理依據):甲狀腺機能過度活躍,過度刺激神
經系統,以致生病。

精神依據:精神官能症是誘因。某些心理問題導致患
者承受過度的精神刺激,進而破壞、擾亂內分泌平衡
——自律神經系統的「衝擊共鳴」對甲狀腺影響尤其明
顯,譬如純粹只是心理受衝擊卻可能破壞食欲、甚至
因此重病不起。順帶一提,軍隊也考量到這層身心關
係,認定「重度思鄉」為「因病退役」的理由之一。

非目的導向之描述:前述兩項都是惡性循環的獨立因
素,該循環可能包括其他關係更近或更遠的附加因素及
象徵,或是潛在的、非目的導向的某些狀態;而這些因
素及狀態又進一步構成其他許多狀態,無限分歧,惟這
些狀態都是反應現狀的結果。

目的導向式思考本身可能存在極大謬誤,尤其經常發生
非常粗淺、卻十分普遍的「倒果為因」現象(*post hoc, ergo
proper hoc*)。以「炸勘採石場」為例。引爆炸藥前,工頭會
以特別的哨音示警,附近居民遂將爆炸和哨音聯想在一起——

因為哨音響起後，幾乎在數秒之內必定傳來爆炸的震動與聲響，於是大伙兒也就本能地做好心理準備。有過幾次這種經驗、卻從未近距離觀察來龍去脈的人，若生性天真又不動腦思考，說不定會武斷歸結這兩者必有因果關係，甚至認為爆炸就是哨音造成的。稍微聰明一點的人則堅信是爆炸引致哨音，卻在解釋時間順序時陷入困境。一般人會認為哨音可能引發爆炸，反之亦不無可能，但兩者都是大模型的一部分；從這個模型能推導出這兩件事「何以」發生，不過更傾向、也更直指哨音的來由。觀察者若決心以「因果推論」方式抽絲剝繭、追根究柢，那麼他必須相當有智慧；即使約略知曉這一串人為情境的動機、成因及衍生結果，卻仍需耐著性子依循錯綜複雜的「因」穿過更貼近根本的「因」，才能找到最初起因。最後他可能發現自己思緒紛亂、莫衷一是，他苦思得來的前因後果、立意主張、或基於經濟利益考量的原因理由，互相解釋不通。

此處所舉的例子簡單明白。世上大多數的事物遠比這些例子更隱晦難解，箇中的關聯和起源或許還要追溯到比「刻意吹哨，警告旁觀者遠離爆炸現場」更難觸及的事件。然而就算是這麼一樁人為事件，我們已所知有限，更何況是其他純自然現象？即便如此，世人仍經常自以為是地發表目的導向的武斷意見！

即使是最明確且顯而易見的因果狀態，在經過更廣泛的知識檢驗後，其因果關係大多不增反減，甚至更凸顯統計與關聯上的意義；這種情況似乎所在多有。比起透過「目的導向思

考」將現況合理化，視「非目的導向思考」為更「極致」的思考模式，似乎保險得多；因此，可以預見的是，除非用於臨時評估，否則目的導向思考皆有其局限性。而儘管非目的導向思考確實是更開放的思考方式，它需要更宏大的原則與更謹慎的態度，方能妥善應用，以免思慮鬆散與控制不當趁虛而入。

　　話說回來，目的導向思考似乎較能得出真正明確的答案，部分肇因於美夢成真的虛妄幻想。當某人在既定狀況下提出「何以如此」的疑問時，內心深處通常已有期盼，故不論得到何種回應，唯有他認定他想要的答案才會冠上「因為」之名。因為如此，他遂習於將實際上只是與事件有關的答案視為「絕對理由」；然除非包含全體——這部分唯有透過實踐（living into）方能知曉——否則「相關」永遠就只是「相關」，而非「絕對」。一廂情願可能導致謬誤，因為人人皆不斷尋索絕對（故「鑽石」這個世上最恆久的物理存在才會這麼有價值），頻頻想像自己找到了。比較公正的做法是，我們應該把種種相關關聯視為短暫的領會、並以此為挑戰，試想能不能擴及其他各種關聯，見微知著，思考在既定能力與資訊之下能做到何種程度。可是，一般人大多直接把關聯當成真正理由，斷定一切可拍板定案，並且在確立名分後即失了興趣，繼續做其他事兒去了。

　　不過，藉由鑽研「量子的普遍性」這另一套基本原則，我們似乎偶爾還是能得到明確答案。世間萬物並非逐漸演變，其過程是不連續的；由於每個步驟都十分短暫，故看起來幾乎是連續的。若探究得夠深入，則問題本身不會以圖像式的連續過

程顯現，而是必須視為具有功能、帶有間隙或突觸的獨立量子（譬如帶有能量的量子、或光的波動性）。當「因」與「果」自相同的穩定層次同時浮現——物理學稱為「坪」（plateau）或「高原期」。通過長長的高原期後，斜度驟升，預告下一座「坪」的來臨——明顯且明確的答案於焉揭曉。若探究的層面夠廣，最後也還是會遇上在遠方等候的陡坡；原本看似明確的答案又會變得微微存疑，於是事態背景必須繼續放大，才容得下更遠處的下一座現實高原。事件與事件密切相關，即便有時隱晦難辨，但經常延伸探入完全不同的系統。我們深刻懷疑是否真有所謂「封閉系統」存在。人們指稱的「封閉系統」是個幅員遼闊的連續國度，雖以突現的不連續（大型突觸）為界，但終將以統一場的假設為橋，彼此連接。舉例來說，海洋（與水波有關）或可視為一封閉系統。可是對於任何曾經在冬季風暴期待過太平洋樹林鎮或卡梅爾的人，肯定都體驗過這個與陸地截然不同的「封閉」系統所造成的衝擊——半英里外的滔天巨浪經常致使屋舍強烈震動。

　　不過，目的導向思考最大的謬誤、或甚至最大的缺陷在於，它經常與情緒上的滿足（所謂「信念」）有所連結。人們會相信或承認輕鬆到手的明顯答案、同時接受內心或精神箝制——因為在情感上，他們必須封閉心靈，不能接受將來可能找到的任何相反答案；但這些答案只要認真找就一定找得出來。若坦率面對現實，暫時得到的答案可能導致內心衝突掙扎、或整盤推翻重新來過，迫使你我以全新、且更有意義的觀點重新檢視整個問題。我們暫且如此假設：一群研習內分泌學

的學生以病因學為信念，依此建構各種想法──譬如，他們相信所有的生長異常都是腺體功能不平衡所造成的。起初這只是一種可能性，但隨著該論述日益固定成形、勢力漸趨龐大，最後可能輕視或反對其他任何相對意見，令其無以立足生根；然若給予空間，循著這些相反意見說不定能找出線索，發現其他在醫學上同樣舉足輕重、但意見相左的可能病因。不過，內分泌環環相扣、關聯穩固，而在這種研究力量豐沛、百家爭鳴的領域裡，通常不太會出現上述情況；我們舉例拙劣，惟其原則依舊是穩固可信的。

　　這層關聯的意義在於，任兩種（或以上）源自不同目的的「答案」都可能相互衝突，或甚至答案背後的目的本身也可能彼此扞格。但是在非目的導向所呈現的狀態、或前述任何一種狀況之間，其實是可以不起衝突的。以「甲狀腺機能亢進」此狀況為例，堅信病因為心理問題或精神官能症的一派、與認定該病為純粹生理問題的另一派，兩方所給的治療建議極可能出現分歧；甚至在「生理問題」這一派別裡，也可能出現不同聲音──有人堅持就是甲狀腺功能紊亂，也有人認為可能是無管腺體集體失衡所致。不過，前述任一或所有因素與非目的導向所呈現的狀態，其實並無衝突，因為後者含括前者──非目的導向思考會評估（或至少嘗試評估）這些因素彼此的關聯，又或者就當這些因素都是特定時空條件下的真實現象，概括接受。非目的導向思考必然含括目的導向思考所得出的「答案」，因為，一旦確認這些答案的關聯程度與性質，即使真實度有限，這些答案仍是整體事態的一部分。其實就連錯誤的信

念亦屬真實，也必須相當程度地思考其分量或範圍。「全真理」必須包含所有現存的相關謬誤，透過它們與整體的關係掌握其本質，為可能的效應或影響做好準備。

在處理資料或資訊時，欲判斷其是否有效，一般準則似乎是該項資訊摘要必須能清楚傳達「因為如此，所以這般」的本質。不幸的是，即使是最膚淺的觀察也能給出同樣一句話，就像任何一個孩子都能死背並複誦艱澀難解的狄拉克方程式。但是，即使採用的詞句與膚淺見解一字不差，有意義的領悟及理解完全是另一回事。在下面這個例子裡[2]，請留意「突現的深義」與「乍看之下令人滿意、實為不正確的天真解釋」兩者之間的對比。挪威以前有過一種叫柳松雞的珍貴野鳥。當年，柳松雞數量銳減、瀕臨絕種，眾人認為立法保護與重金懸賞捕捉其主要天敵 —— 一種大量捕食柳松雞的獵鷹 —— 應是頗為明智的做法。於是，大量獵鷹遭人捕殺處決，但即便採取如此激烈的手段，柳松雞消失的速度竟不減反增。這個傳統又天真的補救辦法顯然失敗了。不過，政府當局並未因此消沉無作為、放任柳松雞步上大海雀和旅鴿的後塵 —— 他們擴大調查範圍，終於找到能解釋這種異常現象的理由。他們針對「柳松雞數量銳減」的各種相關層面進行生態分析，發現「球蟲」這種寄生蟲在柳松雞群內出現大規模感染。發病初期，柳松雞的飛行速度會變慢，雖病況輕微，但這些個體很容易成為獵鷹捕捉的對象。獵鷹大多時候都守在輕症者周圍，此舉意外阻止病例暴增、達到高峰，進一步防止疾病迅速擴散並感染其他健康鳥禽。因此，原以為是天敵的獵鷹竟然控制了疾病散播，根本就

是偽裝敵軍的盟友。

　　總結以上情形，即使我們已清楚明白球蟲這項影響因素，我們依然不能宣稱「因為已知某有利或不幸情境的真實『肇因』，故判定資訊有效」，而要說「現階段，我們已經掌握到在整樁事件中意義重大、可能具有壓倒性重要關聯的面向」。

　　然而，絕大多數的人都不願意碰運氣，透過非目的導向思考尋找那有時看似殘酷的見解。他們甚至懼怕使用這種思考方式，深怕思維散亂、摸不著頭緒，惟恐被剝奪不用思考、全心相信所帶來的情感支持——譬如「控制疫病即可保全稀鳥」的盲目信念，相信傳統習俗、宗教、科學，相信家庭或家人、或甚至銀行帳戶象徵的安全感。若是如此，尚未掙脫思考限制的人大多會被恐懼所左右，而且他們在這些層面的恐懼閾值也會明顯降低。想想那些不再相信聖誕老公公的哥哥們在妹妹們眼中是多麼迷惑且驚恐（情況好一點的尚能勉強容忍）；又或者，當信仰虔誠的年輕牧師目睹前輩們漸漸不再依賴宗教的慰藉，內心該有多麼恐懼迷惘。

　　事實上，採取這種思考方式的人通常僅有幾位知己，大多時候皆遭旁人批評個性疏離、硬心腸或甚至冷酷。但事實似乎正好相反。非目的導向作為似乎比其他任何方式更能充分體貼他人，且無所不容、少有例外——既已深刻且充分理解某特定情況，那麼何須辯解？但即便只是理解「現況」（as is）也十

2　摘自《大英百科全書》第 14 版第 7 卷 916 頁。Elton 為「生態學」
　　所寫的短文。

足困難。一旦明白這個道理，「為什麼」似乎就不再那麼絕對重要，因為我們已經明白那個「什麼」就是一種關聯，只是關係可能更為接近、或者比較重要罷了。一切無須容忍或辯解，情況「就是這樣」，而這僅僅是朦朧全貌的一部分而已。再舉個例子。我們家附近（卡梅爾）有位女士養的狗被毒死了，她難過又心煩；只要一想到陪伴自己多年的伙伴不在、往後得獨自度過漫漫長夜，她就害怕。由於我們家向著她家的那扇窗常年緊閉，因此她特地致電詢問：如果半夜有人闖空門、切斷她家電話線並意圖搶劫，屆時她若搖鈴求助，我們是否聽得見？當然，這種事的發生機率微乎其微，不太需要刻意防範，其他人可能會說她神經質、沒事窮擔心。情況確實如此。但我們也可以體貼表示「我們聽得見，鈴聲很清楚。不過，若您覺得合意，我們也可以調整睡眠時間，在您需要的時候立刻前去府上看一看」，而不需要停下來思索對方的恐懼是否愚蠢，或擔心自己是否正確考量其他所有繼發效應。如果這位女士帶著歉意說：「噢，請您一定要原諒我的傻氣。我知道我只是窮擔心，可是我實在太害怕了！」這時，最睿智體貼的回答便是：「親愛的女士，說什麼原諒呢。若您覺得害怕，那**就是**害怕，這種感覺是真實的，也必須正視。至於傻不傻氣根本無關緊要。除了**確實感到**害怕以外，**是什麼**理由並不重要。」換言之，不論是好是壞，恐懼的理由明顯屬於次要。一個微笑、或是愉快的語調比言語本身更能清楚傳達這份心意。在前述情況下，傾向使用目的導向思考的人會先強調那份恐懼有多愚蠢 —— 他們會刻意表現客觀公正，夸夸其

談：「喔，可無論**我們**做什麼都沒用，問題在於**您**的恐懼是愚蠢且不必要的。忘了吧（就像法官會說「自己清白才能訴訟告人」³）；假如有什麼**明智的**做法是我們真能做的，我們會看著辦。」這話字字譏諷，語帶斥責。又或者，有些好心人會試著合理化這位女士的舉措，想協助她度過心理難關，於是還未全盤了解情況就直接改變話題方向（但這也可能是一種取代理解的懶人替代方案）。還有一些心腸更好、思考方式更目的導向的人，他們會嘗試理解這份恐懼的因果關係。不過，若採取非目的導向思考，唯一的解方就是心懷善意與理解，不加思索立刻接受；達到這個基本要求後，接下來——如果還有必要——才是理性考量與思索。

　　嚴格說來，「非目的導向思考」不應用於自己的定見。因為「定見」涉及層面更廣、超越思考，故不適用這個詞彙，用「操作方法」（*modus operandi*）——近似於「用以處理任何數據資料的一套方法」——或許更貼切。前面引述的例子著重「情感」更甚「思考」，而「操作方法」超越思考，甚至達到「實踐」的程度。事實上，若以定義推測，「操作方法」已超越思考的可能範疇，主張「實踐」。

3　譯注：原文為 "Come to the court with clean hands"。此為英語國家的「衡平法」（equity）諺語，而衡平法為允許當事人在現行法律不適用時提起訴訟、請求公證判決的法律。衡平法言明：若一方當事人違背衡平法原則，則該當事人不能在衡平法院尋求衡平法救濟、或主張衡平法的辯護理由。

　　貧乏或甚少利用想像力的人，「思考」——用以評估事件的主要機能、也是起點——是一層「待突破的硬殼」，故「歸咎法」會以局限、不適宜的目的導向方式來評估情勢。當然，非目的導向思考也包含歸咎得出的觀點，但會判定為「正確但局限」的資訊。然而，若談到人際關係的情感層面，非目的導向思考說不定能以關愛、真誠敦厚、切合時宜的方式舒緩那位女士的恐懼，而目的導向思考則經常使用局限且複雜的方式，弄巧成拙。

　　順帶一提。若考量這兩種思考模式的關係，我們可以在「思考得來的肇因」與「情感歸咎的對象」之間發現一項顯著、值得注意的相似起因。有些人會為了鄰居的厭惡、憤怒或恐懼反應而譴責對方，有些人則認為人行道沒鋪好是政客「造成」的。然而在非目的導向思考者心中，這兩件事已超越譴責或肇因層次，歸屬更大的範疇。在我們眼中，相對於歸咎譴責，非肇因或非譴責觀點似乎經常呈現「新視界」——猶如同黑格爾的「聖父－聖子」——即兩個相對觀點（譬如生理導向和精神導向，尤其是兩者之間或各自內部存在因果衝突）彼此融合後突現的全新概念。這個全新觀點猶如明燈，經常照亮更大範圍的局面或樣貌，提供關鍵鑰匙，解開兩種目的導向思考所無法觸及的層面。我們想到幾個有趣的對應：三角形，基督教義的三位一體，黑格爾辯證法，還有史威登堡詮釋「上帝之愛」（情感）和「上帝智慧」（思考）的形上學理論。[4]

　　事物本身由多個部分融合而成，故我們視為「答案」的因素或要素，似乎只是事物的表徵、指標或相關面向，不應當作

「因果」來考量。世間萬物之所以如此呈現，最真實的理由是「現狀如此」。這是最實際也最真實的道理，比其餘各自獨立或其他缺乏整體觀點的理由更有意義、也更清晰。任何未臻全貌的觀點都只是整體的一部分，除了以整體概念**存在**、除了**實踐**，無人能知曉整體本身的極限。

　　任一事物皆可能因為各種各樣、許許多多更重要或更不重要的因素，成為最像「理由」的理由，就如同斷定身高或體重過度增長肇因於腺體功能異常。這許許多多的理由（其本質更貼近「關聯」而非「理由」）合而為一，構成「現狀」；不論各項獨立因素本身多有意義、多重要，它們全都只是整體事態的部分片段。所謂的整體必須囊括所有主客觀效應，前者好比漣漪源頭的震盪強度，後者則如波紋擴散而逐漸消散。

　　一般在言及「潛在模式」時，經常影射或引用的暗示與神祕學完全無關，但包含所有可能稱為神祕因子或神祕象徵的無限概念則不在此限。不過，此處指稱的「無限」也同時體現於生理及物體的數學層面，兩者與「神祕學」一詞的最初應用層次天差地別。其實我們說不定早已知曉，這個「潛在模式」充其量只是各種表徵、指標、共同參考點的融合體，惟其冪值為

4　譯注：「三位一體」是「上帝、耶穌、聖靈」實為一體。黑格爾的辯證法分三階段「邏輯、自然、精神」，也由這三種哲學建構龐大思考體系。史威登堡在思索「創造」時則將每一階段分成三種不同「維度」、且透過「目的、原因、結果」彼此相連，通往最終目的。

「n」；這個融合體說不定也已經包含所有我們已經知曉的種種推理臆測。但，同樣的，這個融合體也**可能**包含前述以外的任何事物，甚至涵蓋不同於維多利亞時代科學家機械世界觀的事件與實體，可能和數學物理學中已定義的向量、張量、純量、電荷概念截然不同。

在這種模式下，「因果」只不過是存在於你我片面、帶著偏見所重建的心理狀態下的一個名詞。而模式本身指涉的對象雖然真實，卻無法透過智力理解，理由是這個模式無所不往、無所不在，無法被有限的心智或任何不具生命的事物涵括在內——因為這個模式就是生命本身。

不論是運用最縝密的生理分析篩選排除所留下的心理或精神元素，或是在中世紀哲學家對「靈性」最真摯嚴謹的推測中，那些具生理或肉體意義的殘片餘末（對二十世紀的我們來說尤其明顯），無一不述說、彰顯以下這個道理：這些吉光片羽、最細微難察的差異——足以撐起海洋動物所有物種的百分之〇‧〇〇〇一的差距——原來才是世上最重要之事。理由不在規模大小，而是它們無所不在。「差異」才是真正的萬有，真正的催化劑，宇宙的溶劑。只要探查程度夠深夠遠，最後都會發現這份珍貴的殘存，或任其繼續維持原本無懈可擊的狀態、一如愛默生百餘年前在《超靈》文中所述：「撞上完美這堵**不可能存在**的磚牆，同時堅持完美**真確存在**。」異常或反常尤可為證。在前述架構中，異常是人類智慧在突破限制時最普遍使用的載體。基於這些異常**皆**可理解，故全數有解；然冪值為「n」者仍可能導向另一群層次更深、幅度更廣的異常狀

態。

這套由非目的導向思考所界定的深度潛在模式處處可見，無所不在 —— 既然以關聯為本，那麼在不同層次上肯定也和對立因素有所關聯，一如「事實」與「潛在性」的關係。不過，我們絕不能把這種模式解讀為因果關係，它就只是存在，現狀如此，事物就只是存在呈現的模樣，一如存在是事物的呈現方式。事物呈現的方式不只一種。詩人斯溫伯恩在讚頌大地女神「赫塔」的詩句中，曾透過女神之口言道：「人，如我獨立且平等的存在，亦由我組成。人即是我。」故世間萬物 —— 即「全體」 —— 同樣值得讚頌。這個模式無處不為其體現，譬如愛丁頓發現，幾乎所有基礎方程式的背景架構中都有一個非整數的無維度量[5]；又譬如光速，不論如何加成相減皆維持不變，因此一度幾乎被認為是研究人員密謀串通的結果。

整體必然等同於萬物，乃是由事實與想像、身體與心靈、生理事實與精神真實、個體與群體、生與死、宏觀與微觀（故最大量的量子即等同於此二者之間的最大間隙）、意識與無意識、主觀與客觀建構而成的完整世界。「現狀」 —— 呈現終極現實的最深刻字彙 —— 刻畫事態全貌，不若「理由」膚淺片面，而是更深入、涉入，或許還含及東方思想「有」（being）的概念。

這一切都發生在復活節的熾熱沙灘上，伴隨流逝的白晝與時光。咱們這趟小旅行於是成為事件，同樣具備二元性，融合

5　*The Nature of the Physical World*, 208-210.

採集、飲食、睡眠與推理思考。陽光的質性、海水的湛藍平滑、小艇引擎、還有我們自身 —— 這一切都是更大整體的一部分；我們終於跳脫規模框架，開始感受本質了。

15

　　中午時分，我們啟航繞出寧靜的裏屍布灣，沿著海岸向北前往下一個採集點馬歇爾岩。我們約莫在下午三四點抵達，剛好趕上傍晚退潮，於是就在礁岩中段向北延伸的巨石堆開始動手採集。此處剛好在馬歇爾角南方，而馬歇爾角則是綠水灣南界。

　　從潮汐圖研判，這兒應該是個不錯的採集點；然因海水退得不夠遠，無法完整暴露潮間帶，成果差強人意。岩石頂上有許多海扁蟲，另外還找到兩種大型和多種小型海膽——這是我們首度大量發現這個品種；惟其中許多棲息的位置太深，看得到卻抓不到。水中亦有大量稚蝦小團小團游動。就物種數量而言，這次的採集成績不算太好看。

　　那晚，我們在舷外綁上吊燈、套上紙罩，再垂至海面，讓反射光直探水下。浮游的等足蟲和糠蝦立刻湧向光罩，海面甚至因此起伏迴旋；這團魚餌吸引一幫小魚前來，而在光圈外圍，大魚追著小魚、不時閃現。我們偶爾會用抄網打斷這場瘋狂群舞，再把網中物倒入瓷盤，仔細研究；我們在盤中發現許多以前不曾在海裡見過的小型或透明動物。

　　由於首次採集出師不利，我們翌日清晨四點就起床，摸黑再度出發。這回我們帶上有七顆燈泡的強光手電筒。這種採集方式某種程度比在白天採集有意思許多，至少就小範圍來說是如此。因為觀察範圍受限，採集者在狹窄視野中反而能注意到更多細節。我們之所以偏好夜間採集還有另一個理由：有些動物在晚間比白晝更活躍，而且似乎不怎麼受人造光干擾、也不害怕。這一回，潮水挺給面子：手電筒強光先照到躲在礁石隙裡的怪物——渾身短棘、顏色鮮豔的龍蝦，藍橘為底、棕色斑點。想抓這種大龍蝦得特別小心，牠們身強體壯、滿身刺棘，掙扎時極可能狠狠劃傷採集者手掌。我們謹慎接近，慢慢彎腰，然後伸手從牠身體中段一把抓住。這隻龍蝦全無掙扎。料想牠不是病了就是發懶，或者遭海浪所傷，總之毫無抵抗之意。

　　馬歇爾岩的岩穴內藏有大量棒棘海膽，還有不少紫色的尖棘海膽（以前我們被牠整得很慘）。另外還有幾種海扇，以及兩種常見、一種新發現的海星[1]（後來我們發現，這種海星在灣區上北部很常見）。我們抓了好幾隻多腕太陽星，還有一種從沒見過的扁狀海參[2]。這是我們第一次在夜間採集；就著手電筒燈光，我們看見河豚懶洋洋地在清澈水面附近覓食。水底有不少陽隧足。陽隧足鮮少在日光下移動，經常躲在岩石底下；但這會兒牠們卻像數千條小蛇一樣爬行扭動。這七束刺眼

1　*Othilia tenuispinus*。

2　可能是 *Stichopus fuscus*，但這份標本此後就再也找不著了。

強光直射水下，所及之處無不見輕靈悠游的美麗魚兒、或是無脊椎動物在水底忙碌覓食的熱鬧景象。不過，除非事前安排兩人一組（一人拿手電筒、另一人抓動物），否則拿著手電筒採集絕非易事。不僅如此，由於頻繁接觸海水溼氣，電池壽命亦相當短暫。

那隻巨大美麗的龍蝦無疑是此行的獎賞。我們嘗試用彩色底片拍下牠的模樣，也一如往常出了岔；不過至少有一端的成像還算不錯。經過前幾次錯誤嘗試，我們終於有所長進，但絕大多數的畫面兩端都是模糊的。

我們蒐集到好幾種石鼈和大量海鞘。這裡也有不少渦蟲，但是還來不及防腐處理就分解消失了，我們因此傷透腦筋。平底盤裡還有數種陽隧足、許多小螃蟹、跳蝦、海樋、數種雙殼貝、海螺及小型海膽，另外也有蠕蟲、寄居蟹、星蟲和海綿。這些潮池也同時聚集大量浮游的稚蝦和等足蟲（長得像「潮蟲」的小小甲殼動物）與小糠蝦。這一帶的小型浮游動物似乎特別多，小男孩一律管牠們叫「蟲子」。這裡到處都是蟲子，有的飛、有的爬、有的會游泳。溫暖的淺水區讓生物競爭更形激烈，成果驚人。

用過早餐，我們起錨出發，繼續北行。這趟採集之旅的模式至今大致底定，我們幾乎都習慣了：採集、前往下一個採集點，繼續採集。這一帶的海水藍得濃烈，魚兒多得不得了。我們經常看見遠方有大批鮪魚躍出海面，無數鮪魚重擊海面、水花四濺。旗魚也在我們四周頻頻飛躍。窩在船首的伙伴一直想用輕型魚叉捕上一條，無奈我們始終沒能拉近距離，一拋再

抛，次次落水。

　　行船期間，我們保存樣本、貼標分類；海相溫和平靜，這讓我們在處理精緻小動物時格外得心應手。假使船身搖擺顛簸，海葵、星蟲這類伸縮自如的動物大多會把身體收起來，無法在瀉鹽作用下放鬆伸展；幸好這片海域和緩如草坪，船尾的扇形航跡不受干擾，綿延數里。

　　纜索上的釣線開始拍打扭動。我們釣起一尾史帕奇口中的「煙仔魚」（正鰹）和一尾墨西哥馬鮫魚。這種魚體色為金、帶著鮮藍斑點，外型似鱒魚；體長十五英寸至兩英尺不等，修長苗條、游速極快。馬鮫魚似乎鮮少成群游動，也不像鮪魚會不時躍出水面。儘管馬鮫魚在型態上屬於鯖科，牠的肉質細緻甘甜，偏向白肉魚；只消切成柳條、簡單油炸，即是一等一的美味料理。

16

三月二十五日

　　我們在正午左右抵達隱蔽港，一個神奇的地方。若有誰想設計一處祕密私人港，實際成果大概會非常近似這座小港吧：岬角自陸地向外延伸，形成一處半圓形、綴以鮮綠色紅樹林的小港灣；唯有繞進這道外灣，來者方知灣內還有第二座更隱蔽的狹長海灣——滿水位時，入口頂多只有五十英尺寬。航圖顯示入口處中央的深度約三噚，然因潮湧劇烈，我們決定不進內港，直接在外灣的第一個泊船處「海洋之石」下錨。這裡深度超過十噚，東尼心裡踏實多了。

　　南邊遠處，一艘支著小帆的獨木舟沿海岸而來。這些原住民總是划著他們的小船前往遠方。船錨一落，我們立刻拋線釣魚，不一會兒就有幾條斧頭鯊和一尾大紅鯛上鉤。空氣炎熱，瀰漫紅樹林的花香。我們的第一個採集點在外灣。這是個小而淺的溫暖水域，泥底，邊緣以平滑、未覆海草的小卵石為主。我們在水底看見不少像蛇一樣、體長約三英尺、灰底黑斑、紫橘色頭部宛若野菊的動物。我們沒見過這種生物。儘管穿著橡膠靴、動作不靈活，我們還是設法抓了幾隻；原來這是一種**真錨參科**（*Euapta*）的巨型海參[1]。這種動物長相奇特，

觸感嚇人，因為牠們不管碰到什麼東西都會牢牢附著；牠們靠的不是黏液，感覺像是全身覆滿無數小吸盤。一旦脫離海水，原本膨脹的身體旋即塌陷至只剩皮囊，因為牠們會利用通過體腔的水流來維持體型；撈出水面後，水分流失，真錨參就像未填充的香腸皮一樣軟趴趴掛在我們手上。由於是初次見到這種動物，又十分新奇有趣，我們一口氣抓了好幾隻；先輕輕將其浮至水面，再把採集箱半沉入水中、協助牠們滑入，以免水分流失。牠們在箱底爬來爬去，花一般的頭部悠悠挪移，讓海水通過牠們的身體、濾出食物送進胃囊。回到船上，我們發現這種海參與其他同綱伙伴一樣都有「吐內臟」的習慣，而且頻度更高。真錨參相當神經質，我們試著用瀉鹽讓牠們放鬆，如此才能在牠們探出頭時取其性命；然而，不論放置瀉鹽的動作有多輕多小心，牠們總是把頭縮回去、而且下一秒就把內臟吐進水裡。「內臟」一詞不甚精確，牠們吐出來的實際上是腸管和呼吸樹。

我們改用純氧麻醉、再放瀉鹽，結果還是一樣。最後，我們非常非常緩慢地施以極微量瀉鹽，終於成功保存一些未吐內臟的真錨參，不過沒有一隻探出頭來。這些動物的彩色影片雖成像不佳，但至少看得出顏色、形貌、動作與伸展的腦袋。我們再一次沖出只有一端清晰的影像，好在這回清楚的是比較重要的一端——也就是那花一般的腦袋。

這個小淺水灣還有許多鮮綠色的雀鱔，或稱「顎針魚」，

1 　一種蟲狀海參 *Euapta godeffroyi*。

不過牠們的速度比抄網快上許多，我們一隻也沒抓到。有毒的**四齒魨**也不少，當地男孩會用一種輕型圍網捕撈。此外，我們還發現兩種沒見過的海星和許多**角海葵**（*Cerianthus*）。

我們在岸邊採集，丁尼則帶著一把輕型三叉戟、獨自划著小艇前進較深的水域（後來意外從水底戳起一隻瘤海星）。他突然大叫，我們一抬頭便看見一尾巨大的鬼蝠魟朝他游去，「翼展」足足超過十英尺。鬼蝠魟鮮少出現在淺水區，但這會兒牠直接穿過小艇下方；我們大喊、叫丁尼快點出手，因為他一直很想用魚叉捕上一尾鬼蝠魟，結果他只是呆坐在船上，瞪著魟魚遠去的身影，虛弱地咒罵我們。有好一段時間，丁尼就這麼靜靜坐著，不敢相信他到底看見了什麼。這尾大魚只需稍稍揮動「翅膀」就可能拍翻小艇、將小艇連同丁尼送上半空中。丁尼只想靜靜坐著，沉思一會兒；而他也這麼做了。約莫一個鐘頭後，他才開口且不斷重複：「你們有看見那天殺的玩意兒嗎?!」從那一刻起，丁尼矢志要捉到並手刃一尾巨型鬼蝠魟。

稍早那艘沿著海岸划過來的獨木舟，此刻終於來到西方飛翔號旁，一名男子和一個小男孩登船拜訪。他們帶來幾隻「鮑魚」（其實不是真鮑，只是體型巨大的固著扇貝，做成料理非常好吃），也有一些大蛤蠣（扇形蚌類）、真珠蛤（目前日益稀少）和幾顆大海螺。我們買下男人帶來的所有漁獲，並請他幫忙多抓一些大型蝦蟹貝類；我們可能得花好幾個禮拜才能找到這些動物，他卻能直接找來給我們。這種事到哪兒都一樣：若要問哪種動物好吃、或者有毒、或是危險，當地原住民

肯定知道，也知道上哪兒去找。不過，假使動物不具備以上三種特質，無論牠顏色多鮮豔、長相多漂亮，他們可能終其一生都看不見牠。

　　在突入海中、卵石圍繞的狹窄沙地上──也就是隱蔽港內港南段──有一幢看似未完工的石造建築，裡頭沒半個人。岬角外來了一艘以舷外馬達推進的大型划艇。那座馬達與海牛肯定幾無親戚關係，因為對方顯然十分受控、聽從船主指示。這艘船上有幾位原住民，另外還有三名著馬褲與登山靴的男子。三人魚貫登船、自我介紹，分別是李奧波多・沛爾普萊（他在隱蔽港邊有座農場）、吉伯特・巴蒂畢亞（來自洛雷托的學校教師）和馬紐爾・馬蒂那貝提亞（關務員，同樣來自洛雷托）。後面兩位正在度假，順便來一場狩獵之旅。三位都是體格強壯、相貌英挺的男子，身上都帶著公務員必備的點四五自動手槍。我們端出罐頭水果沙拉款待，彼此聊起曾經造訪的國度，這時三人開口邀請我們一起去獵大角羊：當日下午出發，隔天回來，預計深入荒涼浩瀚的石頭山紮營打獵。我們欣然接受，立刻隨他們前往離隱蔽港僅半英里路的小農場。我們沒人想獵羊，但伙伴們都想好好瞧一瞧這塊土地。結果到頭來，包括農場主人、老師或關務員在內，他們沒有一個有意獵殺大角羊。

　　小農場在灌木林深處，又髒又黃的灌溉水則是利用牽引機轉動絞盤、從深井一桶一桶打上來的。農場主人為了在荒漠中引水，鑿了一口六十英尺深的水井；他過去一直在種葡萄，目前種番茄。鑑於此地氣候實在太乾燥，若是幾星期不打水，農

作物肯定全數乾枯。農場屋舍十分簡單：屋頂和低矮的屋牆皆由棕櫚編成，可擋風但不阻礙空氣流通，地面清一色是壓實的土塊，整個地方散發著某種怡然舒適的氛圍。原住民工人的工作節奏很慢，小娃兒不時從木編的屋舍窺看我們。我們騎著騾子和一批小馬上山，兩位原住民步行領隊。起初我們十分過意不去，後來才明白原來是騾子和馬匹走得太慢，令他們相當不耐煩。他們倆經常消失在前方，一會兒之後發現他們已坐在路邊等待。我們一行人踏上一條還未完工但好走的馬路，路的終點是洛雷托。仙人掌與灌木叢厚實猙獰，但不致刮傷扎人。鄉間景色壯美遼闊，處處是旱地植物——仙人掌、含羞草、帶刺的荊棘與灌木皆因暑熱而劈啪作響，另外還有碾碎後會流出鮮紅汁液的地衣（早在化學染劑發明以前，這種地衣一度是製作紅染劑的原料）；當地人警告我們某幾種灌木有毒，若觸碰之後再揉眼睛，極可能導致失明。我們亦習得當地某些植物的用途，譬如鐵線蕨煮爛製成的草液可供產婦分娩後服用，據稱能有效止血。我們翻過岩石嶙峋、地勢起伏的荒涼大地，然後離開這條大致成形的未來公路，轉進通往岩石山的小徑。小徑陡峭，頁岩路面易滑難行，咱們的原住民伙伴甚至比剛才更沒耐性：陡坡導致騾馬步伐更趨緩慢，但兩位朋友並未因此放慢腳步。

「我騎的這頭騾子是牢騷鬼。我一度以為牠只是不喜歡我，但現在我相信牠是看整個世界不順眼。牠每走一步就痛苦哼兩聲，好像真的很痛，我還特地卸下鞍座，看看牠是否受傷了。牠那聲音可不是普通呻吟，是那種被扔進煉獄腐爛、極度

痛苦的靈魂從丹田深處發出的嗚咽。我完全不知道牠怎麼會發出這種聲音。墨西哥人肯定不相信牠，而牠也沒載過我這種多愁善感的北方人。牠這副模樣令我心碎，但也不至於讓我下來自己走。這段上坡路對我倆而言都是折磨。牠痛，我則為牠心痛。」（節錄自我們之一的個人日誌）

小徑愈來愈窄，光禿禿的山嶺巍峨聳立，俯視眾人。我們看見遠方山腳下發光的藍色海灣，覆著一層如夢似幻的雲霧蜃景。

我們這支隊伍有一匹小型馬，四肢結實、臀部不大，眼神流露社交不適應的不安焦躁──騾群中的馬，而且還是去勢騸馬。於是我們想，騾子置身馬群的情形是否比較常見？踞於社群優勢的馬兒氣質優雅、昂首闊步，充分意識自己的美和力量；在這種情況下，落單的騾子可能發展出「反社會自負情結」──牠知道自己可以智取馬群，也十分確定自己能智取人類；就這兩方面來說，牠的想法都沒錯。於是這頭遭到「社交流放」的騾子沉浸在冷眼旁觀、蔑笑智性的情境中，而且經過數百年來這種知識份子憤世嫉俗的觀點洗禮，牠的心態早已定型──牠無所不能、陰鬱乖戾、詭異陰險、誰也不愛，自私且自我中心。反觀眼前這匹馬，牠沒有這種背景，無力在一個世代之內扭轉全局；置身騾群的牠只能黯然神傷，精神渙散，眼神悲涼。牠垂著耳朵，下唇垂張，羞愧地靜靜跟在騾子身後；牠就像摘去頭銜與權位的貴族，只是個可憐的小東西。落難的公主還能去端盤子，但這匹可憐騸馬連正常都算不上，更遑論其他？正如同沒了勳袍、吊襪、一枚大過一枚的金屬鑲琺

瑯飾品的落魄大公教人生厭，我們發現自己似乎也不太喜歡這匹騙馬；牠雖知道，也無濟於事。

我們終於來到一條布滿碎石細礫的窄路，坡度極陡，騾子再也載不動我們了。眾人於是下馬，手腳並用往上爬。我們甚至不曉得那些騾子後來是怎麼上去的。爬了一小段路，我們登上一道岩隙間的空地，周圍盡是高聳的花崗岩壁；一條小溪穿過岩隙，順著潭潭水窪墜落數百英尺。這兒有幾棵棕櫚，還有野葡萄藤和大型蕨類，溪水沁涼甘甜。小溪源自高山、又飛落這麼遠的距離，卻與大海緣慳一面。荒漠乾渴汲飲，酷熱令其蒸散，溪水中就只能消失在一片挫折的薄霧中。我們坐在一處瀑布池潭邊，原住民朋友動手煮咖啡、打開備好的午餐；某道菜餚尤其美味，我們好希望能再嚐一遍。餐點做法如下：先在溫熱的玉米餅鋪上一層豆泥，再鋪一層餅、再抹豆泥，如此層層疊疊至十或十二層厚，然後整個包起來，最後像切蛋糕一樣切成一塊塊享用。這道料理非常好吃，十分有飽足感。我們悠閒午餐，原住民朋友在一旁的空地為我們鋪整紮營。餐後，我們應景地朝山谷對面一塊巨岩開了幾槍。天色漸暗，眾人窩進被毯聊天 —— 我們的折磨正式展開。大伙兒輪流分享有趣故事；我們猜測這些應該都是「有顏色」的故事，但無法確定。每個人開頭第一句幾乎都是「從前有一位老師，她有雙黑色大眼睛，『*muy simpática*』（非常和善）」，但這句「*muy simpática*」似乎帶著弦外之音，與「和善」二字稍有差距；因為「和善」是一種被動的尊重，但「*simpática*」更為主動或合作，甚至偶爾帶有些許積極的意味。總之，這位「眼神和

善」的教師一如往常遇上一位「強壯高大」的男學生，「*con cojones, pero cojones*」（蛋蛋很大，特大）──這句話帶著手勢，在火光中看得十分清楚。故事繼續進行，即將來到精采之處；我們聚精會神、湊耳傾聽，可是故事笑點要不太通俗、只有當地人才聽得懂，就是講者自己笑得樂不可支，壓根聽不清楚他們到底在說什麼。故事一則接著一則說個不停，但我們半個笑點也沒聽懂。我們當然不是完全不懂。我們知道，當這位「眼神非常和善」的老師問那位「蛋蛋很大」的高大男孩「放學之後要不要留下來」，接下來肯定有事發生；只是最後到底發生了沒有，我們不知道。

儘管夜間寒意漸起，蚊子仍毫不留情；在這片人煙稀少的鄉間大地，人血肯定稀有珍貴。我們是蚊群眼中難得一見的甜點，牠們振奮吶喊、尖叫攻擊，俯衝、上旋復又急墜；再加上能見度不差，我們個個成為絕佳的攻擊目標，直到氣溫逼近酷寒，牠們才悻悻離去。

我們多次注意到墨西哥原住民頗為淺眠。他們經常半夜起身抽菸，輕聲閒聊幾句後倒頭再睡（猶如夜半鳴啼的躁動鳥兒，幻想白晝已然降臨），整晚大概醒了五、六次。聽他們說話其實挺愉快的。因為他們的聲音極度輕柔，彷彿置身夢境。

曙光乍現，原住民朋友煮好咖啡；近午時分我們又多吃了些餐點。後來，農場主人儀式性地拿出一把槍托裂損的點三〇－三〇卡賓槍、交給原住民，兩人便出發上山去了。這是我們第一次獵捕大角羊，也是目前為止最棒的打獵經驗──從頭到尾不曾親自舉槍。我們其實不愛殺生，只在必要時獵

捕動物，但絲毫不覺得有趣。兩位好心的原住民朋友幫了我們一把——幫我們打獵——而我們只需要坐在小瀑布旁，和東道主天南地北聊天就行了：聊美國人多有錢、人人都有一輛嶄新的福特汽車；聊美國沒有窮人，大家每晚看電影、想喝醉就喝醉；聊美國沒有政治好惡，無欲無求，無懼無誤，人人有工作、有飯吃。我們來自一個美好國度——咱們的東道主瞭若指掌，而且還好心告訴我們。我們不忍破壞這場美夢。每回他信誓旦旦陳述完一件事，我們總說「¿Cómo No?」（可不是嘛）——這是世上最保守最安全的一句話，因為這句話沒有任何意義。「¿Cómo No?」是禮貌的連接詞，可以用來承接同伴陳述的意見。於是，我們坐在涼爽的空地上，眺望下方炎熱荒涼的大地和遠方的湛藍海灣。一兩個鐘頭後，原住民朋友回來了；他們沒獵到大角羊，不過其中一人揣著滿口袋的動物糞便回來。差不多該是動身下山的時候了。我們決定以後都要照這種方式打獵。農場主人略帶憂傷地說：「如果獵到了，我們就能與牠合照一張。」除了這小小的失落感，我們沒有任何損失。坦白說我們誰也不喜歡把死掉動物的頭角帶在身邊。

我們在小瀑布池畔看見樹蛙、鐵線蟲和水黽，好奇牠們是怎麼從其他水源長途跋涉到這兒來的。在我們看來，所有生命形式於發生初期無不在等候時機，抓緊機會扎根繁衍；卵、孢子、種子、細菌，盡皆如此。雨滴落下，大地欣欣向榮；生機處處，無所不在。我們望著這片乾枯荒漠、廣袤炎熱的大地，心知最近的水源遠在天邊，以近乎不可置信的語氣說道：「這些小動物怎麼有辦法克服萬難、跑到這裡來？」

不過，即使我們能以駑鈍的推理為武器，歸納整理，合理化整個因果關係，我們還是不太相信鐵線蟲和樹蛙竟然會出現在這裡。然而事實非常明顯：牠們在這裡。看著一群魚動也不動伏於一潭死水中，腦袋全部朝著同一方向，某人開口：「這不太正常吧？」但這沒有一丁點不正常，是我們從錯誤的方向切入。牠們原本就是這樣存在的。這種情況對我們來說之所以如此特別、明顯，純粹只是因為我們思維愚鈍，無法跳脫人類觀點。任何事在世上任何一處都有可能發生——是以人體可能罹癌、可能感染肺結核，強者成功抵抗，弱者徒然受病。天秤的一邊是點滴滲入、步步占領以至生根茁壯的生命，而人類自身亦同時萎屈凋零，終而越過維持自身平衡的臨界點。我們稱這個過程為死亡。在邁向死亡的過程中，我們並未給予或付出生命，而是被另一種多重的生命形式操縱利用，促其生存繁衍，惟天秤的兩邊始終保持平衡。人也可能是所有條件的綜合體，貪婪冷酷，能展現大愛亦能恨人入骨，情緒有時平衡有時不平衡。這就是人，掙扎求存的眾生浪潮中的一份子。人不斷詢問「為什麼」，卻忘了要先正視自己在宇宙萬物中的位置與角色。譬如有一種海鞘[2]，其群聚形成的總被囊狀似手指；群體內各成員都是獨立個體，然其所組成的群體又形成另一種個體、而且不完全是群體內各單一個體的總和：某些圍繞在開口附近的單體發展出一種能力，牠們一個抵著一個、做出非常類似肌肉收縮的脈衝式運動，其他單體則負責攔集與分送食

2　*Pyrosoma giganteum*。

物，至於在「手套」最外層的單體則比較硬，負責保護群體抵禦外侮。牠們是兩種動物，本質卻完全相同——這就是教會早期強制名為「神祕」的東西。當教會決定以「神祕」描述某事物，即已發自內心、完整接受事物當下的「狀態」（so），惟其無理可循，因為理由與此狀態毫不相干。因此，從個體觀點提問「到底哪個是動物？海鞘群或海鞘單體？」的人，應該揚棄這種特定觀點，轉而陳述：「怪怪，這感覺是兩種動物，而且兩者之間的關係幾乎就和我身上的細胞與我的關係一模一樣。我絕不只是一堆細胞的集合體。此外，就我所知，這些細胞也不僅僅是我的分身而已。」這種接納與無為不同，是一種更深入理解自身、理解世界基礎的態度。看來神祕主義的禁忌箱又即將納入新成員了。

　　要說我們因為無法掌握所有資訊，故無從知曉或無法判斷，光是這樣還不夠，因為蒐集資訊並不必然導向通曉事理。孩童的世界只比他認知的還要再大一些，而大科學家的世界卻無限外拓，不可估量。一個答案必然是另一籮筐新問題的起點。所以，我們以周遭世界為底、勾勒世界，使之更適合我們的需求；若這些描摹的線條不符想望，我們便將其撤去，畫上新的線條。那些在山頂石隙瀑布池中的樹蛙，如果被賦予人類的推理能力，說不定會在牠發現池潭中竟然有菸屁股的時候說道：「這不可能。這地方既沒有菸草、也沒有任何紙張，雖有著火的痕跡卻不曾顯現火光。這玩意兒不會飛、不會爬，也不會隨風飄。事實上，這東西不可能是真的，我也會否認它的存在。因為，假使我承認它存在，那麼下一步就會落入『反蛙

中心主義』的謬誤了。」於是這隻樹蛙終其一生都會嘗試忘掉曾經有過這麼一刻、這麼回事。

　　下山返家的路上，一位原住民掏出他撿拾的羊糞送我們。我們只拿了一點點，因為他其實沒撿多少，而且他大概還有其他親戚也想要這玩意兒。我們穿過乾燥與酷熱，回到隱蔽港；想起西方飛翔號自始至終一直停在這兒，感覺有些荒謬。三位東道主對我們極為友善體貼，彷彿唯有墨西哥人才能做到這種程度。不僅如此，他們還傳授我們世上最棒的打獵方式，往後我們肯定只會用這種方式打獵，絕無二心；不過我們仍稍稍改良了這套方法——決定連槍也不帶，排除最後一絲絲擦槍走火的可能。我們永遠無法理解為何有人喜歡轟掉動物腦袋、高高掛起，使之俯視牠的征服者。說不定，感覺自己「高出動物一等」讓這些人心情愉悅；可是在我們看來，若確信事實如此，何須刻意證明？心懷恐懼的人必然時時展現勇氣，故而在打獵時也必須為其勇氣留下實實在在的紀錄。至於我們呢，我們把一顆漂亮的大角羊糞便固定在一小塊硬木匾上。當其他人得意洋洋地表示「我遇上這頭動物，但因為我比牠強，所以我活著、牠死了。而我留下牠的腦袋作為證明」時，我們可以說「我們遇上這頭動物。就我們所知，牠應該還活著，而這就是證明。上次見到牠的時候，牠看起來非常健康」。

　　歷經枯山的乾旱洗禮，再次回歸大海的感覺很好。在海邊長大、或日常生活與大海息息相關的人，若離開海洋太久，大概都會不太開心吧。

史帕奇做了他拿手的義大利麵給我們吃——道地的「艾涅雅」（Enea）義大利麵。我們一口接一口，直到肚皮吃撐了才停下來。

這會兒，咱們帶上的設備開始一一出問題。潮溼導致氧氣筒閥口開關不順，小冰箱壓縮機亦有氣無力。這台小冰箱原本的職責是冷卻海水，到頭來頂多只能冰鎮啤酒，而且還經常故障。

來到灣區這一段，我們漸漸發現有些動物似乎無所不在。海灣太陽星幾乎到處都是，但我們也觀察到，愈往北深入灣區，牠們的體型就愈小。刺人的帝蟲亦經常躲在鬆動半掩的岩石或珊瑚礁底下，頻頻出沒。說到帝蟲，有件事挺有意思：錢伯林[3]的描述完全漏掉一項對採集者來說相當重要的資訊——牠身上那些毛髮樣刺棘就像惡魔一樣，會刺破手掌、留下火燒般的疼痛且久久不退。能將體驗如實轉譯成情緒的丁尼就發現，憤怒壓根無法蓋過帝蟲帶來的疼痛，於是他變得十分尊敬這種蠕蟲，甚至因此養成一般採集者謹慎小心的習慣——還沒看清楚之前，絕不伸手亂碰。

凡是遭海流快速沖刷或海浪拍擊的岩石或珊瑚礁底下，經常可見身上長著尖刺的紫色海膽[4]；只要水流或空氣符合交替變化的模式，陸地邊緣的潮間帶岩石上大多都能找到藤壺及笠貝。這裡處處可見長得像小妖怪的海葵；不用說，瓷蟹、寄居

3　1919 年採集標本。

4　*Arbacia incisa*。

蟹和海參也隨手都能撈上一把。

　　我們至今已蒐集到相當大量的動物樣本。然而和某些裝備更齊全、資金更充足、人員編制更完整的遠征考察隊伍相比，如此成果令我們開始好奇，當年他們究竟採取何種方式採集。舉例來說，大概除了漢考克的考察報告以外（但這份文獻索價高昂，不僅一般業餘人士負擔不起，大學圖書館也不見得納入館藏），截至目前為止，關於加利福尼亞灣最精采的文獻是約莫三十多年前、一支由著名科學家組成的遠征隊所完成的。這支隊伍有八位博物學家，搭乘專為此行打造、裝設專業配備的蒸汽船，此外還有訓練有素且編制完整的船員隨行。他們從舊金山出發，在兩個月內停留三十五個採集點，帶回二千三百五十一隻、分屬一百一十八種、生活在沿海與深海的棘皮動物，橫跨兩大動物區系（包括挖泥船下探一千七百六十噚深的採集成果）。其中只有三十九種來自淺海，三十九之中的三十一種（三百八十七個樣本）來自加利福尼亞灣。而我們進入灣區採集不過才九天，採集點局限在單一動物地理區內、而且全部在沿海，至今卻已蒐集到幾乎兩倍的加利福尼亞灣棘皮動物（這也是我們唯一製表統計的物種），甚至還得克制採集的熱情與衝動，因為手邊已經沒有多餘的容器了。我們工作勤奮、但不致工作過度，因此我們好奇的不只是我們搜集到的數量，也好奇他們相對稀少的收穫。我們甚至還有時間娛樂、談天，甚至喝點小酒呢（我們一共帶了兩種、共二千一百六十瓶啤酒上船）。

　　加利福尼亞灣沿岸的生命豐富多采，肯定還有許多仍未觸

及與探索的區域（不包括漢考克未發表的報告）。我們沒有時間進行長期、縝密的採集考察，然而長期、縝密卻是建立海洋生命真切背景圖像的必要階段。我們只能匆匆略過，因為我們只負擔得起這種方式；不過，從成果來看，活力與熱情似乎能補足設備與人力不足的遺憾。

17

三月二十七日

　　我們在隱蔽島外港大範圍地採集動物標本，尚未擴及內港；於是在墨西哥時間清晨五點三十分，我們坐上小艇繞進內港。出發時，天色未明，因此我們利用手電筒輔助作業。這天退潮狀況頗佳，我們緩緩沿著岸邊移動，一人搖槳、另一人藉著燈光探查水底。水面平靜無波。大而肥、巧克力色的刺參[1]雄霸內港東部沿岸：牠們在水底覓食，動作極慢，數量數百上千，遠遠超過此區域內其他任何一種動物。另外也有許多外殼硬厚且呈波浪狀的褶襉貝[2]。岩石底下的動物相乏善可陳。內港東面和北面散布新近形成的碎石，銳角多，邊緣鋒利，理由是灣內風平浪靜，沒有浪花能磨掉利角、使之鈍圓。海灣邊緣鑲著一排厚厚的紅樹林，紅樹林開花的辛辣氣息相當濃烈，但令人愉悅。我們在水底瞧見不少已在外港採集過、巨蛇狀的真錨參。繼續繞往內港西面，水底轉為沙質平地，動物相也隨之改變，先前提到的棕色大海參完全不見蹤影。黎明時分，我們

1　*Stichopus fuscus*。

2　*Carditamera affinis*。

沿著沙地移動採集；這時，水邊出現兩頭體型近似小型牧羊犬、深棕色、步態似貓的動物。晨光熹微，我們看不清楚；等我們靠得再近些，牠們旋即沒入紅樹林中。料想這兩頭可能是大型靈貓科動物，無疑是來水邊獵魚的。這一區底沙細滑，綠色的結瘤珊瑚簇簇叢生（可能是 *Porites porosa*，未取得樣本）；但除了角海葵和幾種雙殼貝，這片海底可謂清靜寂寥。

繞過海灣南面時，我們再次來到內港狹窄的入口；漸升的潮水來回沖刷，此處的動物相變得熱鬧起來。由於海水往復來回，帶來豐富的食物與新鮮空氣，故而聚集大量動物，相當可觀：岩石底部散布一隻隻美麗的紅綠色瘤海星，我們還在岩石群某區域發現一簇單體軟珊瑚[3]，結瘤十分巨大。有隻體型龐大、海葵樣的浮游腔腸動物展開橘色、粉紅色的觸手（顯然無法伸縮），被海流沖抵在岩壁上；為了抓牠，我們被螫得很慘。牠的刺細胞相當惡毒，甚至能穿透手掌上的老繭，害我們痛得有如無數蜂螫。同樣也是在內港入口，我們還抓到幾隻大型海兔[4]、為數不少的雙殼貝和一種小型蚌蛤。海葵刺人的劇痛直到數小時後才消退。這片加利福尼亞灣水域有許多有毒又傷人的生物：各種海膽、刺魟、海鱔、心形海膽以及前述這種像小野獸的海葵，族繁不及備載。與牠們多次對峙周旋後，我們大多變得謹慎畏縮。遭藤壺割傷在所難免，但傷口容易潰爛，亦相當惱人。我們的手指、手掌迅速累積深深淺淺的大小割傷，可能是因為經常泡海水、或搬動石塊，這些割傷很快就會覆上一層堅硬如角的厚繭。

在此行造訪的採集地之中，隱蔽港是物種最豐富多樣的地

點之一。理由是在這個範圍不大的區域裡，竟然結合多種不同的生態環境：沙底、石岸、卵礫石、碎石和珊瑚，靜水區、溫水區、淺水區以及沖刷頻繁的潮間帶。若能在這方小小水世界進行大規模且縝密的採集作業，應該能高度呈現巴拿馬海域動物群區豐富多采的物種群像。因礁石環繞、阻絕海浪衝擊，這區區幾英畝海域涵蓋各種可能的濱海生態環境 —— 無疑是一本活靈活現的生態學教科書。

我們在隱蔽灣取得的動物樣本有岩石等足蟲、海綿、海鞘、渦蟲、石鱉、雙殼貝、海螺、寄居蟹及其他多種螃蟹、沙蠶和夜間捕捉的浮游糠蝦、小型蛇海星、笠貝、多種蠕蟲，另外也把那天在山上小瀑布看到的鐵線蟲[5]列入採集筆記。此外，我們還抓了六到八種海參，十一種海星。

結束清晨的採集作業，我們立刻揚帆前往洛雷托港。我們等不及想看看洛雷托，因為它是下加利福尼亞半島上首座自建成後屹立至今的城市，城裡的教堂也是半島上最古老的一座。在這裡，飢餓交迫的移民終於征服下加利福尼亞惡劣的居住條件，在此落地生根。從海上望去，洛雷托在棕櫚叢間若隱

3　從外觀來看，這隻動物幾乎和 Duerden 在〈波多黎各海葵〉（*Actinians of Porto Rico*, 1902 U.S. Fish comm. Bulletin for 1900, Vol.2, pp. 321-74）所繪的西印度群島 *Zoanthus pulchellus* 幾乎一模一樣。

4　*Dolabella californica*。

5　*Chorodes* sp.，根據美國自然史博物館 J.T. Lucker 的記錄（編號159124），可能是曾經在美國蒙哥馬利郡發現的 *C. occidentalis*。

若現，蓊綠迤邐。我們暫時停船，拿起望遠鏡搜索岸邊：沙灘上躺著一排獨木舟，一群人坐在獨木舟旁回望我們；身著白衣的他們看起來輕鬆愜意、懶洋洋的，見我們下錨停船，他們即起身朝鎮上走。不用說，他們得去把制服挖出來；洛雷托少有訪客，而且最近也**沒有**總督來訪，所以要順利找到制服大概不容易。說不定，這會兒有好些幫忙跑腿的孩子正在幾幢屋子之間來回奔走，忙著找上衣、腰帶，或商借乾淨襯衫；至於官員大人得刮鬍換裝，噴點古龍水。這些都需要時間。但準備進港停泊的船兒也會耐心等候──儘管咱們看起來不像一般漁船，好歹也是艘船。

墨西哥官員最教人愉快的是，不論來者為普通漁船或郵輪瑪麗皇后號，他們皆一視同仁，態度同樣莊重嚴肅，進港等待的時間也一樣長。這讓我們心情極好，完全不介意支付港務費──但是這裡竟然完全不用錢！我們打算好好迎接這幾位男士。他們讓我們忘了自己只是拖網漁船上的庸俗之人，猶如海外公使，協助遞交遠方友邦的問候文書。是以我們也跟著匆忙挖出乾淨襯衫，東尼也換上船長帽，丁尼甚至還把帽子上的海軍徽章擦得啵兒亮（帽子是他在聖地牙哥洗衣店光明正大換來的）。我們既不時髦、也不特別機靈，可是我們乾乾淨淨、聞起來甚至還香香的。史帕奇拿鬍後水往我們身上灑，讓我們沉浸在花香滿溢的氣息中。假如「*abrazo*」（西文「擁抱」，品牌名）能傳達我們滿腔的熱情與善意，那麼我們準備好了。

男人著制服回到沙灘，旋即划船過來。我們完成例行入港儀式。惺忪未醒的洛雷托沐浴在晨光中，這座可愛小城家家都

有綠色花園，惟街上亮白熾熱。年輕男子站在小餐館遮陽棚底下打量我們，在我們經過時自在招呼；一群女孩兒表情愈繃愈緊，連忙衝向街角、止不住咯咯發笑。我們無疑是洛雷托的奇特景象——長褲是深色而非白色，頭上的蠢帽子異國味十足，沒有一家洛雷托小店會考慮進貨販售。我們既非士兵、也不是水手，令這群小女孩百思不解。街角傳來她們緊張急促的笑聲，而她們也不時探頭偷看，確認我們當真如她們乍見的荒唐滑稽；長輩非難地噓責、要她們安靜別作聲，結果再次令她們咯咯竊笑。一位女士站在紫紅色九重葛鋪覆的自家庭院前，好意解釋：「大家都知道傻女孩們淨做些傻事。請各位原諒她們的不禮貌，待會兒她們就會覺得不好意思了。」可是，我們覺得這些傻女孩的態度也有可取之處——她們顯然被逗樂了，非常開心。通常，尤其是在我們國家，大伙兒對於陌生事物的反應多半是討厭和恐懼；與之相比，我們更喜歡嘻笑。我們甚至不覺得這種態度不禮貌或不友善，她們不過就是一輩子沒見過如此好笑的景象罷了。

一如既往，我們身後出現一名謹慎莊重的小男孩，一逕跟著我們走。假使有哪個國家把國政交給墨西哥小男孩來治理，會不會那些帶著偏見與偶發胃潰瘍、愛心逐日乾涸的老傢伙們統治的國度更好、更開心？想想還挺有意思的。

這個小男孩說不定會成為外交官，派駐世上任一國度。他率直無畏的深色眼眸誠懇堅定，態度溫和有尊嚴。他告訴我們洛雷托的大事小事——人民貧困，教堂也震垮了，最後他陪我們來到塌倒的教堂前：屋頂垮落，教堂主體堆滿石塊，牆上

掛著破舊古老的畫作。不過鐘樓倒是完好未損。我們走成一列，迂迴登頂，瞧瞧幾座老鐘並伸手輕推，使之發出聲響、稍稍提振精神。我們俯瞰下方低矮的房舍屋頂，望進一方方庭園家苑；炙熱的陽光照不進院內，覆上一層催眠暗影。

教堂內有間未受損的禮拜堂，但是門被木柵擋住了，我們只好設法窺看這個幽暗陰涼的小房間：牆上有畫，我們好想好想湊近細看其中一幅，因為那幅畫像極了格雷柯[6]的作品，但可能**不是**格雷柯的真跡；話說回來，一些奇奇怪怪的東西總有辦法漂洋過海來到這裡，就像鐘塔上的座鐘正是西班牙君主送給這座忠心耿耿的城市的特別禮物。不過，若是能再靠近細瞧那幅畫，該有多好。聖母像「洛雷托聖母」置於玻璃箱內，前陣子復活節獻上的百合花仍圍繞四周。在禮拜堂微光中，她看起來美極了。說不定芻像本身是俗麗的。她沒有多數聖母像那份「我就是耶穌他老媽」的聖潔神韻——她的表情微微驚恐，那是一張屬於童貞聖母的臉，彷彿世上許多人祈禱的重擔都沉沉落在她肩上。

對洛雷托的子民來說（尤其是偏居城外的原住民），洛雷托聖母無疑是世上最美麗的事物。照理說我們應該會看見她的俗麗（以我們批判、刻薄、自以為**好品味**的眼光），但事實是我們根本看不出來。我們太著迷於她沐浴在禮拜堂微光中、身旁環繞復活節百合的那份美好。這是個非常神聖的地方，質疑它，就如同質疑潮汐是否存在。除非時時保持近代智識訓練滴水不漏的硬頸精神與盲目作風，否則我們實在很容易一下子就掉進自己的封閉情境裡了。

回過神來（其實也不算太入神），感覺還挺舒暢的。這尊由石膏、木頭和漆泥打造的聖母是洛雷托最強大的生態要素之一，不認識她或不識其力量無異於不曉得洛雷托這座城市。譬如任誰都不可能看不見海浪反覆撲打的花崗巨岩。這麼一大塊石頭，破水而立，對動物分布的影響如同層層外擴的同心圓，猶如投石興起的漣漪。因此對人類精神層面的幽暗深水來說，石膏聖母也能激起同等強大的效應。或許她總有一天會消失，她的名字 —— 如大地女神瑪格納瑪忒、伊西絲[7] —— 亦將為人遺忘，但還會有其他與她非常相似的象徵將取代其位置，而最初創造她的那份渴望也將在世界的另一座聖壇上找到歸屬，傾注並賦予力量。不論她叫什麼名字 —— 阿提米絲也好、維納斯[8]也罷，或是吾爾沃斯某小店結帳櫃台那位我們依稀記得其模樣的女孩兒 —— 她都和人類一樣永恆永存；只要我們這個物種繼續存在，就會持續不斷塑造她的新形象。

穿過洛雷托空蕩蕩的街巷，一行人漫步回到船上。我們不發一語，思緒還潛棲在昏暗禮拜堂的沉謐之中。

＊　　＊　　＊

6　譯注：西班牙文藝復興時期畫家、雕刻家。

7　譯注：瑪格納瑪忒（Magna Mater）乃各文化大地女神的統稱。伊西絲（Isis）為古埃及九柱神之一，生育及母性之神。

8　譯注：阿提米絲（Artemis）是希臘神話的月亮與狩獵女神，希臘三大處女神之一。維納斯（Venus）為古羅馬神話的愛神、美神、生育及航海女神。

　　待補給品陸續送上船，我們起錨出發，再度北航。途中，我們抓到一條墨西哥馬鮫魚和一條顯然是黃鰭鮪魚[9]和長鰭鮪魚[10]的雜交種。這些天已在「鮪魚海」累積豐富捕魚經驗的史帕奇和丁尼表示，這種雜交魚滿常見的、也常上鉤，不過數量不算太多。

　　我們繼續北行，在柯洛納多斯島北端覓得錨點停船，然後立刻在這片向西延伸的長灘上展開採集作業。這塊大部分遭海水淹沒的岩礁不怎麼熱鬧。我們穿著及膝橡膠靴，緩緩移動，翻動一塊又一塊扁平、海藻包覆的石頭。我們發現這裡有許多單體珊瑚[11]，卻在採集時遭遇極大困難：這種珊瑚質地相當堅硬，一扳就碎；若是鋸下一小塊牠們依附的岩石、整副取走，說不定還比較簡單。另一種方法是用薄而銳利的小刀撬挖，像對待珍貴寶石一樣把牠們從緊緊附著的岩石上挖下來；即使這般小心翼翼，仍然只有約五分之一的珊瑚完好無損。我們還發現兩種型態（一大一小）、簇生且質地堅硬的菟葵目海葵，另外還有為數不少的大型半球狀黃色海綿——我們在採集報告裡特別注記，這種海葵和蒙特瑞灣的「馬勃海綿」（*Tethya aurantia*）或「缽海綿」（*Geodia*）極為相似；相似的理由部分可歸因於牠們都屬於馬勃海綿，而且也都是缽海綿的一種！我們採集的對象種類繁多，五花八門，從揹著海

9　*Neothunnus macropterus*。

10　*Germo alalunga*。

11　*Astrangia pedersent*。

藻自我保護的小螃蟹、到看起來像黴菌而非動物的外肛動物等等都有。儘管蒐集到這些動物，這片區域仍不算生機盎然，隱約帶著「焦化」的況味——我們又一次感受到前些日子在「低島」的那種感覺，彷彿整片海灘飄著一股不歡迎動物生存的怨氣，石隙潮間的「不適居」氛圍使得小動物們對於是否該定居此地，斟酌再三。

這種「焦化」環境著實詭異。我們也見過一些對人類不甚友好的生活環境，譬如加州某些濱海地區，彷彿已有另一種看不見、排斥人類的物種早一步定居在那裡。說不定，這些地方是因為人類才焦化，或許岩石學家能闡明箇中理由。假如這裡沒有會讓人莫名緊張的微弱電波，也許有人會如此描述內心感受：「我覺得這地方不太友善，彷彿有某種東西存在，而且它無法容忍我這個族類。」目前已證明電波活動不僅能促進生命發生、還會激化物種突變（果蠅實驗證實），因此說不定還有其他組合能造成相反效應。

有時候，原本看似毫無關聯的片段資訊會在推理過程中逐漸累積，終而浮現可靠的假設。之前在閱讀與灣區環境有關的各種報告時，我們碰上一道謎題；現在，這道謎也逐漸顯現在動物身上。據觀察，「加利福尼亞灣」這個地理區內的動物相明顯呈現地域差異：從聖盧卡斯岬到拉巴斯主要屬於「巴拿馬海域動物群區」，故在拉巴斯以北的灣區地帶，幾乎看不到生活在暖水域的許多甲殼動物與軟體動物，有些甚至過了聖盧卡斯岬就看不到了。但是在聖羅薩利亞以北、甚至是隱蔽港以北

的區域，竟能還找到多種冷水域動物——包括加州海岸最常見的粗腿厚紋蟹（*Pachygrapsus crassipes*），這種螃蟹的分布範圍最北可至奧勒岡州。這群動物顯然被困進死胡同，且灣區南段不見其他同類。

問題來了：牠們是怎麼跑到這裡來的？一八九五年，庫柏注意到這種狀況並提出解釋。關於加利福尼亞灣區北部的動物分布，他提到：「目前看來，我們在這個區域發現的動物大多屬於溫帶物種，其中有許多甚至和半島西岸（外岸）同緯度的動物一模一樣。照這樣看來，在近期地質年代裡，似乎有一條至數條水道橫跨下加利福尼亞半島這座海拔三千英尺（或更高）的分水嶺。」

就我們讀到跟本區有關的文獻，這種差異出現過許多次，其中又以貝類學者最常提到。大衛・喬丹[12]的公子艾利克・喬丹是一位頗受眾人期待的年輕古生物學家，主要研究下加利福尼亞西岸地質與現今軟體動物分布的關係；可惜於數年前英年早逝。他曾提到，「下加利福尼亞西岸存在兩種截然不同的動物群。**目前**，南加地區從概念岬向南直抵賽德羅斯島……範圍可能再往南延伸一點。若對應半島西岸，加利福尼亞灣內動物群分布的北界差不多在斯卡蒙潟湖一帶，不過斯卡蒙潟湖的緯度又比賽德羅斯島高出一點點。」他們在這塊地理區的第四紀後期海床採集到一百二十四種動物，全都是現存物種，但採集點（麥格達雷納灣）離北方又更遠了。兩頁之後，他寫道：「這片第四紀海床形成期間……顯然出現某種『同溫層南移』現象，足以將今日賽德羅斯島附近的環境優勢

帶往南方，直抵麥格達雷納灣。」

　　讀完這份文獻，我們大致可以確定「賽德羅斯島混合帶」的意義，如卡本特[13]八十年前的心得所述：「這裡是目前的臨界區域，北方與南方兩動物群在此交會。第四紀後期，海床開始沉澱，麥格達雷納灣或更南的區域肯定出現過這種情況：從麥格達雷納灣直抵拉巴斯的麥格達雷納平原被海水淹沒，當時的低水溫足以讓冷水域和暖水域的動物混雜共存。當暖水域同溫層北移，這套假設同樣說得通：原本生活在冷水域的動物無法繼續待在下加利福尼亞沿岸南段，而這段區域剛好包括後來的加利福尼亞灣入口；在這片水溫漸升的水域中，冷水動物要不整批滅亡、要不被迫北遷—— 一支沿著半島西岸移動（這一側的動物能不斷後退北移），另一支進入下加利福尼亞灣。來自南方且具競爭力的動物們形成一股遷移浪潮，深入灣區並持續北進，最後將北方物種圍困在灣區最北端，延續至今。這群遭熱帶海水及南方競爭物種包圍的冷水域動物，數千年不改習性，但牠們也在日益嚴苛的環境中掙扎求存，以致逐漸貧乏。

　　這套假設似乎與庫柏的推測互相牴觸。庫柏認為曾有一條水道向北穿越三百五十英里，惟水道另一端卻絲毫不見第四紀陸地遭海水淹沒的證據。

12　譯注：大衛・喬丹（David Starr Jordan）史丹佛大學創校校長。

13　譯注：卡本特（Philip Pearsall Carpenter），曾為北美多種貝類命名。

　有意思的是，古生物學家雖鑽研某一塊區域的生物，但他們的立論基礎卻必須考量、根植於另一種物種分布的合理假設。然而，這只是眾多曲折的田野調查實況中的一個例子，而且大多是意外插曲。科學文獻經常出現歪打正著的答案──最初的提問與最後的答案方向完全不同，南轅北轍。

　要想獲得令人滿意的假設，必須歷經極大的困難與挑戰。當萬事俱足、稜角磨鈍、內容緊密連貫相關，立論水到渠成，猶如一件藝術品──譬如剛完成的十四行詩、或是落下最後一筆的畫作，添一筆都嫌多。即使後來出現其他訊息、挑出箇中謬誤，世人仍不願毀掉這套假設，因為它曾是如此美好且完整。某位頂尖科學家曾經以為太平洋某處有座岩礁。有好長一段時間，他無法接受岩礁不存在的事實（實際測深的結果），因為他的心、他的理智告訴他岩礁就在那裡。幾年前也發生過類似的例子。某學術機構派出一支探險隊前往南方考察，計畫之一是確認「海獺」是否已經絕種。考察團隊在時限內回報「海獺確實已經絕種」。隔了一段時間，我們之一在蒙特瑞南方某海岸和一名女士閒聊，驚覺她描述的某種濱海動物只可能是海獺──因為除了親眼觀察，她絕不可能描述得如此精確。我們寫了一份報告給該機構，質疑調查結果，最後石沉大海。該機構說了「海獺絕種」，不容挑戰。後來是蒙特瑞當地的小報記者拍到了這種動物的照片，世人才得知海獺並未絕跡；不過我們仍不曉得那間學術機構到底被說服了沒有。

　我們無意批評。然而，對任何一件事下定決心皆非同小可，即使如海獺一例，一旦決心相信，要捨棄原本的觀點就難

了。若打從心底接受某項假設，那麼它就像腫瘤或贅生物一樣，唯有靠外科手術方能截除。因為如此，即使事實基礎已遭移除，其所衍生的信念仍會持續一段很長的時間；即使當事人已然忘卻當初受何信念刺激才產生某些行為，這些行為通常也會繼續下去。行為必定跟隨信念而來。一般人（特別是改革人士或立法人員）大多認為法律能激勵行為、也能制止行為，但事實正好相反。成功的法律不過是一套公開、社會群體的絕大多數都會服膺遵守的實踐辦法；各式各樣、心態各異的社群個體要不被迫順應這套辦法，要不遭其排除。我們可以舉出不少案例說明法律如何試圖成為良善行動的根源，然而各種限制法條卻徹底顯示這套理論有多麼荒謬無理。

心智的產物遠遠強過外在現實。船上有位伙伴蓄了鬍子。某天晚上，他負責掌舵，其他人則坐在小廚房喝咖啡；當時我們在討論狼人、以及狼人在地方文學中幾乎一致的普遍形象。一旦起了頭，眾人便開始調侃玩味某個恐怖想法：「很快就要月圓了，」我們說，「那個蓄鬍的傢伙很快就會開始感受到月亮的引力。」「昨晚，我聽見甲板上有磨爪聲。」某人說。「當你看見他四肢著地爬下船艙，或者看見他兩眼發紅光，小心喔，因為他下一秒就會撕開你的喉嚨了。」這遊戲搞得大伙兒挺樂的。我們加油添醋，繼續描述這位伙伴會有哪些傾向或改變——譬如牙齒，至少他的犬齒最近似乎變長了；還有過去這個禮拜，他幾乎都用牙齒撕咬晚餐。聊天當下已是深夜，甲板一片漆黑、海風呼呼強襲；這時，那位伙伴突然現身門口，鬍髮凌亂，兩眼也因為強風吹拂而發紅。爬上通往小廚

房的兩級階梯，他看起來就像四肢著地、手腳並用；大伙兒全嚇呆了，寒毛直豎 —— 我們才剛聊到、甚至認真想像過這幅畫面。過了好一會兒，那股戰慄感才逐漸褪去。

　　心智產物的力量十分強大，其中有些甚至強大到完全遮蔽或徹底抹滅外在的一切事物。

18

三月二十八日

　　結束二十七日在柯洛納多斯島的採集、防腐與標示作業後，我們發現自己累壞了。我們一直在工作。於是二十八日上午，我們睡覺。我們告訴自己，睡覺很好，畢竟天天看同樣的事物，眼睛也是會累的，而睡懶覺是最好的治療。多睡一點有其好處，能讓我們做事更有效率。雖然我們有一點點懷疑這些到底是不是真的，可是我們希望在每次發懶的時候，都能提出一套好說詞、合理化這種行為。因為從比較卑劣的角度來看，這種「良好的悠閒狀態」似乎被汙名化了。如果悠閒的後果是餓肚子，那麼不難看出悠閒何以被冠上「懶散」惡名。飢餓遏阻懶散，懶散是一種罪惡。但我們好奇為什麼？也許有人會說──尤其此人若生性悠閒──「悠閒」（或懶散）是放鬆、醞釀活力的過程，是一種能直接產生動力的休息狀態；而「忙碌」大抵不過是某種緊張抽搐罷了。我們認識一位女士，她相當在意菸灰缸裡的菸灰，甚至已到為此心煩的地步。她毫不懶散。醒著的時候，她大概有半數的時間都在留意、確保菸灰缸裡沒有菸灰；她有一大堆菸灰缸讓自己閒不下來。而另一位相熟的男士則是不斷調整小地毯、畫框、疊疊書

籍與雜誌的位置，使之筆直對齊。這人同樣不懶散，幾乎可說是忙壞了。但如此忙碌的目的為何？假如他可以放鬆——把腳翹上椅子，手邊擺著一杯涼涼的啤酒（不冰，但涼）——假如他能以這個姿勢端詳一塊不平整的地毯、或是一幅歪斜的掛畫，一邊小啜啤酒（最好是百家得）一邊對自己說：「這張地毯讓我感覺不太舒服。要是它擺正了，我也就舒坦了。可是在所有可能的位置及狀態之中，只有一種『導正』方式——當然是照我的規矩、我對『擺正』的定義來看。但我其實是在強行貫徹我的意志、把我對『導正』的褊狹觀念強加在地毯上：因為地毯本身並沒有這樣的想法。不論歪七扭八或方方正正，地毯似乎都挺開心的。所以我該『導正』的說不定是人類本身。」他深深啜飲啤酒。「打個比方，海倫不是那種乾乾淨淨、整整齊齊的女孩，」他開始幻想，「她頭髮亂糟糟的時候最美，她激動興奮、氣喘吁吁的模樣最是可愛。」他再一次拿起啤酒；幾分鐘後，他撥了一通電話。他很開心，說不定這位「海倫」也很開心，而地毯仍舊維持原來的模樣。

這樣一段過程何以成為羞恥與罪惡？人唯有在悠閒時方能進入沉思冥想，那是一種平衡價值觀，掂量自我之於世界、世界之於世界自身的狀態。忙碌之人沒有時間進行這種內外平衡。我們認為，悠閒或懶散的人不會犯下謀殺案，也不會成為江洋大盜，更不會是幫派教父；他可能有過這種念頭，然後一笑置之。一個由悠閒、習於沉思之人所組成的國家，絕對不可能發動戰爭——除非他們的悠閒狀態受到攻擊或破壞。戰爭是忙碌的活動。忙碌的人才打仗。

懷著這份合理推論，我們大大方方睡到早上九點。起床後，我們啟動引擎、前往印象灣。除了在拉巴斯港外碰上強風（唯一一次），這片海域始終相當平靜。這天，微風輕輕吹過深邃的群青色海水，大批旗魚躍出海面，在我們身邊嬉戲。我們在船首架好輕型魚叉，旁邊攔著一圈棉繩，接下來幾個鐘頭就這麼癡癡等待；期間，舵手一次又一次改變航向，只為讓船首對準落海的飛魚；但牠們似乎胸有成竹，等我們一進入射程範圍即迅速下潛，快得幾乎轉瞬消逝。我們碰運氣地拋擲數次，只有一回刺中那怪物的尾鰭附近，但牠一甩尾即掙脫魚叉，溜得不見蹤影。後來我們又看見一群鮪魚在近處躍起嬉戲。每當船身切入魚群、魚群攻擊魚餌，釣線也隨之激烈拉扯甩動。最後我們終於釣上一尾漂亮的鮪魚。

我們在船尾準備一大桶鹽滷，將鮪魚切片扔進去，打算帶回家享用。後來，有幾個人在返家後又往桶子裡多放了些鹽巴，結果整桶醃魚片死鹹到無法挽回的地步，難以下嚥。

我們繞過針岬，向南深入口袋一樣的印象灣 —— 穆萊赫這座屬於炎熱國度的小城立於北岸。我們無意造訪，理由是聽說入港收費離譜、漫天要價。我們不知道真實情況是否如此，但經常聽人如此描述穆萊赫。此外，穆萊赫可能還有瘧疾肆虐。我們從許久以前就開始注意瘧疾流行的跡象：抵達聖盧卡斯岬時，他們說當地沒有瘧疾，但拉巴斯疫情嚴峻；來到拉巴斯，當地居民表示只有洛雷托流行瘧疾；在洛雷托，居民表示穆萊赫已全城淪陷。我們推測穆萊赫疫情尚未趨緩，所以決定不進港停船；也因為如此，我們無從得知穆拉赫居民的說

法。後來，我們在灣區對岸再度碰上瘧疾肆虐，疫情向南蔓延到托波洛班波才平息。這兩個地方我們都沒去過，不過我們會說（雖未經查證），穆萊赫和托波洛班波兩地的瘧疾疫情都滿嚴重的。

　　印象灣外緣是一道尖端朝北、兩側寬闊的半島。入口約三又四分之一英里寬，灣區自此向南延伸二十二英里，灣內寬度二至五英里不等。我們沿著東岸採集。東岸輪廓變化不大，海灘坡度陡峭，由細沙、卵石、無數洗白的貝殼和許許多多蚌殼、巨螺組成。沿岸地勢朝半島中央的山脊逐漸上升，而山脊猶如屏障、阻隔加利福尼亞灣，護著這個小海灣。岸邊有許多鹽度極高的潮池，成千上萬的招潮蟹端坐在海水浸溼的洞穴中，只要有人接近便立刻瘋狂吐泡泡。沙灘遍布粉紅色與白色的骨螺殼[1]，甚是美麗。史帕奇覺得這種貝殼很漂亮，挖了一大缸、暫放魚艙；回到蒙特瑞以後，他發現他挖的實在不夠，沒辦法每個朋友都給一點。

　　沙灘後方有一片乾燥的沙質平地，長滿仙人掌和茂密灌木；沙地後方即是漸升的乾枯丘陵。這會兒，我們又一次聽見山丘上的野鴿唱起思鄉曲，聲聲企盼，勾起強烈回憶亦引人好奇。野鴿的啼聲也帶著白晝逝去的蒼涼寂寥，令人想迎上前去，步步走近，忘卻世間所有事物。人類的潛意識不僅存在視覺象徵，肯定也有聽覺符號，能勾起種種反應——譬如恐懼地微微抽搐、或突然心旌蕩漾，或者像這群鴿子，勾起一種懷舊

1　*Phyllonotus bicolor*。

的哀傷。說不定，在人類還未出現時，這種鴿啼就已經是白晝結束、黑夜恐懼即將到來的象徵——因為這一次，白晝也許永遠不再降臨。夕陽西沉的視覺象徵與大地漸涼的氣味象徵都是關鍵，兩者皆能引發哀傷的微微顫慄；就人類長遠的歷史來看，如此象徵說不定還能以一擋三——光是其中一種就足以勾起所有反應了。就有意識的經驗而言，我們自認不曾聞過公羊麝香味（或許淡淡地聞過，譬如香水），但即使是不曾嗅聞過這個象徵熱情的腺體、或不曾親眼目睹這種氣味誘發動物興奮嬉戲的人，這種氣味同樣有其效果。話說回來，肯定有不少牧羊人十分熟悉這種氣味及效果，也一定能從山羊的興奮反應推得強烈暗示。即使是現在，城市仕紳若聞到女孩兒秀髮香氛中的麝香味，身心仍不免深深悸動。也許有人會這麼想：人類又沒有麝香，也無法產生類似氣味。此言差矣。各位男士肯定有過多次這種經驗：您會突然回過頭、在眾多女孩之中對上其中一位的視線，甚至步上前去、緊跟不放。她或許不特別漂亮（通常都不太漂亮），那麼若非氣味，還有什麼刺激物能引發這種行為？也許是某種超出或未及嗅覺意識範圍的東西。若跟隨這份衝動或直覺、直到得出結果，最後通常不會有錯。如果潛意識確實存在強烈、極具男性魅力的視覺象徵，那麼想必也有其他感官種下的五感象徵——拇指指腹、耳垂、肋骨下方的肌膚、大腿和脣瓣等「敏感部位」必定各有記憶。一旦感覺釋放，不論是春日花香、或含苞待放的女子、或蜥蜴或死亡的氣味都能喚醒我們最深的潛意識。有時候，我們會真心說出：「這個人就快死了。」難道是誰聞到了細胞崩解的氣味？

或有誰看見毛髮失去光澤並且對頭皮感到抗拒，抑或皮膚突然
失去彈性？我們不可能一一確知這些反應，但我們會說，那
個人、或那隻貓、那隻牛、那隻狗快要死了。如果狗身上的
跳蚤都能事先知情、離開宿主，那麼你我又何以不能早一步
知曉？迫近的死亡、瀕死的細胞，不僅通知跳蚤，也暗示我
們：生命即將逝去。

＊　　＊　　＊

　　印象灣濱海的淺水區散布許多沙錢[2]，其中兩種[3]常見、
一種[4]罕見，而四散在底沙中的石頭或結瘤老珊瑚上也長了
不少鮮紅色的樹狀海綿[5]——這些都是非常重要的生物分布標
記。另一群同樣埋入底沙的岩石帶則有許多巨型蚌類，殼上鋪
覆簇生的海鞘和一些常見的小型陽隧足與小螃蟹。有一只岩蚌
彷彿戴了面具，殼上竟揹著一副單體珊瑚。岸邊近海處有許多
顏色鮮豔的大型螺類，這群活生生、有著美麗外殼的動物把史
帕奇給迷住了。我們在這一區的採集方式是乘小艇移動，主要
以抄網或小型三叉戟彎身捕捉動物，有時也會跳船潛入較重的
岩石底下，採集附著在岩石上、外型姣好的海綿。

2　譯注：楯海膽的俗稱，屬於海膽綱楯形目。

3　*Encope californica* 和 *E.grandis*。

4　*Clypeaster rotundus*。

5　*Tedania ignis*。

我們在拉巴斯補給的冰塊已全數用罄，於是只好啟動小馬達、連續運轉幾個鐘頭以冷卻冰箱內溫，可是甲板的高溫讓冰箱很難降到攝氏三度以下。此外，這個小馬達運作得很吃力、也經常故障，顯然討厭在這種高溫下工作，聲音聽起來十分疲憊、揮汗如雨且心懷怨懟。傍晚時分，我們把當天抓到的魚炸來吃；入夜後，我們在甲板上點燈，同時把自製的反射燈降至水面。我們抓到一條像蛇一樣的鰻魚；起初，從牠緩慢扭動的運動方式研判，我們還以為牠可能是在更遙遠的南方海域常見的一種有毒海蛇。我們還抓到幾隻飛魚。

我們把長柄抄網探入燈光照亮的海水、白瓷盤亦同時就定位，如此就能把撈上來的小型浮游動物直接倒進盤子裡。白瓷盤裡的動物群迅速增加：處於**異沙蠶體**期（游離或性成熟期）、尾部呈短槳狀的沙蠶成蟲。還有泳蟹和幾種自由游動的環節蠕蟲，以及很難察覺其存在的透明帶魚 —— 若不是盤底映射牠們淡淡的身影，我們壓根不知道水裡有這種魚；而酒精能使牠們自隱形現身，便於觀察。由於每次下網都能撈到多種不同動物，此刻盤裡已擠滿大量動作敏捷的小動物。當我們把附燈罩的燈泡下降至非常貼近水面時，體型最小的動物趨光而來，激動狂舞，令人眼花撩亂，動作快得有如在水中畫下一筆筆瘋狂線條。接下來，小魚開始竄進竄出、搶食這團高密度浮游饗宴，而更外圍的陰影中則有聰明的大魚來回巡游，伺機猛衝、大口吞食小魚。幾條奶油底帶斑點的蛇鰻在近處鬼祟出沒，也被我們一網抄起。這種鰻魚長得非常像蛇，有一對亮藍色的小眼睛；牠們不像普通魚類一樣拍打尾鰭前進，而是以扭

動的方式在水裡活動。

　　我們在甲板上工作的同時，也把晚餐吃剩的魚頭、內臟當作餌料放進捕蟹網，下放水底。待我們再拉起捕蟹網時，裡頭已有好幾隻生著長柄眼的螺類[6]、以及渾身尖銳長棘的海膽[7]。這兩種動物的冷水域親戚，行動皆非常緩慢；不過我們捕到的這幾隻動作敏捷，而且根本就是一群好吃鬼：沉網不過五分鐘，至少二十隻海膽悉數入網，而且每一隻都在瘋狂攻擊餌料；牠們不僅移動迅速，也相當聰明，對自己身上的棘刺亦十分敏感。若你伸手湊近，牠全身的尖棘就會整齊劃一地動作、指向接近中的物體，把自己搞得像馬其頓方陣[8]似的。刺棘柄部主要是奶油黃白色，但是從針尖往下二分之一英寸這一段卻是藍黑色的。只要被一根尖刺戳到，包準疼得像蜂螫一樣。這種海膽似乎大量群聚在四噚深的水底。我們並不清楚牠們分布的深度範圍，不過從體能及巨大食量研判，牠們分布的範圍應該很廣。此外，我們還在捕蟹網中發現幾隻海綿蟹和變形寄居蟹（牠們寄居在雙殼貝的單片殼內，身體也因此適應變形）。

　　料想這片水域大概找不到腐爛的動物屍體吧。此處瘋狂猛烈的食欲讓死亡、或甚至受傷的動物不出幾分鐘便化為烏

6　　*Strombus* spp.。

7　　*Astropyga pulvinata*。

8　　譯注：馬其頓國王腓力二世所創的正方形步兵陣型，由手持長矛及盾牌的士兵組成，每邊各 16 名，全陣共 256 名。

有：反應靈敏的動物一旦慢下動作、蚌貝一旦在錯誤時間開啟門扉、生性兇猛的動物一旦畏縮懼怕，下一秒肯定魂歸西天。看來，在這裡犯錯或失誤的懲罰就是即刻問死，任誰也得不到第二次機會。

若是能留下一些活海膽，觀察牠們如何利用敏感的棘刺活動與攻擊，想必不錯。說真的，往後出海考察一定要帶上大型觀察用水族缸，如此就能把各種有趣的動物放進去養一陣子。這次我們帶的是用偏光玻璃做的水族箱——魚看得見我們，我們看不見魚。徹頭徹尾失算了。

觀察動物的方式有三種：死掉的標本（特殊防腐處理），或退潮時在原棲地進行短暫觀察，或養在水族缸長期觀察。最理想的方式是三種全包。唯有經過長時間觀察，我們才有可能全面了解動物。雖然確實可以在自然棲地觀察到動物正常生活的樣貌，但是，水族箱讓我們有機會創造一些異常條件，近距離觀察動物具備或缺乏適應力。關於這第三種方式，我們可以舉幾條觀察紀錄為例：我們曾經把一小叢海葵養在水族缸裡，連續觀察了好幾個月。

海葵在潮池等自然棲地中，大多長得相當厚實並緊貼岩石。當潮水漫過並覆蓋海葵時，牠們會伸出美麗的觸手，利用刺細胞捕捉並食入大量微小生物；若是遇上比牠們強大的動物（譬如螃蟹），對方只要一碰牠們即遭麻醉、繼而折入消化囊，還沒死就開始被消化了。海葵一邊消化、一邊把殼及其他無法消化的東西吐出體外。當海葵遭受敵人攻擊，牠們會蜷曲身體、自我保護。我們連同其附著的岩石、採了一整群海葵帶

回實驗室、放進水族缸，供應氧氣充足的沁涼海水以維持生命。接下來，我們拿各式各樣的食物餵牠們吃，發現牠們的觸手不會對簡單的觸覺刺激起反應，料想牠們身上應該有某種類似、或至少近似「味蕾」的構造，經化學或機械刺激產生反應。我們發現，海葵觸手會立刻抓住並吞下蛋白質食物，沒有片刻遲疑；對於脂質，牠們會小心翼翼接觸、不疾不徐地送入囊袋然後立刻吐出來；牠們對澱粉敬謝不敏（觸手會碰碰澱粉食物，然後立刻當它不存在）；至於濃縮蔗糖彷彿會燙傷牠們似的，觸手一碰就彈開。海葵顯然有一套辨別與選擇食物的化學方法。我們一再循環使用同一缸海水飼養，過程中僅予以降溫和過濾清潔水質。若把純氧氣泡直接灌進海葵消化腔，會造成類似「酒醉」的效果──牠們變得放鬆，對觸碰的反應也大幅遲緩，有時甚至好一陣子完全沒反應；不過，牠們對化學刺激依舊有反應，只是比較慢而已。水中的「微食物」持續循環通過海葵身體，終至完全清除，牠們的體型也隨之發生變化：原本肥厚的外型愈拉愈長，變得像脖子一樣；長度也從正常的一英寸抽高至好幾英寸，變得又細又長。我們推測這種體型變化乃是飢餓所致。約莫三個月後的某一天，我們把一隻小螃蟹扔進水族缸，那叢海葵立刻移動細長的「脖子」屈身湊向螃蟹，像蛇一樣慢動作壓制重擊。在一般情況下，海葵會縮攏並收起觸手，但飢餓使牠們改變原本的捕食模式：現在就算輕觸海葵身體──即使非常靠近基部──牠們不會縮蜷，仍使勁彎折、扭曲體柄，觸手則飢渴地探向食物；有時似乎就連叢生的個體之間也會出現競爭行為。我們不曾在潮池中或其他環境

觀察到海葵的這種多功變通特性，至今讀過的文獻也不曾提及這類現象。

　　水族缸可視為濱海觀察的延伸，非常有價值。機敏害羞的動物很快便適應人類在近處活動，沒多久就能坦然繼續牠們的生活日常。假如我們能把前面提到的那種海膽放進水族缸，應該就能明白牠們如何快速移動、以及在受到刺激時如何將全身的棘刺指向來者。可惜我們只能以泡藥方式保存牠們，不僅顏色盡失，就連美麗的棘刺也脫落不少。此外，我們還能利用水族缸觀察巨型海螺何以能如此迅速消化動物組織；但因為帶錯水族缸，我們啥也沒觀察到。

19

三月二十九日

海潮讓我們吃足了苦頭。此刻我們已相當深入灣區北部，因此必須將潮水漲落的時間納入考量。黃昏時，我們會在水線前緣立一根竿子，如此就能站在甲板上、藉望遠鏡觀察潮水起落與標竿水位的對應關係。早上七點半，水位退至竿位標記以下──我們早就把現已無用的潮汐表扔一邊去。鑑於目前在各採集點停留的時間相當短暫，我們也沒有餘裕重做一份潮汐表；再加上我們挑點移動的距離並不規則，故無法根據前一站的經驗精準預測下一站的潮汐資訊。撇除前述這些狀況不談，其實我們一行人已然達到某種愉快、悠閒的心理狀態：既不急於完成工作，也不在乎工時長短。心情愉悅的人說不定手腳快、工作認真，而緊張兮兮者反倒拖拖拉拉動作慢。這兩種情況都是非常有可能的。

這天，陽光照在清晨的沙灘上，讓人心情好得不得了。這使我們想起深夜乘小獵犬號抵達天堂谷灣的達爾文：隔天一早醒來，他望向岸邊，心情極好，於是寫下「清晨來臨，萬物盡顯歡欣。通過火地群島後，氣候舒適宜人：空氣乾爽，天空清澈湛藍，陽光燦爛，彷彿世間萬物皆因生命而閃閃發

亮。」[1] 達爾文並非描述來到天堂谷的感覺，而是抒發自己的內心感受。身為博物暨自然學家的他表示「世間萬物皆因生命而閃閃發亮」，但其實真正發光發亮的是**他**。達爾文的心情如此之好，以致他能將這份狂喜透過普通但情感強烈的形容詞，傳達給數百年後的我們。現在我們也能感受到當年他在早晨空氣中如何伸展肌肉，或許還摘掉帽子（希望是圓頂高帽）往天空一扔、再穩穩接住它。

這天早上，我們再一次感受到日前在隱蔽灣有過的那種感覺——萬物欣欣向榮。極小的波浪輕舔沙灘，幾乎看不見碎浪；鸕鶿在灣外捕魚，牠們盤旋飛翔，然後收起雙翼、笨拙地俯衝落下，儘管動作並不靈活，但肯定有成果，否則鸕鶿早就絕跡了。

早上九點，海水大幅遠退，到了十點左右似乎已退至乾潮線以下、準備回漲。我們來到岸上，跟著退去的潮水步步前進；這片海灘先是坡度驟降，然後再以緩坡形式向外擴展。我們採了兩種餅狀海膽，牠們共同活動的範圍約莫在乾潮線以下二分之一英尺到一又二分之一英尺深的水中。第一種是此地常見的有孔餅狀海膽，學名「*Encope californica*」（加州頂孔餅海膽），另一種是鎖孔沙錢[2]長相奇特但相當漂亮，亦隨處可見；這裡還有一種沙錢家族的稀有成員[3]，而且還是我們無意間採集到的。後來是我們把抓來的動物散列在甲板上，這才發現這三隻稀客。我們在乾潮線以下約兩英尺深的水域，首次採集到一種體表覆著砂殼的扁形海參[4]。我們在幾處地方找到數以千計的巨型心形海膽[5]，分布範圍主要介於乾潮線以下二至

三英尺深的區域（鮮少超過這個深度），數量最多的區域約在
三英尺深左右。

此處的海岸線與普吉特灣[6]頗為相似：滿潮區覆蓋的前灘
由小礫石、卵石及小型石塊組成，而乾潮線以下幾乎都是礫
沙、細沙，偶爾散見小石子。乾潮區長著濃密的海藻叢（最
深不超過四英尺），以蓊鬱高長、抽伸平展於水面下的「馬
尾藻科」（Sargassum）為最大宗；這裡看不到大葉藻，但普
吉特灣那兒應該不少。我們抓了不少柄眼海螺[7]，幾種海參與
角海葵；這種沙地海葵的頭部相當漂亮，包住的身體卻異常
醜陋，像條灰色爛抹布。丁尼給這種角海葵起了個「爛腸」
（sloppy-guts）的小名，從此我們就一直這麼叫牠了。我們潛
入水底，撈到不少長得像淡菜的大型雙殼蚌。牠們的外殼覆滿
海綿與海鞘，底下躲了不少糠蝦和小螃蟹，另外還有一些較大
的扇貝也附著在牠們的殼上。這種生物的閉殼肌極為強健。
牠把殼閉得死緊，就連小刀都插不進殼縫，最後即使殼都破
了、也不見閉殼肌放鬆半分。要打開這種貝類，最好的辦法

1　節錄自《小獵犬號航海記》（*Voyage of the Beagle*）第 12 章，7
　　月 23 日。

2　*Encope grandis* (L. Agassiz)。

3　*Clypeaster rotundus* (A. Agassiz)。

4　*Holothuria inhabilis*。

5　*Meoma grandis*。

6　譯注：美國華盛頓西雅圖西邊的峽灣。

7　*Strombus galeatus*。

是將牠泡進水桶，待雙殼微微張開時迅速插入薄而銳利的小刀，迅速割斷閉殼肌；若不慎被夾住手指，極可能受傷。我們經常在蚌殼內找到一種體色蒼白、行共生生活的大型蝦子[8]。這種蝦子身體非常柔軟，顯然大多時候都住在蚌殼裡。

正午左右，我們啟程前往聖盧卡斯小灣，一如往常利用行船期間處理並標記樣本。我們用福馬林處理一小部分沙錢，再放在太陽底下曬乾，其餘大多裝進小桶、泡福馬林保存。我們採集的沙錢數量相當可觀。史帕奇至今已裝滿好幾袋玫瑰色、白色條紋的細緻骨螺殼，他認真解釋（彷彿有誰要求他說明用途似的）這些貝殼是鋪設花園小徑的好材料。事實上，他不過就是非常喜歡這些貝殼、想擁有它們罷了。

我們通過瘧疾肆虐、據聞索取高昂港務費的城市穆萊赫。襯著遠山，這座有著紅屋頂與白牆的城市看起來相當快活。真希望有機會能上岸一睹她的丰采，但先前立下的誓言使我們無法自打嘴巴；既然我們已經說過「不停靠穆萊赫」，我們就不會推翻自己的決定。通過穆萊赫外海時，史帕奇和丁尼眼巴巴地望著她，兩人已然愛上迅速進城溜達的模式了：他們發現，他們在灣區的種種意圖與念頭都能與內心的義大利魂產生共鳴。他們養成帶著相機上街閒晃的習慣，也會在極短的時間之內交到朋友。來到這些小城小鎮，東尼和泰克斯是外國人，但丁尼與史帕奇就像在家鄉一樣自在；至於是誰的家鄉，他們從不細究。這種態度並非謹慎保留，而是一種與生俱

8　*Pontonia pinnae*。

來的機智與靈活。

　　現在我們幾乎都採取陸岬引航的方式，而史帕奇和丁尼的掌舵功力也進步不少；除非分心捕旗魚（他們常幹這事兒），否則在他倆輪值守舵期間，我們偏離航道的次數頂多兩、三次而已。不用看羅盤行船使他們鬆了口氣，眼前這片藍海也不會再忽地令他們措手不及了。

　　約莫在這時候，我們發現泰克斯變胖了；鑑於他返家後不久即將結婚，我們決定助他節食，讓他維持準新郎的身材。我們縮減他的食物分量，他嘀咕抗議，結果一連三天想方設法摸走食物、藏食物、瞞著我們偷吃。在進行節食的這三天裡，他的食量大概比以前多了一倍；他認為自己正在「捱餓」，這個想法令他格外嘴饞。於是到了第三天結束的時候，他說他再也受不了了，結果吞下一頓差點撐破肚皮的晚餐。事實上，因為他持續不斷地偷吃，導致他在節食期間又胖了好幾磅。後來再回想起這三天的點點滴滴，泰克斯總是不自覺打冷顫。他說：「男人肚子餓的時候，什麼感覺都不對了。」而且他還問我們，假如他為了結婚把自己搞得生病又虛弱，那麼結這個婚到底有啥好處？

　　三月二十九日清晨五點，我們抵達聖盧卡斯小灣，在澳外下錨。這個小灣為鹹水潟湖區，外有大型沙洲環繞，灣內及入口的深度皆足以讓船隻通過；惟海流強勁，前人亦未留下測深紀錄，再加上要把船開進這麼一處地方令東尼忐忑不安，故而作罷。其實我們不進灣下錨還有另一個理由：若是在開闊、有微風吹拂的加利福尼亞灣內停船，就幾乎不會有小蟲來擾；

若把船停在靠近紅樹林的靜水區內，這些小訪客肯定熱情相迎、徹夜逗留。這種甲蟲樣的小飛蠅會隨你一同爬進被褥底下，最喜歡叮咬你身上最軟嫩的部位。之前，若有陸風自紅樹林吹來，我們必遭這種小傢伙襲擊。這種蟲厭惡亮光，躲在床褥底下讓牠們安心又開懷；牠們會窩在你腰背底下、幸福啃咬，留下火燒般的癢痛。假如我們的證詞在天堂審判庭有任何影響力，但願牠們全體靈魂都在地獄腐爛。有了這幾次交手經驗，我們總是把船停在離陸地一段距離的海面上。

我們剛好在漲潮時來到聖盧卡斯小灣，小小的水道就像水車水路般顛簸難行。看來咱們必須等到早潮再行動。我們等不及想知道能不能在這座位置極佳的沙洲上找到「蛞蝓魚」（amphioxus），一種最原始的脊索動物。下錨時，一隻大鯊魚巡游欺近，背鰭高高突出海面。我們朝牠開了幾槍，其中一槍打穿背鰭；牠像剃刀一樣迅速游走，我們甚至能聽到背鰭劃開海水的嘶聲。鯊魚一旦飆起速度，真是不可思議地俐落呀！若全速飆游，不知牠們跟鼠海豚誰游得快。不過這種游速快的物種，個體差異應該也不小；鯊魚群中肯定有一些速度快得像名馬「鬥士」或短跑選手查理・帕多克的厲害角色，硬是讓其他鯊魚相形見絀、宛如慢動作。

那天晚上，我們再度從側舷垂下燈光，捉到一些小烏賊、沙蠶（異沙蠶體）、不少處於游離期的甲殼動物、大量螃蟹幼蟲和透明帶魚。伙伴們亦開發了一套捉捕飛魚的技巧：一人先拿網子撲捅，讓牠們飛進另一面網子裡；不過這樣還不算真正捕到飛魚，因為牠們會在網子裡使勁掙扎，一下子就溜掉

了。那晚我們為了一件不太重要、也不太需要記述的瑣事小小慶祝了一下，就把撈上來的動物擱在甲板上的白瓷盤裡、並未馬上處理；後來有位伙伴把瀉鹽和餅乾屑搞混，竟妄想用餅乾屑麻醉一大缸海參；這坨厚厚的麥粉糊顯然不具任何麻醉效果。

那天深夜，我們想起賀拉斯[9]曾言及炸蝦和炸非洲蝸牛能治宿醉，惟這兩樣食材我們手邊都沒有。自古典時代以降，難不成真有人用這個老配方對付這個跨越古今的小毛病？我們實在好奇。我們不清楚他說的「蝸牛」到底是海蝸牛、還是法國食用蝸牛；不過，這種極富想像力的解酒配方竟遭平凡無奇的制酸劑、強心劑和鎮痛劑取代，十足可惜。賀拉斯表示，若能再摻點科斯島的美酒，這個炸蝦炸蝸牛配方保證有效。這其中說不定真有幾分道理。從某方面來看，賀拉斯的配方有點像巫師製作的膏藥，方子裡混了一堆像死嬰兒腦、青蛙眼睛、蜥蜴舌頭、吊死之人的骷髏頭上長出的黴菌等等玩意兒，再加上大量鴉片酊，足以刺激中樞神經系統同時激發想像力。而頭痛欲裂的我們在聖盧卡斯小灣進行那場痛苦討論時，發現手邊既沒有蝦、沒有蝸牛，也沒有科斯島美酒，於是只好將配方拆解至最基本的組成分，認定就是一大份蛋白質和一劑烈酒。我們以新食材組合取而代之 —— 炸魚和一點藥用威士忌 —— 結果一樣有效。

9　譯注：賀拉斯（Horace），古羅馬文學「黃金時代」代表人物之一。

　　全國各地的廣告以一種隱晦方式給宿醉安上惡名：「過度沉溺」，廣告詞是這麼說的。這四個字隱約帶著某種異樣、不舒服的感覺。但我們才不會用「過度沉溺」這種詞呢，聽起來怪討人厭的；而且「過度」二字擺明了就是「不該這麼做」的意思。那場小小派對絲毫沒有這方面的暗示。我們**並未**飲酒過量。我們只是喝得剛剛好，而且我們拒絕使用「過度沉溺」這種語焉不詳的詞彙玷汙那一段短暫微醺的美好時光。

　　上述這段經驗也和我們的藥箱有關。各位或許還記得，離開蒙特瑞那天，我們就已經把「藥酒」喝光了；然而一來到海上沒多久，大伙兒發現我們每個人都在神智健全清醒的狀態下，各自又準備了一些救急的備用藥酒。這是一座集眾人良善意志之大成的藥箱，實不該以「小酒吧」之名玷汙之。況且我們還當真碰上緊急狀況──誰說靈魂急症不比重感冒糟糕？詩人李白眼中的好物，對我們來說也一樣好。世間少有不朽之人不嗜杯中物。我們一時半刻還想不出個人名，但我們也無意盡力嘗試。美國原住民和澳洲布希曼人大概是世上最偉大、最聰明的兩種人，他們不曾研製酒精飲料、也從未發展任何維護飲酒的文化。我國人民確實有部分人士揚棄了酒精妙用（無疑肇因於其美國或澳洲原民血統），但我們無意將此事與原住民扯上關係。各位不妨想像，某位布希曼老兄在讀到這本日誌時可能會說：「怎麼搞的，這些人一天到晚都在喝啤酒，然後到了聖盧卡斯小灣竟然還喝起威士忌來了。」同理，說不定也有哪個專職守夜的傢伙看完以後大叫：「這些人怎麼一天到晚都在睡覺！」就連瞎子也可能喃喃抱怨：「有些人天生就是有一種

名為『看得見』的缺德習性，最後都會招致死亡。人們應該設
法避免沾染這種惡習。」事實上，除了少數種族以外，人類這
個族類其實擁有相當傲人的飲酒歷史，並且沒有任何明確的退
化徵狀與之有關。人們太輕易、也太盲目就接受「酒乃穿腸毒
藥」這套理論。如此說來，「糖」對某些人而言是毒藥；另一
些人則把「肉」視為毒物。但是在一般人眼裡，酒能止痛、溫
暖靈魂，還能強健肌肉與精神；酒能賜予懦夫勇氣，讓奇醜無
比的傢伙變得極富魅力。有一則瑞典流浪漢的故事是這麼說
的：仲夏之夜，一名流浪漢坐在溝渠邊兒上；他衣著襤褸、渾
身髒汙，喝得醉醺醺。他滿心不可思議地對低聲讚歎：「我好
有錢、好快樂，說不定還挺俊美的咧！」

20

三月三十日

　　早上八點半，潮水漸退，露出寬闊的沙洲與潮間帶沙地。這片平坦沙地由大量軟體動物的碎殼組成。我們挖出許多小蚌殼和好些表面光滑、外觀似名畫「維納斯誕生」的那種蚌類，找到一隻體型巨大的公招潮蟹，而小名「爛腸」的角海葵在此地亦十分常見。這兒有不少寄居蟹和許多四處漂游、鉗爪鮮藍的小螃蟹 [1]。墨西哥人會抓這種螃蟹來吃，十分美味。我們追著這種小螃蟹來到淺灘。起初牠們試圖逃跑，後來便紮穩下盤、舉起螯鉗，擺出拳擊手防禦的姿勢迎戰；我方若不慎遭夾，簡直痛苦難當。待這群螃蟹遭逮並扔進採集桶之後，牠們開始把怒氣發洩在彼此身上；回程途中，桶子底部已散落著一節節殘肢斷螯。這種螃蟹和方蟹科的螃蟹不一樣，鮮少離水；一旦離開水環境，牠們很快就變得虛弱無力，也不打架了。另外牠們也不像其他螃蟹，一進入淡水環境便立刻死亡。說不定，這種活在鹹水潟湖區的螃蟹早已練就一身本事，比其他螃蟹更能忍受淡水環境；雖然這種能力也沒啥大不

1　*Callinectes bellicosus*。

了，卻明顯比**某**生物學家（在此不便提及姓名）厲害多了。

動物多變的耐受門檻總是教人驚奇。

「蛞蝓魚」這種動物原本大多生活在濱海沙洲和亞潮帶，或至少能在乾潮時才暴露的沙地上見到；我們設法挖出幾條，但全是老弱殘兵。採集當時潮水還未退至最低點，所以這些大概都是來不及撤退的落後傢伙；說不定，等潮水退得夠遠夠低，暴露的沙地上就會出現大量活蹦亂跳的蛞蝓魚。捕抓蛞蝓魚相當刺激、也講究速度：這種動物呈完美的流線型，身體幾乎是透明的；此外，牠們極易緊張——有時候，不過就是鏟子輕輕碰一下沙地，蛞蝓魚會立刻跳出來，然後驚慌地扭動身子、想再鑽回沙裡去（通常都能順利達陣）。牠們能流暢地在沙地上鑽進鑽出，動作極為迅速，於是我們只得翻動沙子，趁牠們逃脫之前趕緊撲上去。以前，南加州巴柏亞海灘一帶有許多蛞蝓魚，後因河道清淤作業（或許再加上大量汽艇出沒）導致牠們日漸稀少。這種動物非常有意思，在分類上幾乎跨在脊椎動物與非脊椎動物的分界點上；身體一般為一至三英寸長，梭狀的身形極適合在沙地上鑽溜，幾無阻力。

沙洲上的雙殼動物極多，小型蛤蠣不少，還有一些剃刀蟶。我們把角海葵從牠們鬆垮軟爛的鞘袋裡翻出來，在光滑的消化囊內襯上發現大量細小的共生星蟲[2]。這種星蟲能把身體延展得極細極長，像毛髮一樣；也能把身子蜷縮起來，變成一顆迷你花生。我們以為會在角海葵體腔內襯上發現共生的豆

2　*Phascolosoma hesperum*。

蟹，但一無所獲。

聖盧卡斯小灣幾乎像個小泥沼，水溫極暖，海水大概不怎麼流動。這片水域極淺，再加上鎮日曝曬於猛烈日光下，故海水像濃湯一樣稠；或許正因為這種高鹽度且溫暖的水質環境，導致我們很難讓角海葵樣本維持在舒展狀態。一般外型妖嬈的小海葵一碰到瀉鹽就舉旗投降，反觀角海葵──即使泡在高濃度瀉鹽液中六至八小時、使之立於熾熱灼人的烈日下，在碰到藥液後依舊從體側的反口孔迅速排出水分、劇烈收縮。我們遲早會找到麻醉海葵的完美方法，只是這會兒還沒找到而已。我們希望「低溫」能發揮麻醉效果，譬如先用乾冰讓動物放鬆、再逼牠們吸取福馬林液，但這仍需進行多次試驗方能定案：若溫度太低，牠們不會吸取福馬林；若水溫偏暖，牠們一碰福馬林便立刻收縮。

約莫十一點半前後，我們回到船上，繼續前往聖卡洛斯灣，中途不停靠聖羅薩利亞──這是一座長期仰賴鄰近銅礦業維持生計（由一家法國公司控制）、規模稍大的城鎮。我們不知不覺陷入一種莫名的焦慮，理由是現在我們已開始明白自己手上的工作有多重要，卻也意識到因為時間有限、以及「限制」不足以描述的人員與設備短缺，導致最後可能拿不出什麼成果。時間過得太快了。儘管史帕奇和丁尼非常希望能靠港聖羅薩利亞，延續之前的岸上採集暨研究作業，我們仍堅定前行。從遠處看──至少從海上望過去──聖羅薩利亞似乎比其他城鎮少了那麼點墨西哥味兒，但或許是因為我們先入為主、知道這個城市由法國公司把持所致。墨西哥的城鎮是從地

上長出來的，任誰都無法想像她不在這裡的模樣；可是聖羅薩利亞一看就像是「蓋出來」的。眼見所及盡是大型工事、棧橋和成堆碎石。山脈聳立於城鎮後方，亮得發白，屋舍的翁綠和屋頂紅瓦形成鮮明對比。行經聖羅薩利亞這一段，剛好由史帕奇掌舵，他掌握舵輪的左手異常沉重，需要非常強大的意志力才能不偏離航道，遠離陸地。

傍晚六點左右，我們來到聖卡洛斯灣，這是個內帶淺灣的陸封型海灣。外港適合小型船隻下錨，深度五至七噚左右；內港（或潟湖區）全是沙灘。我們打算進內港探探那些大石塊底下的景況，或者上東岸瞧瞧。我們認為，這裡的動物相可能和早上那片潮間帶平地極為不同。這片沙灘高高堆著大量腐爛海草，或許是不久前熱帶風暴所留下；又或者，這裡可能是某支洋流的循環終點，故而在漲潮時留下大量破碎海草。下加利福尼亞西岸的聖安東尼奧海濱也有一片類似的海灘，大概在恩森納達南方六十英里處。方圓數百里內、來自各式船隻的殘骸廢物全部堆在那片沙灘上——經年遭海水沖刷的紙盒紙箱、木材原木（幾乎都洗白了）和一堆瓶罐與破布碎料混在一起，堆得像山一樣高，彷彿是太平洋大掃除的終點站。

不過在聖卡洛斯這裡，來自人類文明的遺留物不多，因為少有船隻北上深入灣區這一帶，且此地居民相當珍視木板、罐子等一類物品，經常很快就撿走了。無數跳蝦和蒼蠅在腐爛的海草堆裡遊走徘徊，積極進攻這片取之不盡、用之不竭的大糧倉；不過，雖然這裡的跳蝦數量極多，我們仍只抓到寥寥數隻，理由是牠們的動作實在太敏捷了。於是，我們在這裡又一

次感受到屬於灣區動物的「多一點」保護哲學——要麼動作快一點、要麼甲殼厚一些，要麼螫或叮起人來硬是比其他地方的動物更狠更痛。我們在沙地上挖到一些神似加州皮斯摩蛤的雙殼貝，惟外殼更亮，呈棕至黑色；另外還有殼帶羅紋、外觀似淡菜的蛤蜊[3]。我們在岩石上找到兩種石鱉、一些沒見過的螺類和螃蟹，抓到幾隻藍色帶刺棘的海膽和許多扁蟲。扁蟲很難抓，牠們像水銀一樣忽悠溜過岩石表面；而且牠們也很難保存。一放進防腐液裡，多數扁蟲會直接融掉，其餘則緊緊蜷成一球。這裡也有海灣太陽星，不過牠們的體型愈往灣區北部愈小，故來到此處已經縮得非常小了。沙地裡還躲著大量心形海膽。

　　那天晚上，我們利用加掛燈罩的燈泡，在船邊抓到大量透明帶魚，其中包括一種從沒見過的品種。我們還捕到一隻槍烏賊、一隻幼蟲期的蝦蛄、還有本地常見的甲殼動物和異沙蠶體。

3　*Carditamera affinis*。

21

三月三十一日

　　今早，潮水來得有氣無力，離藤壺分布最高界還差兩英尺半到三英尺就不再往上漲了。我們十點開始作業，也蒐集了一些水中動物，不料海風急起、吹皺水面，使我們看不見水下動靜。就某種程度來說，這是好事：既然無法前進至乾潮線附近的區域採集——那裡肯定有色彩繽紛的多刺大龍蝦害我們分心——我們大可留在滿潮區附近，更仔細地調查採集。我們漸漸看出一件明顯事實，那就是硫黃綠與黑色相間的硫海參[1]無疑是加利福尼亞灣濱海最常見的動物，海灣太陽星排名第二，緊追在後。這兩種動物幾乎無所不在。在聖卡洛斯這一帶，紅毛蟹的分布範圍要比牠們一般活動的滿潮區再高一些；此外，這區還有許多海蟑螂（*Ligyda occidentalis*），顧名思義，這種甲殼動物長得就像蟑螂。藤壺與笠貝緊緊攀附在礁石岩壁上，位置頗高且徹底曝曬在猛烈日光下；這個位置使牠們僅能偶爾浸潤海水中，不過肯定經常遭浪頭撲濺的水花沾溼。在礁岩和大石塊底下、地勢較低的聚落裡，有一些淡菜樣的羅紋蛤、棕色石鱉、大量海參及海灣太陽星，但只有兩種陽隧足，而我們在其他地方經常見到的刺蛇尾陽隧足（*Ophiothrix spiculata*）竟

完全沒找著。這一帶的疣狀海葵有些倒懸在岩壁上、有些擠在岩洞裡。海星[2]也不少，數千枚鷹嘴殼菜蛤和棒海膽一塊兒附著在岩石底面。再往遠處走，我們發現大量海綿，種類繁多，其中還有一種相當漂亮的藍色海綿。這兒也有章魚[3]、一種石鱉和許多紫色海膽（但我們沒採樣）。沙地和岩縫裡埋了不少心形海膽，此外還有星蟲和非常多的海鞘。

我們找到一種體型極大的黃色海綿——可能是蝕骨海綿（*Cliona*）——外觀與蒙特瑞沿岸的一種橙色海綿（*Lissodendoryx noxiosa*）頗為相似，還發現一種表面有小刺的白色星芒海綿（*Steletta*）。這裡還有鮮橘色的裸鰓動物，巨型多毛蠕蟲（蟄龍介科），某些無殼、能直接呼吸空氣的肺螺，紐蟲和幾座單體珊瑚；這些都是潮間帶常見的動物，也是我們最感興趣的對象。若在例行觀察時發現稀有物種，我們也會採集保存，但我們的興趣主要還是數量龐大的動物聚落——「聚落」指的是生物、動物群落或集合體，意即生活在某特定棲地的所有動物。

目前看來，「共生」似乎是個相當彈性的概念，可以超越主客關係、延伸解釋。某幾種特定動物多半因為以下幾種原因，經常在同一處地方發現：第一是牠們不會吃掉彼此；第二是能讓這些物種興盛繁衍的環境條件湊巧相同（如底棲環境、海浪衝擊程度）；第三，牠們食性相同，或是吃同一種食物的不同部分；第四，某些動物的外殼或武裝配備剛好能保護其他動物（譬如海膽的尖棘能保護一整個潮池的小傢伙們，不受大型魚類捕食騷擾）；最後一項則是某些動物確實是道道地

地的共生關係。因為如此，這些動物的共生連結有鬆有緊，有些聚落說不定與趨觸性[4]的形成有關。

不可諱言，愈是仔細觀察這些小動物，原本用以描述牠們、意義明確的詞彙就會變得愈來愈模糊、愈來愈難以界定；隨著物種與物種混生交融，定義獨立物種的完整概念也開始搖擺不定，反而傾向透過類似「等級」、「程度」的方式來描述動物之間的變異與差異。古典的生物分類法已變得粗陋、不堪利用，無處不見自然學家鬧出的笑話，甚至還有以自己的名字為動物命名此等狂傲自大之舉。

最早用以命名的「描述法」其實不算太差，因為當時的每一位自然觀察家皆通曉希臘文與拉丁文，能以之撰寫描述。然而現代人大多普遍缺乏這類知識，或甚至這類知識已非必要；因此若動物皆能以編號表示、名字為輔，那該多簡單！如此一來，我們就能以羅馬符號「*VI*」代表「節肢動物門」，英文字母大寫「*B*」代表「甲殼綱」，阿拉伯數字「*13*」為「目」，至於屬名和種名則以小寫字母搭配組合表示；循此，只要受過一點點簡單訓練就能在心裡迅速將動物分門別類，這法子比目前使用的老掉牙、生硬不切實際的描述法迅速且踏實

1　*Holothuria lubrica*。

2　*Astrometis sertulifera*。

3　*Octopus bimaculatus*。

4　譯注：動物體型或習性受生活環境及條件影響而產生變化，較常見於植物。植物稱「向觸性」。

多了。

　　我們愈往灣區上段前進，人煙愈零星罕見；草木焦黃的小牧場愈來愈少，原住民捕魚用的獨木舟也愈來愈少見。越過聖羅薩利亞以後，商船寥寥可數，此地幾乎可謂不見前人、不聞來者；話說回來，我們還是在各處沙灘上發現大量討海人留下的痕跡：譬如某處沙灘有十五至二十具大海龜殼與篝火灰燼，貌似有人在此燻肉或煮肉。我們還在同一處地點找到遺落的小魚叉，這根魚叉或許是失主的所有物中最有價值的東西。這裡的原住民似乎沒有槍枝一類的武器，也許是再怎麼胡猜臆想也料不到的天價所致。我們聽聞有些人家收藏舊時代的古董武器，譬如代代相傳的火槍、燧發槍、前膛槍等等；有個傢伙曾說，他在一幢原住民屋裡發現西班牙盔甲：一副胸鎧。

　　加利福尼亞灣的生活幾乎一成不變，這裡的人想必個個沉穩內斂，處變不驚；不論來者是坦克或全副武裝的騎士，他們的反應肯定都差不多——微微地、流露那麼一點點興趣。在這裡，食物取得不易，內在世界重於外在，生活與時間息息相關；他們是太陽之子，鎮日對抗風雨與惡疾。在他們眼中，現代社會製造的商品——那些占去你我大量時間、狠狠占據心房、令我們驚豔不已的機械玩具——不過是一票聰明玩意兒，卻跟最真實的事物沒有半點關係。若要向這群原住民之中的任何一人解釋以下任何一種想法，肯定十分有意思：譬如我們的雄心壯志和無法販賣的驚人成果；世人拋金舉債換來一堆身外之物；為人父母神經兮兮地擔心該如何養育、教育同

樣神經兮兮、在這個複雜世界裡找不到容身之處的孩子；為了對抗一群失控的征服者，各國必須跟著瘋狂建軍，以及為了維持這等瘋狂事兒，世人必須做出多少破壞、浪費與犧牲；為了獲取知識而進行科學研究、投入不成比例的人力物力等等。是說有誰能讓原住民理解梅毒能用藥治療，而好端端的人會被毒氣和砲彈殺死，軍隊操練士兵是為了讓死亡發生得更積極更暴力。看在天真的原住民眼裡，這一切極可能都不是偉大文明的證據，而是不可思議、無法理解的荒謬之舉。

我們的意思並不是說這群捕魚維生的原住民過著完美、或甚至萬分美好的生活。對他們來說，牙痛可能十分恐怖，胃痛可能要人命。他們泰半時間都餓著肚子，然而，他們也不會為了與切身無關的事物犧牲性命。

我們曾多次被問道：為什麼要做這件事？為何要撿拾這些小動物、還把牠們醃起來？若對象是我們自己的同胞，我們可以丟出無數個毫無意義的理由，他們都會接受、認定有其意義。我們可能會說：「我們想填補加利福尼亞灣動物相的幾段空缺。」這種答案肯定能讓同胞滿意，因為知識是神聖的，不可質疑或甚至不能調查探問。然而原住民朋友可能反問：「這類知識有啥好處？既然你們以此為業，這份工作目的為何？」若是我輩同胞，我們大可拿「科學進展」等等一類的理由搪塞應付，而他們照例就此打住；不過原住民朋友可能進一步追問：「什麼進展？朝哪個方向進展？還是只是把事情搞得更複雜？你們為這個世界拯救許多孩童的性命，但這個世界並不愛他們啊！」原住民朋友可能這麼說：「我們習慣的做法

是先蓋好房子，然後才住進去。我們不會讓孩子躲過肺炎威脅，目的只是為了讓他一輩子受傷害。」我們為種種作為和目的所撒的謊、還有扯上科學哲學的空謬話語，猶如虛牆，禁不起「為什麼」這小小叩問而坍塌。於是，我們終於明白自己為什麼走這一趟了：因為這些動物非常美麗。我們從這群生命身上汲取生命、感受悸動。換言之，我們之所以這麼做，是因為做這件事很開心。

我們無意以任何方式暗示這位假想的原住民朋友是個草莽貴族，行事符合邏輯。他的魔法和魅力，他的生存技巧和目的，全都跟你我一樣荒謬無意義。可是，當兩名來自不同社會、種族、思考模式亦不相同的人彼此相遇，希冀溝通時，一切仍須以邏輯為基礎。克拉維赫羅曾提及下加利福尼亞地區原住民的某些習慣（看在我們眼裡似乎稍嫌粗鄙骯髒）：原住民經常吃不飽，總是處於半飢餓狀態。當他們拿到一塊肉 —— 肉是非常稀有的食物 —— 他們會撕成一口剛剛好的肉條，放進嘴裡、再抽出來、再放進嘴裡，如此一再反覆，通常還會一個傳一個、輪流分享。克拉維赫羅覺得這種習慣相當噁心。然而就如同因為吃皮蛋而遭西方人訕笑的中國人所言：「起司不也是臭掉的牛奶？你們喜歡臭牛奶，我們喜歡爛雞蛋。咱們半斤八兩。」

* * *

「禮儀」的概念在西方飛翔號已退化殆盡。大伙兒早就不

穿上衣，不過大草帽倒是必要裝備。我們在船上都打赤腳，僅以草帽和長褲蔽體；這身打扮讓我們隨時都能縱身跳船、清爽一下。反正衣服永遠不會乾，纖維裡的鹽分使衣料成為吸溼劑，極易沾附溼氣。我們用熱海水清洗餐具，因此總有些細小鹽粒卡在盤碟上；對我們來說，咖啡壺壁沾附的鹽粒似乎能讓咖啡更加美味。我們幾乎天天吃魚（鰹魚、鬼頭刀、馬鮫魚、紅鯛），製作無數熱騰騰、油滋滋、完全不健康的炸甜餅；史帕奇每隔一週就會做一次他拿手又極美味的義大利麵。我們灌下的咖啡不計其量。伙伴之一還做了些檸檬派，但檸檬派的滋味卻因為種種紛爭而變得苦澀：有人偷吃、有人懷疑某人偏心──這些檸檬派帶出人類自私、背信的卑劣天性，令大伙兒傷心不已。當我們之中最富學識、照理說也應該是最懂得自制的那一位，竟然把派藏在他床上，待熄燈後再拿出來偷偷享受，這時眾人一致決定船上不能再有檸檬派了。檸檬派令人品格淪喪，弱肉強食的法則已然離我們不遠了。

這趟小旅行還有一事令我們印象深刻：我們在很短的時間內就把外頭那個大世界給拋下了。我們失去對戰爭和經濟不穩定的恐懼、憤怒和無盡聯想，原本認為是天大的事兒都變得不重要了。這類事物必定具有「傳染」特質，而我們擺脫了這群有毒之物；或者它們都被「寂靜」這種抗體吞噬了。我們的生活步調大幅變慢，本來成千上萬的日常反應銳減至寥寥無幾；行船時，我們常呆坐好幾個鐘頭，愣愣望著遠處溜過、被太陽照得發白的山頭。即使是在船邊躍騰翻轉的旗魚也能吸引我們全副注意力。我們有時間鉅細靡遺地觀察大海。魚群游過

船邊，海鷗緊跟尾隨；不一會兒，海面即漂著散落的羽毛和浮油。相較於海鷗的體型，這些魚太大、難以捕獵，不過魚群裡不只有魚，還有別的玩意兒——有牠們吃剩的東西，還有一些易於攔截的老弱傷病，而魚群追逐的小型獵物亦偶有逃脫或死亡。移動的魚群宛如一支行動營隊，總會落下一些露營烹食的殘羹剩餚，讓海鷗得以填飽肚子。剝脫的魚皮為海面覆上一層薄油。

晚上六點，我們在小聖法蘭西斯灣停船下錨。這個拱形海灣約莫一英里寬，指向北方。海灣南邊另有一處漂亮的小海灣，入口介於兩座岩岬之間，寬度極窄。小海灣邊緣鑲著白沙灘，沙灘邊上立著一幢原住民破屋，屋前有艘藍色獨木舟。沒人從屋裡出來。也許屋主不在家，或病了或死了。我們並未靠近，雖然我們確實有股衝動想一探究竟；那種強烈的感覺甚至讓我們不敢進入內灣採集動物。內灣一帶處處是石頭，貧瘠不毛，就連灌木也生得稀稀疏疏。我們在海灣西側四噚深的錨點停船，然後立刻上岸，在水線邊緣豎起觀測海潮用的木樁、並且綁上一條頭巾，好讓我們從船上一眼就能看見。風呼呼地吹，海水冰冷刺骨。海水終於退到藤壺分布最高界的兩英尺以下。這片沙地最常見的螃蟹有三種[5]。藤壺和笠貝數量極多，另外還有兩種螺類，分別是鐘螺（*Tegula*）和體型較小的羅螺（*Purpura*）。這裡有非常多體表光滑的大型棕色石鱉，也有不少帶剛毛的品種。再往近海處去，岩石底下有好幾大叢體腔相連、長著鏽紅色外鰓的管蟲[6]；另外還有一些海鞘、海盤車屬的海星（*Astrometis*）以及常見的胖海參。

　　丁尼找到一副漂亮的大龍蝦殼[7]，感覺是等足蟲新近才清理乾淨的。等足類與端足類組成的百萬大軍可謂清理屍體的高手，我們經常利用牠們清理研究或教學用的動物骨架：先把一條死魚放進玻璃罐，再在蓋子上戳幾個洞（洞不能太大，剛好能讓等足蟲通過即可），然後把罐子放在潮池底部；不出一會兒工夫，魚肉就被啃得乾乾淨淨，清楚露出完整骨架。

　　海風強勁，海水冷冽亦不平靜，因此我們並未在岸上待太久。回到船上，我們照例垂放內置食餌的網籠，看看有哪些生物會自投羅網。我們拉起一只網籠，感覺挺沉的，原來網底吊著一隻巨大的虎鯊[8]。牠並未投入網中，而是像鬥牛犬一樣緊咬網中的餌料不放；我們將牠拎出海面、拉上甲板，牠不掙扎也不鬆口。這大概是晚上八點多的事。我們想把牠做成標本，於是並未直接殺牠，認為牠應該很快就死了。牠的眼睛呈棒狀，有點像山羊眼；牠完全不掙扎，就這麼靜靜躺在甲板上，彷彿用一種惡毒、怨恨的眼神看著我們。虎鯊背鰭前方的角又白又乾淨；鰓裂一開一闔，間隔頗長，但牠動也不動。牠在甲板上躺了一整晚，動也沒動一下，僅僅隔了好長一段時間

5　*Pachygrapsus crassipes, Geograpsus lividus*。岩石底下的是瓷蟹 *Petrolisthes nigrunguiculatus*。

6　*Salmacina*。

7　顯然是北方的 *Panulirus interruptus*。

8　*Gyropleurodus*（今 *Heterodontus*），虎鯊屬，亦稱「角鯊」（horned shark）。

才張開鰓裂、復又闔上。隔天早上，牠還活著，惟全身已浮現出血斑；於是史帕奇和丁尼嚇到了——離水的魚兒照理說必死無疑，但牠竟然沒死。牠瞪大雙眼、但眼珠子並未乾涸（原因不明），似乎正憤恨地瞪著我們。牠的鰓裂依舊偶爾開闔。這一刻，牠無力緩慢的堅持開始影響全船伙伴了：躺在船上的牠猶如某種惡毒威脅，一抹長形的、虛弱的灰色憎恨，而牠身上的小紅斑並未使其較為討喜。中午時分，我們把牠放進福馬林桶，直到這時候牠才掙扎幾下，嚥了最後一口氣。牠離開海水已近十六、七個小時，期間不曾掙扎、亦未曾拍彈扭動。若是鮪魚、鯖魚等速度快、體型優美的魚兒肯定拚命且猛烈掙扎，耗盡體力、迅速死亡；反觀這條虎鯊，牠流露某種令人敬畏、無動於衷的特質，緩慢而堅毅。牠之所以被逮上船，是因為牠死命緊咬、不願放棄魚餌；牠之所以殘喘至今則是因為牠不願放棄生命。早年，牠或許曾是恐怖神祕的海洋傳說的固定班底；性格決絕、相當不好惹，不僅令海龜萬分頭痛，也教我們十足困擾。這種魚、以及整個異齒鯊科一般生活在淺而溫暖的潟湖區，雖然我們並不確定是否真是如此，但我們突然想到，虎鯊偶爾、或者經常於退潮時被困在淺灘上，致使牠們發展出這種續命能力——設法撐到潮水漲回來的耐力。牠們極度緩慢的呼吸或許就是為了保留體力，而那些美麗但脆弱的鮪魚卻慌亂地想掙扎逃脫，沒多久便耗盡體力，一命嗚呼。

　　而人類這個族類的反應則是介於二者之間，變化極大。遇到阻礙時，某人可能在盛怒之下豁出性命，另一人則選擇靜觀其變，順勢而為。我們也常在其他高等脊椎動物社群中觀

察到這種差異，其中又以家畜或寵物為最；因此，若說低等脊椎動物沒有這種現象──至少從個體差異的角度觀之──未免奇怪。鮪魚或沙丁魚多半成群活動，但牠們的反應跟這尾孤伶伶的虎鯊其實並無太大差異，理由是成群結隊的動物強調紀律，講求速度與一致性，因此不願意或達不到群體要求的個體即可能迷途、被吃掉或者拋下。動作太快、太慢都會被群體淘汰，終而達到介於快慢之間的平均標準。我們無意指桑罵槐，不過咱們的學校教育似乎也有相當程度的類似傾向。在理想狀況下，我們或可以拿鮪魚類比哈佛人、耶魯人或史丹佛人。這些學生必須挺過淘汰制度，設法在一次又一次區別笨蛋與聰明人的考試中活下來；即使是談吐、衣著、髮型、儀態等外在標準或甚至心智思想，他們也試圖維持某種標準，直到外人無法區別該群體中的每一個體有何不同為止。由此推想，若能得知人類社會的普遍化與集體化會不會造成類似效應，應該也頗為有趣。舉例來說，工廠要能大量生產，需要所有參與者符合並遵守整體節奏。動作太慢就得加快速度，否則淘汰，動作太快必得緩一緩。在徹底集體化的狀態下，效率普通可能一躍而成極有效率，但惟有徹底淘汰敏捷、聰明、腦筋好以及無法勝任的組成份子，才可能達成這個目標。合群者說不定只是放棄變通能力罷了。除了自殺式俯衝，群體生活的動物幾乎不太懂得防禦技巧，牠們主要透過驚人的繁殖力來為種族續命。損失大量的卵和幼魚乃是群體防護障，因為群體生存服膺機率法則，也就是「大量後代之中總有少數能順利成長，完成繁衍使命」。

　　我們發現一件有意思、但可能完全不重要的事。那就是人類採行集體主義的第一步，通常是社群領導者大聲疾呼、要求提高生育率──某種「汰換不夠格、劣質機械零件」的概念。

　　打從一開始，我們感興趣的對象就是一般常見動物及其聚落，無意鎖定稀有族群；不過，我們也明顯開始蒐集一些未知的新品種。事實上，我們大概會取得至少五十種在採集當下尚無描述紀錄的動物，之後也會交由專家檢視、分類、描述與命名。其中有些可能拖上好些年仍無法定案，理由是戰爭導致科學家被迫切斷聯繫：某個領域的丹麥專家聯絡不上他在加州的研究伙伴，因此某些新動物可能有好長一段時間都無法獲得名分。為此我們製作了一份附錄，盡可能為那些還未經過專家鑑定的動物依特徵分類、概略描述。

　　我們在附錄裡提到一種住在海參肛門裡的共生魚類。這種魚經常探頭探腦，貌似以宿主的糞便維生，但也有可能只是躲進肛門，避開可能的敵人。我們以為這是個新物種，但霍普金斯海洋研究站的魚類學家羅夫・波林博士發現這種魚已經有名字了；不過我們實在不喜歡生物學家那套古板又不牢靠的命名傳統，打從心裡希望牠能有個像「拐彎抹角的肛門動物」（*Proctophilus winchellii*）[9] 這類委婉含蓄的名字。

9　譯注：這個捏造的學名乃是作者的小玩笑。「*procto*」為拉丁文「肛門、直腸」之意，「*-philus*」是拉丁文中的「愛好」，而「*winchellii*」一字則來自當時的八卦專欄作家及新聞評論員 Walter Winchell，此人以拐彎抹角、譏諷獨特的評論方式聞名。

　　有些海洋生物學家的主要興趣是稀有物種，譬如不常見或還未命名的動物。這群人多半都是有錢的業餘專家，有人甚至懷疑其中少數只是想攀附虛名，讓那些不會懷疑、亦無從回應的無脊椎生物冠上他們的名姓。希冀透過小小動物獲得不朽的這份熱情，想必十分澎湃而偉大。就某種程度來說，我們應該把這類採集者跟那些因為一枚印錯的郵票、或郵票上出現不尋常孔洞便激動萬分的集郵人士視為同類。稀有動物本身可能擁有某種與眾不同的魅力，但這類動物在任何生態體系裡的地位大多無關緊要；然而，若那些常見、已知且數量龐大的動物群橫遭移除（譬如散布海面的紅色浮游小蟹、數十億計的寄居蟹或潮池內無所不在的分解者清道夫），肯定對整個區域造成大規模影響。雖然我們得用顯微鏡才能看到海中的浮游生物，一旦移除這類生物，就算並未毀滅性地破壞生態平衡、剷除地球上所有生物，大海中的動物應該還是會在短時間內徹底消失，進而改變全人類的生活；理由是這些數目無法估量的小小動物們，大概是全世界糧食的基礎吧。反之，若是大家瘋狂尋找、捉取並命名的某稀有動物因故絕種了，在這個縝密劃分的世界裡大概不會激起任何漣漪。

　　我們感興趣的是動物與動物之間的關係。假使某人以這種關聯概念進行觀察，那麼，顯然所有物種似乎就只是一段句子裡的一個個逗號，而每一物種同時也是組成生態金字塔的份子與基礎——所有生命皆彼此關聯，終而使得愛因斯坦的相對論得以浮現。於是乎，不只物種本身的意義，我們對物種的觀點也漸趨模糊；種與種彼此交融、群與群合併組成生態系，直到

我們認知的生命達到並進入無生命境界——藤壺和礁岩，礁岩與大地，大地和樹木，樹木和雨水還有空氣。個體相互依偎而成整體，從此密不可分。至此，各位不妨再回頭思索顯微鏡下、潮池及水族缸的世界：這群小動物似乎變得不一樣了。牠們不再各自獨立、互不相干。說來奇妙，許多被冠以宗教之名的感受、最神祕的呼喊召喚——我們這個族類最推崇、最常出現也最渴望的反應之一——其實是一種理解，試圖傳達人類與萬物息息相關、與種種已知未知的真實密切相關。這道理說來簡單，然其中的深刻感受卻創造出耶穌基督、聖奧古斯丁、聖法蘭西斯、培根、達爾文以至愛因斯坦這類人物。他們每一位都以自己的節奏、自己的聲音，在驚奇中揭示並重申「萬物一體，一體萬物」的道理——在海面閃爍磷光的浮游生物、自旋公轉的星球以及膨脹擴張的宇宙，全都透過帶著彈性的「時間之線」彼此相繫。建議各位不妨從潮池擴及繁星，再從繁星回望潮池，玩味思索。

22

四月一日

　　若是沒有航海日誌、以及史帕奇常在星期四或星期天做義大利麵給我們吃，我們大概不會曉得今夕是何夕。我們認為史帕奇應該是憑直覺做的。因為他經常嚴重失憶，但每一次興起想做義大利麵的衝動時，恰巧不是星期四就是星期天。星期一，我們啟程前往此行於加利福尼亞灣的最後一站天使灣。這一帶的海潮相當壯觀，即使科羅拉多河口的潮湧[1]仍遠在天邊，東尼就已經開始緊張了。自離開小聖法蘭西斯灣以來，我們再次為了沒做好照相記錄而煩惱。誠如之前所言，伙伴們都不願意長時間晾著雙手不碰水，負責拍照；更何況，咱們沒一個懂相機。惟此事始終是導致我們心情焦慮主要來源之一。

　　這天，拍照問題嚴重困擾我們，最後大伙兒不得不取出那台相機，認真研究操作方式。除了「把快門簾調回大光圈、同時不能讓底片曝光」這個步驟以外，其餘我們差不多都搞清楚了。伙伴們對前述問題提出不少意見，由於可行辦法通常不會

1　譯注：海潮進入河口時，偶爾會形成幾乎垂直的水牆，稱為潮湧。「錢塘江潮」即世界上最著名的潮湧之一。

只有一個，因此眾人一如往常爭論起來，把快門、相機全拋到一邊兒去了。這次討論氣氛不錯。除了史帕奇和丁尼（他倆負責掌舵），我們全部站在艙蓋板上、圍著相機七嘴八舌地討論；只不過，我們討論得太過熱烈，兩位舵手不得不**禮貌**招呼我們，表示「要麼我們把相機扛過去、讓他們可以聽聽我們到底在吵什麼，要麼他們扔下舵輪直接過來」。我們說這是叛變，史帕奇旋即說明：在蒙特瑞的某義大利漁船上，叛變根本是家常便飯，甚至還是船上最主要的狀態之一，因此他和丁尼寧可選擇叛變。是以我們只好把相機扛進甲板室，並且為了另一場爭執而忘了叛變這回事。

除了那堆完全無用的八釐米影片之外，這是我們最接近拍照的一次。沒關係，我們總有一天會成功的。

天使灣占地寬廣——據《沿岸引航》所言，面積大概有二十五平方英里。這是一處外有十五座島嶼圍繞的陸封型海灣，其中幾座島嶼之間的深度足供船隻通行。在加利福尼亞灣的所有港口中，天使灣是少數幾處《沿岸引航》願意冒險一探的港灣。書上說，天使灣西側的錨點穩當可靠，能抵擋四面八方吹來的強風。我們從紅河岬和兩座島之間的深水道進港，推進至八噚深左右即下錨停船。《沿岸引航》並未提及此處有任何殖民地或外租借，不過眼前倒是有幾棟興建中、外覆圍幕的現代建築，以及一座小巧機場（停了一架飛機）。這感覺很怪。因為我們已許久不曾見過任何堪稱現代、時髦的玩意兒，而我們此刻的心情是退卻大於欣喜。我們約在下午三點三十分上岸，立刻被一群對我們現身此地感到好奇又興奮的墨西哥人給

團團圍住。除了這群墨西哥人，另外還有三位美國人，表示自
己搭飛機來這兒釣魚。起初他們也和墨西哥人一樣，似乎對我
們要做的事非常感興趣；後來他們終於相信我們真的只是想採
集海洋動物，旋即和那群墨西哥人拋下我們走了。或許是這段
時間聽了不少傳言——聽說有許多人走私槍枝越過邊界，理由
不外乎選舉期間必然會鬧出的麻煩事。這裡的漁民看起來不像
漁民，那些墨西哥人和美國人則是對我們**過度**感興趣，直到確
認我們到底要做什麼，才在確認之後對我們徹底失去興趣。說
不定這全是我們想像出來的，可是我們有股強烈的感覺，覺得
這地方肯定有祕密。搞不好這裡真的有金礦，所以近期才蓋了
這麼多新大樓。有人跟我們說，天使灣開了一條大路，向北直
抵聖菲利浦灣。這地方盡是一片乾枯荒涼，然而我們卻在半山
腰上瞧見一抹蔥綠，彷彿有座噴泉從那兒冒出來——在下加利
福尼亞半島，只要有湧泉就能落腳生根。

　　我們在海灣西側的石礫灘上採集動物，發現這裡的動物
相極為豐富。滿潮線附近的礁石布滿海葵、海參、海蟑螂和
一些小瓷蟹。這兒沒有半隻紅石蟹，事實上是根本看不到體
型較大的螃蟹；就連寥寥幾隻菊海星的體型也偏小。這片海
灘的優勢物種是軟軟的海肺螺，數以百萬計遍布於礁石表面
及岩石底下，我們抓了好幾百隻。另外還有石鱉，有光滑、
棕色的紋石鱉（*Chiton virgulatus*）和毛茸茸的毛膚豔石鱉
（*Acanthochitona exquisitus*）兩種。我們發現一大叢結構細
緻的腺管蟲（*Salmacina*），還有大量扁蟲——像滲出來的棕
色糖漿滴，貼著礁石底面挪移。我們在岩石底下找到兩隻章

魚，都是雙斑蛸。章魚非常聰明，個個都是逃脫高手；若不慎被抓，牠們會用臂腕上的小吸盤牢牢吸住你的手。如果好一會兒沒把牠們拔下來，這些小吸盤會弄出一個個小血泡、甚至是那種在另一類情境下被稱為「吻痕」的玩意兒。水底下、而且是明顯低於一般潮汐漲落範圍的區域，有許多鮮黃色的缽海綿和另一種不論型態、體型及顏色皆廣泛多變的海綿。這種偏紅色的粉紅海綿像花瓶一樣，傲然立於密密麻麻的黃色穿貝海綿（*Cliona celata*，較耳熟的俗名是「穿孔海綿」）叢林中，有些直徑寬達數英尺，大多造型一致。我們採了好些帶回去，部分以福馬林脫水、部分直接保存。這片斜坡的海藻帶分布清楚分明，退潮時，仍有部分馬尾藻（*Sargassum johnstonii*）浸泡在兩、三英尺深的水中。潮間帶的礁石表面光裸平滑，然而在馬尾藻帶以下的深水區，鋪覆著一大片扁平、葉狀的團扇藻（*Padina durvillaei*）[2]。海風頻頻吹皺水面，不過偶爾在平靜無波之時，我們倒是能清楚直視水底。除了藻類，這兒的生物種類並不豐富，可是當時我們已來不及翻動水底的石塊了。

我們在海邊採集標本時，那群漁民也在近處漫無目的地划船遊蕩。我們懷疑，這些人似乎對於他們得「佯裝捕魚」而非「真的捕魚」感到焦慮。雖然這番猜測也可能錯得離譜，但我們幾乎敢一口咬定：此地氣氛可疑，其他地方沒有一處像這裡一樣。

我們回船上卸貨，然後再划著小艇前往海灣北面的沙地採

2　定名者為加州大學植物系博士 E. Yale Dawson。

集。那是一片偏硬的堅實泥沙地，帶著一道狹長淺灘，沙質頗沉、很難挖。我們在這裡抓了一些鬼簾蛤（*Chione*）和墨西哥蛤（*Tivela*），以及一隻可憐兮兮、半死不活的蛞蝓魚。這回潮水仍舊退得不夠遠，並未退至蛞蝓魚真正的活動範圍；假使我們能在滿潮區抓到迷途的蛞蝓魚，這表示在極低潮時肯定能撈到一大堆。我們也找到一些殼上載著共生海葵的長角螺。沙地上半掩半埋了不少礁石，這些礁石可謂生機盎然：大量岩牡蠣及外殼花俏、裝飾繁複的大型笠貝攀附其上，另外還有不少小海螺；管蟲及管內共生的星蟲處處叢生，還有一隻以岩底縫隙為家、體型中等的章魚（不是雙斑蛸）。這些流沙中的小礁石肯定是多種動物的避風港。除非動物自帶特殊裝備、或乾脆緊附於能提供保障與立足之地的礁石上，要想在這種細緻如泥的海沙中移動，著實相當困難。

潮水湧現，海風再起，我們重回西方飛翔號。登船時，我們看見有船入港——那是一艘綠色的大型雙桅縱帆船，惟船帆已收，料想是藉著剩餘動力滑進來的；那船並未倚著我們下錨，而是盡可能離我們愈遠愈好。這艘船無疑是墨西哥灣那一艘艘巧奪天工的工藝品之一。我們壓根兒搞不懂這種船要怎麼浮在水面上，並且一旦浮起來、又該如何操控導航。船體接縫看似快要脹破，船漆起泡，就連鐵製部分也生鏽斑駁，甲板條扭曲凹陷；有人說，這種船髒得到處都是蟲，如果沒餵飽船上的蟑螂、或者因種種理由使牠們感覺挫折受辱，牠們會集體叛變奪船——誠如某墨西哥水手所言：「但牠們的駕船技術搞不好比船長還厲害。」

縱帆船的船錨一落，自此便再無動靜，就連岸上那幾棟建築也未顯現任何生命跡象。停在跑道上的小飛機和一旁的屋子似乎都沒人。曾經有人問我們計畫停留多久，我們給的答案是明天一早離開。這會兒我們好奇得不得了，深深覺得我們肯定是礙了誰的事兒，因此大概要等到我們離開，他們才會開始活動。當然，我們仍有可能完全猜錯，但奇怪的是，西方飛翔號每一位伙伴都察覺到一股不祥氣氛。除非海風強勁、或者下錨處海象惡劣，否則我們一般不會排班守舵；但是那天晚上，大伙兒不約而同多次起床察看，焦躁不安。就像先前的狼人事件，我們大概是對自己的想像深信不疑吧。入夜之後，岸上曾短暫亮起燈光，旋即熄滅。那艘縱帆船甚至連錨位燈也沒開，就這麼黑漆漆地停在水面上。

23

四月二日

　　我們起早出發，穿過水道再次進入加利福尼亞灣。船行不久即隱約看見正前方的船帆岩還有它東邊的守護天使島。從遠處望去，船帆岩確實像極了一面單軌三角帆：這座高而修長的三角錐因為沾滿海鳥糞而白得發亮，故能反射陽光，大老遠都看得到。這座巨岩可見度極高，想必一直是眾多航海人喜愛的定位點。船帆岩高度超過一百六十英尺，尖頂，近處為深水域。若時間充裕，我們一定會安排在船帆岩底部採集標本，但我們已經鎖定守護天使島北端的庇護港。我們照例拍了不少影片，但這回甚至比以往更糟糕，因為我們把攝影機架在一串吊曬的衣服後方：待底片沖洗顯像，這才發現畫面僅偶爾帶到一點船帆岩，卻非常生動地呈現丁尼的藍白短褲在風中飄揚的景象。我們實在無法描述我們拍攝的影片有多糟糕，不過竟然有電影實驗室熱切地想得到影片副本——他們表示，這盤數千尺長的底片體現了所有攝影初學者不該做的每一件事，想必是非常有價值的實務教材：我們想拍動物特寫的時候，每每有人擋住光線；光圈老是開得太大或太小；水平運鏡時總是來回晃動，導致影像模糊；此外還有一系列堪稱全世界最鉅細靡遺且

樸實的天空紀實照；可是，我們不經意拍下的畫面卻十分完美。我們敢說，這世上沒有一張藍白短褲特寫比我們在途經船帆岩時所拍下的更為熱情美好。

　　守護天使島如蛇一般蜿蜒悠長的海岸落在東側，荒涼絕美。這座島長約四十二英里，某些地方寬達十英里，沒有淡水且無人居住。有人說，島上有響尾蛇和綠鬣蜥出沒，至於島上有金礦的傳聞則始終沒斷過。甚少有人上岸探險，即使上了岸，也只限於岸邊幾步路的距離；不過從「庇護港」這名字看來，此地確實是個好港口，許多船隻都曾經在暴風雨中緊急停靠、受其庇護。克拉維赫羅在提到這座島時用了兩個不同的西班牙文名字：「Angel de la Guardia」（衛護天使）及「Angel Custodio」（守護天使），我們比較喜歡後面這一個。

　　探索守護天使島的難度可能非常高，不過這座島的禁忌氛圍反而使它更具吸引力──猶如神話中的金羊毛有巨龍看守，在這裡則換成響尾蛇。猶如龍骨的山脊拔地擎天，有些地方高達四千英尺以上；山頂陰鬱蒼涼，濃密的灌木林圍繞山腳。接近島嶼北端途中，我們碰上深水湧浪和清新微風。此處潮湧幅度頗大，在我們停留期間曾達到十四英尺高，而且這還不是最高的數字；我們認為，這裡即使潮高十七英尺亦不算罕見。庇護港實為兩座港口，彼此以狹窄的水道相連；港深水闊，無疑是安全的停泊點。唯一的風險是潮流強勁，高速水流使錨索承受不少壓力。這裡的水流確實很強，以致我們無法順利將負重的網籠沉入水底；不過，由於網子一入水就被水流拉走，倒是因此攔下不少海草和小動物，所以採集成果還算值得

就是了。

我們不疾不徐地將船錨固定妥當，然後在下午三點半左右乘小艇登上港灣北邊的沙灘與碎石灘。海灘上堆滿各種殘骸雜碎：鯨魚巨大的脊椎骨四散各處，還有成堆的海草斷片及魚類、鳥類骨架；海灘邊緣的低矮灌木叢上有好些個直徑達三、四英尺的大鳥巢（或許是鵜鶘的巢，因為巢裡有幾根魚骨），然皆已棄置不用。至於棄置的理由是此時非繁殖季節、抑或鳥巢老舊汰換，不得而知。我們已經很習慣在海灘上找到人類造訪的證據，此刻卻不可思議、孤寂且驚恐地發現，這裡沒有一樣是人類碰過或用過的東西。丁尼和史帕奇前進內陸、來了一趟遠及岸邊數百碼的小遠足，之後卻悶悶不樂地靜靜歸來。他們沒看見響尾蛇，但橫豎他們也不想看到牠。海灘上處處是以垃圾廢物維生的昆蟲跳蚤，不過這片粗沙灘明顯不利於其他種類的動物生殖繁衍。潮水漸退，我們繞過一處尖岬、向西前進，來到一片巨石灘；這兒的採集成果可就相當豐碩了。退去的潮水留下許多潮池，礁石表面光滑、直逼危險程度，顯示此處浪潮強勁；許多紅石蟹和厚紋蟹在上頭跑來跑去。愈往港外（入口處）走，石塊體積愈大、表面也愈光滑，然後景象倏地變成連綴不斷的崖壁，光滑的巨石則被布滿藤壺與海草的礁岩取代。這會兒，潮線約莫又退了十英尺遠，露出低處的潮池，裡頭滿滿都是漂亮的海綿、珊瑚以及小巧可愛的海藻。我們盡可能擴大採集範圍，然而卻一次又一次被這些精緻完美的潮池所惑——這些小池子宛如精心布置的舞台，擠滿藻蝦和小小蒙面蟹。

尖岬本身是一座嶙峋突兀的火成岩，內部有許多神祕洞穴。我們鑽進其中一處，察覺一股熟悉的氣味，片刻才認出來——我們說話的聲音驚動洞裡無數隻蝙蝠，大量齊發的吱吱聲猶如奔騰巨浪。我們拿石頭扔、想逼牠們離開巢穴，可惜牠們不願勇敢飛向陽光，甚至更激烈地吱吱叫囂。

夜晚降臨，氣溫愈來愈低。白天長時間採集使我們雙手布滿割傷，因此當天色黑得無法再繼續工作時，大伙兒個個歡喜不已。我們蒐集到大量動物：一隻口鼻部呈湯匙狀的螠蟲（牠懶洋洋地躲在岩石下方），許多蝦子，一副硬殼珊瑚（新形態的微孔珊瑚〔*Porites*〕），許多石鱉（其中有些沒見過）和幾隻章魚。此處最普遍的物種和我們在天使灣見到的一樣，都是同一種海生肺螺；這種肺螺肯定生得強健又強悍，因為就連高處岩架上也有牠們的身影，那裡不僅相當乾燥，且經常遭烈日曝曬。騰空突出的岩架上亦覆滿藤壺。這裡的動物體型大小會隨高度改變，相當有意思：在離海最遠、靠近滿潮區的潮池裡都是小動物，舉凡骨螺、海螺、寄居蟹、笠貝、藤壺或海綿，體型都很小；然而在位置較低的潮池裡，即使是同一物種，體型多半比較大。我們在小岩石和粗礫石之間找到一大堆會螫人的蠕蟲、還有一種沒見過的陽隧足，結果牠只是常見的蛹蛇尾屬（*Ophionereis*）幼年期罷了。位置較高的潮池可視為海水浸沒區的育兒場。我們找到海膽（棒棘、尖棘型都有），也在沙地裡挖到不少心形海膽。海水退去、露出岩石底下的洞穴，洞穴裡的岩石表面長滿繽紛美麗的海綿；有些純白，有些寶藍，還有一些是豔紫色。這些岩底洞穴和我們在加

利福尼亞灣中部、狼岬附近找到的洞穴一樣漂亮。要想把採集到的動物一一攤放、製表條列，著實費時；在此同時，原本要沉入水底的網籠也正迎著海流篩濾，一刻也沒閒著。我們在網籠裡發現好幾條短胖刺人的綠色海毛蟲（*Chloeia viridis*）——我們不曾在潮間帶見過這種動物，或許牠屬於深海，不巧被強勁海流帶到這兒來。此外，我們還用抄網撈到獅鬃海蛞蝓（*Chioraera leonina*），這種行浮游生活的裸鰓類動物在普吉特灣也找得到。船側渦流的時速達每小時四英里，因此我們持續用抄網撈捕，直到深夜才罷手。此處水溫頗低，許多北方與南方的動物皆在此交會。庇護港的諸多壓力條件——諸如水流、湧浪和低水溫——似乎都在激勵生命蓬勃發展，這個結果不僅合理、亦理應如此，因為攪動的水域代表水中氧氣充足，還會源源不絕送來食物。除此之外，此處的艱難生存條件——缺乏安穩的立足點、環境擁擠、彼此競爭——似乎都讓動物變得更剽悍堅強，設法熬過逆境求存並成功繁衍。是說危險少，刺激也少，故地球說不定是顆仁慈又嚴厲的星球，在她所孕育的所有生命基因庫裡，早已深深烙下這套掙扎奮鬥的求存模式——若移除阻礙，求生動力亦隨之委靡不振。若動物生活在溫暖、食物來源豐富的水域裡，極可能會因為安於懶散怠惰的小確幸而不育不孕。把這種情況放在人類身上，似乎也完全說得通：阻礙與難關能培養一個人的力量、聰明才智及變通能力。塔西佗[1]在著作《歷史》提到，古羅馬人進一步提升這種

1　譯注：羅馬帝國元老院元老，著名歷史學家。

思維，將「讓敵人處於溫暖氣候、令其易於取得豐富充足的食物」作為對抗日耳曼人的策略之一。他表示，這種做法比其他任何方法更能快速瓦解軍隊戰力。如果這個道理在生物學上是成立的，那麼在理想的未來狀態下，日日溫飽且處處受保護的公民們將面臨何等下場？

「軍隊溫飽效應」此經典例證的論點在於，士兵不可避免地會因此失去紀律，把精力浪費在一些無謂爭執上。條件刻苦的士兵雖不知開心、滿足為何物，但他們永遠準備好投入人與人之間更為艱苦血腥的搏鬥；又或許，這一切壓根沒有特殊意義。就我們所知，截至目前為止，人類史上只有一個政府**並未**藉由持續保持機警及有紀律的組織來保護人民，對抗真實或想像的外在敵人——那就是遭皮薩羅征服的印加文明。印加人不堪一擊，以致光憑一小群兇猛、身經百戰的傢伙便足以擊敗整個帝國。反之亦然。唯有當西班牙人消耗並破壞印加的食物來源，推翻其透過布料、穀物交易所建立的嚴謹經濟制度，飢寒交迫、命運悲慘的祕魯人才有機會蛻變為不可小覷的危險力量。我們幾乎無條件相信，打勝仗的極權政府和吃敗仗的極權政府，兩者崩潰瓦解的速度都差不多，頂多前者撐得稍久一點而已。事實上，慘敗說不定比勝利更能讓人維持激烈的求勝意志，因為人類戰勝敵人的機率遠遠高於戰勝自己。

島嶼總是教人驚奇神往。老一輩的說故事人若想講述奇聞異談，幾乎都把背景設定在一座島上——仙境島和阿瓦隆，亞特蘭提斯與日本國[2]，個個都是地平線彼方的黃金島嶼。在那些島上，什麼事都可能發生（至少這類資訊在過去很難查

證）。或許，你我心中至今依舊存在「島上就是會有怪事發生」的想法。往後倘若有時間、物資充裕，我們真心希望能重回守護天使島。我們渴望踏上枯荒山丘、走進毒蛇橫行的山谷，承受炙熱、口渴、蚊蟲叮咬與蜘蛛毒液；我們全心全意相信傳聞中的一切事物。我們相信島上藏有大量金塊，另外還住著許多怪奇動物（譬如一輩子不喝水的高山山羊）；如果有人告訴我們島上有史前穴居人，我們大概會認真考慮一下才決定不相信他。這是另一座黃金島，可惜將來不是被採礦公司占據、就是拿來蓋戰俘營。

截至目前為止，西方飛翔號沒人鬧病號。不過在庇護港時，丁尼有些沒精打采，後來才承認他其實不太舒服；於是眾人齊聚小廚房問診並殷殷說明，不論對他或對我們而言，問診都要比屍檢愉快多了。大伙兒輪番提問 —— 其中有些或多或少涉及隱私，但丁尼卻藉機自吹自擂 —— 最後，我們開給他一種幾乎能治百病的藥方，顯然丁尼自個兒也私藏不少。幾個鐘頭後，丁尼搖搖晃晃、兮兮傻笑地爬上甲板。他說，他始終以為是「愛」的那種感覺，到頭來只是胃脹氣而已；他還說，他希望他所有的愛情問題都能像這次一樣輕鬆解決。

史帕奇和丁尼最近一次具體表現他們對墨西哥人的**好感**，已是好一段時間以前的事了；隨著我們愈來愈接近瓜伊瑪

2　譯注：仙境島為蘇格蘭的神祕島嶼。阿瓦隆為《亞瑟王傳說》中的傳奇島嶼。亞特蘭提斯是傳說中擁有高度文明發展的古老大陸。日本國（Cipango）為古歐洲對日本的稱呼，發音源自中文。

斯，兩人也開始有些躁動，倒不是說在抱怨什麼，他倆就只是輕聲聊著種種計畫和想法。泰克斯婚禮在即，他利用這件事克制自己想表達好感的衝動；不過他怕我們又逼他節食，絕口不提「婚禮」二字。至於船長東尼，他老神在在，尋找新錨點或未知停靠點在別人看來是樁麻煩事兒，他卻十分著迷。東尼會是個了不起的考察遠征船船長，他思慮縝密，判斷少有失誤。至於其他人則是無時無刻都在忙。稍早之所以提起大伙兒的健康問題，是因為我們打從心裡相信：生理狀態會影響實際採集成果，心理狀態則透過生理顯現。手指生爛瘡的人或許無法翻動石頭、找到藏在石頭底下的動物，然而我們在消化不良、胃脹氣時所觀察到的世界，似乎比單純用眼睛觀看的世界更為深入透澈，而這些因消化潰瘍而扭曲的觀點似乎也總是能在描述動物時獲得印證。最適合觀察動物、理解動物情緒或智力的人，大抵是餓得發昏、性欲高漲的人，因為這種人的心之所繫與動物完全相同。說不定，我們這幫人幾乎已完全符合這幾項要求。

24

四月三日

　　我們繞過守護天使島北端，順著東岸而下。海水清澈幽藍，一道道大浪湧撲而過。近午時分，我們通過一大群長得像飛船的水母，料想是櫛水母或管水母，每一隻大概都有六至十英寸長。海面上滿滿都是水母，我們慢下速度，嘗試撈幾隻上來；不過牠們身體的張力不足以支持牠們離開水環境，遂落得支離破碎、一片片貼在抄網上。沒多久，來了一群鯨魚，其中一隻離我們非常近，氣孔噴出的水珠甚至飛濺到甲板上。鯨魚呼出的氣息難聞至極，世上沒有哪種氣味比它更接近徹底腐敗的味道。說不定是因為那些小水滴還留在甲板上的關係，即使鯨魚離去已久，我們彷彿還能聞到牠的味道。加利福尼亞灣南段常見的鮪魚群，在這兒不見蹤影；不過倒是有不少海豹悠閒徜徉，我們甚至有一兩次還差點直接壓過在海面打盹兒的海豹呢。我們深深感受到這片海域的孤寂——沒有商船，沒有漁船，沒有獨木舟，岸上不見原住民棚屋亦無村莊。此刻，要是遇上哪位出海捕魚的原住民，我們肯定歡迎他登船共享罐頭水果沙拉。但眼前只有荒涼大海。

　　眼見鯊魚島突出的肩部就在東南方位，我們乘風推進；潮

278

流說不定也助了一臂之力，因為船速實在快得不得了。我們來到鯊魚島西岸外海，舉起望遠鏡望向那高聳矗立的斷崖峭壁；這片崖壁陡峭險峻，山峰也比守護天使島的山脊還高。據說原住民賽利人會在一年中的某些時候登上鯊魚島。傳說他們是（或曾經是）食人族，不過賽利族人已多次堅定否認這項傳聞。他們肯定殺過不少異族人，可是最後到底有沒有煮來吃，似乎沒有任何正式文獻記載。在大多數人心目中，「同類相食」始終是個令人著迷的話題，而且這某種程度是種罪惡。也許你我內心深處最真實的想法是：假使人類當真學會以彼此為食，那麼食物來源勢必變得廣泛且容易取得，其結果是要麼沒人挨餓、要麼個人安全蕩然無存。同類相食究竟激發何等程度的憎恨與恐懼，我們實感好奇。即使這些貧困的賽利族人素有獵殺傳統，倒也不致因此對他們心生畏懼；話說回來，若他們實在餓得發昏，說不定真的會在驚慌失措中削下美國公民的一塊肉。斯威夫特那篇關於「食用愛爾蘭嬰兒」的合理建議[1]，令世人對其可行性產生強烈情緒反應：該文認為，當時愛爾蘭嬰兒的健康狀況大多不好，無法成為合適的食物來源。斯威夫特無疑把這項建議視為一道實驗；若實驗成功，那麼愛爾蘭人即有充裕的時間考慮是否該生養更多嬰孩。一般認為，導致同類相食最主要的唯一一項因素就是「飢餓」；換言之，人類若有其他食物可吃，肯定不想吃人。就某種程度來說，這種選擇之所以令人難以接受，或多或少肇因於人肉不甚美味，而這無疑是人類墮落不潔的飲食習慣造成的結果。話說回來，假使「吃同類可能得病」，或男性因為紳士風度、浪漫

傾向的制約而不願以女性為食等種種難關全數排除，所有同類相食的難處亦全數解決，那麼「不好吃」勢必不再是阻止人類彼此互食的遏阻力量，因為無論是屠宰前給予特殊飲食、或於屠宰後悉心調配醬料搭佐食用，改善人肉風味的方法比比皆是。若此事成真，那麼賽利族人（如果他們確實是食人族）壓根不會成為乘載仇恨的對象，而是被視為此新飲食領域的先鋒，備受尊崇。

克拉維赫羅在《下加利福尼亞遊歷》曾提及賽利族人[2]：

一七〇九年九月，聖哈維耶號載著三千斯庫多幣離開洛雷托，前往亞基採購物資糧食，卻遭強烈暴風吹往目的地北方一百八十英里處，擱淺沙灘上；部分隨船人員不幸溺斃，倖存者乘小船自救。然而在靠岸登陸之後，他們旋即面臨另一不亞於船難的嚴峻危機：這片海岸為賽利族人聚落，他們生性好戰，且與西班牙人有著不共戴天之仇。為此，倖存者將小船上的金

1　譯注：斯威夫特為《格列佛遊記》作者。身為愛爾蘭牧師的他曾發表一篇名為〈一項卑微提議〉（A Modest Proposal: For Preventing the Children of Poor People in Ireland from Being a Burthen to Their Parents or Country, and for Making Them Beneficial to the Publick，「為免愛爾蘭窮人嬰孩成為父母及國家負擔，並使其有益大眾而提出的卑微建議」）的諷刺短文，藉此批評當時英國對愛爾蘭的高壓政策，以及世人對愛爾蘭窮苦人民的冷漠無情。

2　1937 年萊克與格雷英譯本第 217-218 頁。

幣、物品倉促埋放，然後再次登上小船、展開另一段
艱險數千倍的航程——繼續前進亞基，並從亞基發消
息通知洛雷托。另一方面，賽利族人不久即發現西班
牙人埋藏的物品，將其挖出並帶回部落；他們甚至卸
下並拆解聖哈維耶號的舵輪組，以取得釘錨。

薩瓦提耶拉神父一得知噩耗，即刻搭乘禁不住風浪的
羅薩利歐號前往瓜伊瑪斯港，再乘同一艘船自瓜伊瑪
斯港趕往聖哈維耶號擱淺處。神父與十四名亞基原住
民穿過一段崎嶇難行的道路，終於抵達該處，途中完
全無法取得飲用水源（為此他們整整兩天沒水喝）。
在等待聖哈維耶號修復的兩個月期間，神父承受飢餓
艱辛、冒著眾人的生命危險，終於贏得族人善意——
他不僅成功取回賽利人盜走的物品，還引導他們與比
馬斯族和平共處（比馬斯族信奉天主，與賽利族比鄰
而居、也是他們最仇恨的敵人）。神父為許多賽利孩
童施洗、為成年人講解教義，以基督精神鼓舞感化族
人，使他們迫切盼望教會能派教士前來，經常地引導
他們、為他們施洗，從各方面影響他們的人生。

因為如此，薩瓦提耶拉神父蒙主恩典、輔以親切友善
的治理引導，成功征服這群令西班牙人深感懼怕、也
讓其他原住民避之唯恐不及的野蠻暴戾之人，並且持
續在他們身上見到意料之外的服從與良善天性。感謝
天主透過這起不幸的船難賜予如此豐沛美好的恩典。

　　然而，薩瓦提耶拉神父「親切友善的治理引導」並未徹底改變賽利族人，因為他們直到不久以前仍持續殺害異族。不過這段文字倒是有一處挺有意思：克拉維赫羅提到，薩瓦提耶拉神父搭乘的是**禁不住風浪**的羅薩利歐號。鑑於一長串遭暴風吹離航道並沉船擱淺的船難紀錄、以及各式各樣的海上災難，他們竟然有辦法判斷一艘船禁不禁得起風浪、適不適航，實在非常了不起。只要略讀近代教士或軍事領航員製作的航海紀錄，不難看出他們對祈禱的信心遠勝羅盤。我們認為，今日航行於加利福尼亞灣的領航員們大概也和前述這群人師出同門，學的是同一套航海術，畢竟我們在瓜伊瑪斯、拉巴斯見識過不少違反所有物理定律，卻仍自在航行的船隻。料想天堂某處大概有一間小小的操舵室——憂心忡忡、滿心焦急的聖克里斯多佛）[3] 幾乎泰半時間都窩在這裡，以滿手的奇蹟照料航行於加利福尼亞灣的大小船隻。

　　鯊魚島整體顏色偏紅，與這段期間在其他地方所見的灌木叢相比，這座島上的灌木特別茂盛蓊鬱。山丘間的摺皺偶見簇簇貼地生長的小樹，有點像加州的胭脂櫟（scrub-oak）；然其真實身分為何，自是不得而知。傍晚五點半左右，我們繞過西南角的紅崖岬（Red Bluff Point），在岬角長長的背風面下錨停船，避開強勁北風。其實鯊魚島並無所謂的西南「角」，用這個字純粹只為方便記錄，理由是這座島壓根就是一塊幾乎與羅盤指針鉛直平行的方地。我們在岸邊尋找賽利人的蹤影，但

3　譯注：哥倫布的守護聖人。

一無所獲。鑑於我們正處於慣常的飢餓狀態，最後究竟是賽利人吃掉我們、抑或是我們吃掉賽利人，誰也說不準。照理說，誰先咬下第一口，另一方就是盤中飧；只是我們始終沒見著半個賽利人。

紅崖岬所在的海岸相當有意思。岬底是一片低緩平坦、逐漸朝海面傾斜的岩石帶，岩石上有許多瓶壺般的孔洞，在退潮時自成一座座美麗的自然水族箱，儼然是十分理想的採集點。紅崖岬南側有幾根礁脈狀的長石柱，向外突伸，柱與柱之間則是沙底淺灘，像極了碼頭間的泊船空隙。再往南走是一片巨石灘，四散的石塊半掩在沙地裡，最後是粗沙灘。我們又一次碰上除了泥灘和潟湖以外、幾乎各種條件皆備的潮間帶環境。我們先從岬底岩石著手，在小小的壺洞裡發現可愛的水螅、珊瑚、色彩繽紛的海綿和少許鮮亮綠藻。壺洞裡有好多藻蝦。這小東西實在難抓，因為牠們的身體近乎透明、幾乎看不見，而且跟龍蝦一樣會快速甩尾移動，極為敏捷。藻蝦只有鰓和消化道有顏色，像個透明模型，讓人一眼就能瞧見牠們體內的生理活動。我們慢慢把雙手放在藻蝦群下方、再逐漸朝水面上移，透過這種方式撈了不少回來。

濱海岩石帶該有的都有：海灣太陽星、海葵、海參、海膽，另外還有許多大型螺類[4]（我們抓了數百隻）。往潮間帶高處移動，我們發現不少在聖盧卡斯岬見過、貌似鐘螺的螺類，唯一的差別在於此處水溫極冷，而聖盧卡斯岬則相對溫暖許多。這裡少見紅石蟹，主要由「厚紋蟹」這種北方蟹取而代之。我們小心翼翼地採下許多單體珊瑚 —— 連同棲息其中的大

量海榧 —— 悉心置放，唯恐壓碎或折斷牠們。這些動物從外觀上看實在像極了植物，宛如連接動植物界的幻想橋樑；一如某些明顯帶有神經性或肌肉性適應行為的植物，從植物方朝動物靠攏。

我們也在這裡挖了些藤壺，抓到兩種蛇海星科的藍海星（*Phataria* 和 *Linckia*）和海綿、海鞘。從岬底岩石帶往礁脈石柱移動的路上，我們看見、也抓了幾隻極溫馴的蜘蛛蟹[5]，小小的身體彷彿滿滿都是腳。好些刺魟靜靜伏於石柱間的淺灘上，其中兩隻正在一處小灣邊緣交配：公魚（或母魚）背部著地，交配對象靠在牠身上、頭與頭靠在一起。我們想把這一對抓回去，於是稍作等待之後（等我們硬起心腸、抹去浪漫情懷），我們用小魚叉一口氣刺穿牠倆，將這對氣呼呼、美夢破滅的愛侶送進採集桶。原以為牠倆會繼續交纏在一塊兒，以交媾之姿被保存下來；無奈牠們纖細的情感突遭冒犯，雙雙鬆開彼此。

同一時間，丁尼乘著小艇、在那一道道類似泊船空隙的小灣裡移動，又起好幾隻刺魟。我們在沙灘上抓到不少海參，也在某處泥池底徒勞地尋找一隻毛蟹（我們剛瞧見牠鑽進洞裡）。這裡物種豐富，非常適合採集，不過此地的地質特色、物種分布與灣區這一帶的地理條件完全相符，因此除了紅崖岬岩帶絕佳的棲地環境使其擁有大量且多樣的物種以外，這兒可

---

4   *Callopoma fluctuosum*。

5   *Stenorhynchus debilis*。

說是了無新意。

　　天色漸墨，我們點亮甲板上的燈光，看見貌似梭魚的魚群前來獵食趨光聚集的小魚。我們在三叉戟尾端綁上釣線，投擲捕魚；平均每十次就能戳中一隻、拉上甲板。這時突然發生一件趣事。一群蝙蝠從岸邊飛來，牠們身體雖小，翼展卻寬達十二至十五英寸；雖然咱們這兒沒見著半隻昆蟲，蝙蝠群卻一逕繞著西方飛翔號盤旋不去。當時史帕奇正趴在欄杆邊上拋叉戳魚。他非常怕蝙蝠。有隻蝙蝠忽地撲近，他反手就把魚叉扔出去；好巧不巧，魚叉倒鉤戳中蝙蝠，並且又有四、五隻接連俯衝，直撲史帕奇的腦袋。史帕奇嚇得把魚叉一扔、躲進廚房。不幸遇刺的蝙蝠落在船邊海面上，但我們還是把牠撿回來了。

　　但接下來又發生另一件更奇怪的事。這數百隻蝙蝠彷彿同時收到信號似的，集體轉向朝岸上飛去，瞬間沒了蹤影。此刻我們還沒拿到那隻蝙蝠的剖檢報告，故不確定牠們是哪個品種；曾有報告指出某些蝙蝠會吃魚，說不定牠們就屬這一種。我們嚴正警告史帕奇必須對這件意外守口如瓶。「史帕奇，」我們說，「我們很清楚你在蒙特瑞的種種名聲，譬如講話老不老實之類的。換個方式說吧，這件事並非無可非議。所以如果我們是你，我們絕不會向任何人提起戳中蝙蝠的事。任誰都會講故事、編一些冒險奇聞什麼的，但我們沒道理讓已經搖搖欲墜的名聲變得更加不堪，你說是吧？」史帕奇保證他絕對不會說出去，然而一回到蒙特瑞他就憋不住了。一如我們所料，眾人聽聞即哄堂大笑。蒙特瑞的鄉親逢人便問：「你知道

史帕奇說了什麼嗎？他竟然說他刺中了一隻蝙蝠！」

當別人向我們問起這件事，我們制裁史帕奇的方式就是回問「蝙蝠？什麼蝙蝠？」現在史帕奇對整起事件非常敏感，也更強烈地討厭蝙蝠了。

我們抓到十二條梭魚，部分防腐保存，其餘的也沒打算吃掉；橫豎馬鮫魚和鮪魚實在美味，我們犯不著再拿其他魚種實驗佐證。

星空下的鯊魚島群山墨黑深沉，大海一片平靜。丁尼在甲板上刷襯衫，弄出些許噪音；我們即將抵達瓜伊瑪斯，丁尼為此愈來愈焦躁。我們聊起蝙蝠，討論牠們的神祕和在人類心中引發的恐懼；伊凡‧桑德森在《加勒比海寶藏》第五十六頁對吸血蝙蝠做了一番有趣的描述：牠們不僅是狂犬病帶原者，牠們的存在也和吸血鬼文化緊密相連；在社會大眾心目中，吸血蝙蝠與狼人傳說關係密切。一般人可能如此臆想：在世界各地出沒的狼人可能都是得了狂犬病的人，而吸血鬼與狼人經常彼此相伴。這實在是極富想像力的迷人臆測，不用說，所有不理智、幾乎本能地懼怕蝙蝠的反應都可能和某套記憶模式或恐怖回憶有關，使人聯想到邪惡蝙蝠可能做出哪些惡行。

在讀過許多科學與半科學探險故事之後，我們發現我們心存兩項強烈偏見或執念。第一項發生在某位女性登船的時候──即某位伙伴的妻子。她自始至終都沒有名字、亦不曾以平等的地位提及其存在，敘事時一向以「同伴」、「船長」或「伙計」等其他身分出現。她在每一張照片裡都是「金髮濃密、皮膚粗糙」的模樣，讓畫面看起來「挺有意思」的。第二

種則是和歇斯底里的喜愛之情有關，經常藉由「離別時的感歎」表現，常以西班牙文示之。這份情感在本書結束時亦一發不可收拾，慣用句是「於是乎 ── 」。不知為何，我們總會用上「於是乎」這三個字。「於是乎，我們告別鯊魚島，誓言再度歸來。*Adiós, Tiburón, amigo*。再會，鯊魚島，我的朋友。」這位有著濃密金髮的伙伴和這份熾熱澎湃的情感，莫名地令我們微微窘促不安。於是乎，我們道別鯊魚島，整裝出發，繼續南行前往瓜伊瑪斯。

25

四月四日*

　　在前往瓜伊瑪斯途中，我們用假餌和釣線釣起兩尾漂亮的馬鮫魚。之前幾個假魷魚餌因頻繁使用而裂成好幾片，只得拿白雞毛修補。我們整天都在行船趕路，終於在向晚時分瞥見來自瓜伊瑪斯的垂釣漁船；船上的玩家裝備齊全，那一身行頭包準嚇得魚群舉鰭投降。這些玩家在精神上總是熱切地想超前一步 —— 想早一步料到魚兒的下個動作 —— 有時候倒也真料到了。我們在想，若能找個時間參加這類和釣魚有關的智力活動，而不是用釣線加雞毛假餌這種野蠻方法釣魚，或許也挺有意思的。那些「漁民」坐在旋轉釣椅上，看起來輕鬆愜意，乾乾淨淨、膚色紅潤；反觀長時間以來只能用海水洗衣的我們，不僅全身黏呼呼，身上彷彿還覆著一層鹽巴似的。在這種乾淨、舒服程度都比不過人家的情況下，我們豎起一道名為「輕蔑」的防護網：對方啥事也沒做，但我們就是討厭他們。史帕奇和丁尼的輕蔑大概是真的，不含一絲嫉妒豔羨的成分，因為家族數代皆以捕魚維生 —— 他們是出海捕魚，不是出

---

* 原文 4/22，照前後篇推算應是 4/4。

海炫耀。不過即使是他倆大概也想坐在旋轉釣椅上，一手釣
竿、一手結霜的啤酒杯，咕噥抱怨民主黨人害他們日子不好
過，祈禱卡爾文・柯立芝[1]滿載而歸云云。

我們不急著當晚進瓜伊瑪斯。理由是非上班時間的引航費
用不便宜，而我們手頭愈來愈緊；因此，我們大概在晚間六點
左右繞過雙角岬，駛入聖卡洛斯港。這是另一個擁有狹窄岩岸
入口的美妙小港灣，入口兩側以陡峭的岩壁屏障，寬度不超過
八百碼；灣內的泊點深度約五至八噚。海灣最前端鑲著一片沙
灘，近入口處則轉為礫石灘。眼前還有時間下船採集。

我們先到礫石灘，抓了幾隻沒見過的螺類和兩條蜒蟲；然
而不論是岩石上或岩石底下，這兒的動物相與鯊魚島幾無差
異。此處水暖，蝦子多得像濃湯，遂隨手用抄網撈了好些回
來；我們迅速勘察這塊區域，因為天就快黑了。夜幕一落，
西方飛翔號四周漸漸響起一連串奇怪聲響——先是規律地**唰
唰**響，接著是多次水花劇烈潑濺的聲音。我們奔上甲板室，打
開探照燈，發現海灣裡擠滿了小魚，顯然都是來吃蝦的；不時
有六至十英寸長的中型魚成群且快速游向小魚（這就是我們聽
見的尖銳唰唰聲），然後在更遠處則有大魚巡游，時而躍起、
重重落下。史帕奇和丁尼二話不說、立刻抄起長柄撈網爬上小
艇，奮力投網捕魚。我們大聲喊話，問他倆抓魚幹麼；惟兩人
充耳不聞。巨量的魚群點燃他們心中的熱情——他們原本就
是討海人，亦是討海人之子——捕來的魚怎麼銷是生意人的

1 　譯注：柯立芝為美國第三十任總統，共和黨籍。

事兒，他們只管抓魚。兩人狂抄狂撈，偏偏就是無法一次圍剿，沒多久便筋疲力竭地歸來。

　　桶子裡擠滿一英寸至一英寸半的小魚，搞得這桶水幾乎都快變成固體了。史帕奇大步走進廚房，拿出最大的炸鍋往爐上一擺、開始嘩嘩地倒入橄欖油。待油鍋滾燙，他直接抄網撈小魚——每次大概上百條——洗都沒洗就扔進鍋裡。我們隔著廚房小窗遞網送魚，史帕奇負責下鍋油炸。不一會兒工夫，這些小魚全都炸得金黃酥脆。起鍋、瀝油、撒鹽，小魚酥美味極了。這大概是人類吃過最新鮮的魚了——或許日本人（有人說他們吃活魚）還有大學男生（有照片為證）除外。每條小魚都炸得蜷曲金黃、酥脆爽口，好吃得不得了。我們大概吃了好幾百條。飽足之後，眾人重拾夜間例行工作——撈起趨光而來的浮游動物。我們撈蝦、撈蝦苗，抓了一些浮游小蟹，數量最多的則是透明帶魚。船外，獵者與獵物發出的唰唰聲與潑濺聲，徹夜不絕於耳。我們不曾待過魚群密度這麼高的海域。燈光穿透海面，照出水面下密如固體的魚群——擁擠、飢餓、狂亂的魚兒，飢腸轆轆到難以置信的地步。魚群步調一致地迴旋巡游，集體轉向、集體下潛，彷彿數百萬尾小魚皆遵從同一道包含方向、深度與速度的模式指引。我們把魚群視為個體之集合，這其中肯定有什麼謬誤：魚群以某種尚不知曉的方式控制個體功能，使其看來彷彿是一體的；除非將整體視為單一個體來考量，否則我們無法理解箇中關係的精細複雜。來自外在的刺激可能還未影響魚群中的任何一尾魚，但「這隻魚」卻發動「全身細胞」予以回應。這尾「大魚」（也就是魚群）似乎擁

有自己的天性、動力和目標，牠的存在大於、亦不同於群體的總和。如果我們能以這種方式思考，那麼魚群中的每條魚都朝著同一方向、魚與魚的個體間距亦完全相同，以及魚群似乎聽命於群體智慧，看起來就沒那麼不可置信了。假如魚群本身合為一體，那牠們何來不會如此行動？如此推測或許天馬行空，但我們懷疑，若將群體視為一頭動物、而非個體的總和來研究，說不定會發現群體中的不同部分各自肩負不同的特定功能──體弱、動作慢的魚兒甚至可能被當成安撫獵者的零嘴兒，以確保「整隻魚」（魚群）的安全。這個小小的、聚集多種魚群的聖卡洛斯灣，給人一種整座海灣是個「規模更大的整體」的感覺（**感覺**二字並非隨口說說，而是仔細思量的結果）。海灣內各物種透過對食物的依賴建立關係，而牠們同時也是彼此的食物來源。這個「規模更大的整體」內部運作順暢、欣欣向榮──小魚吃蝦苗，大魚吃小魚，更大的魚吃大魚──猶如一套運作機制。說不定，**這套**生存機制是整座海洋、進而推展至整個地球存在的關鍵要素。全體生物似乎只聽從「活下去！」這條戒律。生命形式、物種、個體、群體全都是求生裝備，求存利器；眾生為了生存而膽怯、兇暴、耍小聰明、產毒帶毒、以智取勝。該戒律言明：個體的死亡與大量毀滅皆是為了整體求存。生命只有一個終極目標：活著。所有的機制和詭計、所有的成功與失敗，全部都是為了達成這個目的。

26

四月五日

　　那天早上，我們短暫行船即抵達瓜伊瑪斯。自離開聖地牙哥以來，這是我們停靠的第一座擁有像樣通訊管道的城鎮。世界與戰爭已然離我們十分遙遠，日常生活中所有刻不容緩的事物全都慢下來了。對於重返報紙、電報、商業買賣的日常生活，大伙兒壓根稱不上開心，甚至還有點退卻。過去這段時間，我們彷彿漂浮在某種雙重世界裡——一個與真實平行的世界；對此刻的我們來說，以往總是占據心頭、屬於原來那個世界的事物（即「現實」）全是失心瘋的虛無幻影。隔著一段距離觀之，現代經濟、戰爭野心、政黨立場與附庸關係，仇恨、政治、社會及種族問題，全都沒了道理。是以我們能夠理解——因為我們也有同感——加利福尼亞灣區的原住民在聽聞北方佬像螞蟻一樣鎮日瞎忙時，他們大概會悲哀地搖搖頭說：「太瘋狂了。有輛新的福特車、有自來水當然很好，但沒有必要為此失去理智吧。」除此之外，我們體內的時間因數也不一樣了：我們以潮水為鐘，以噗噗躍動的引擎計秒。

　　現在，我們離瓜伊瑪斯愈來愈近，終點已然在望。在瓜伊瑪斯之後，我們只安排了兩到三個採集點；接下來，礙於租

約期限，我們勢必得兼程趕路、設法在合約載明的日期趕抵蒙特瑞。再怎麼說，租約讓我們能照著時程走，然而大伙兒卻已經開始想著要用什麼方法重回加利福尼亞灣了。這段旅程猶如黃粱一夢，一段遠離迫切事物的短暫休息。在與墨西哥人接觸、相處之後，我們對所謂的「利益交換」有了不同的看法。說不定、或甚至可以很肯定地說，這些人並非不懂得利益交換，只不過交換的層次和我們一般人設想的有所不同罷了。他們之所以替我們做事，並非抱著期望或覬覦利益；我們猜想這其中肯定涉及某種好處，但不是我們習慣的、可以經手交換的實質物體。然而在與他們交手的每一段過程中，卻又存在某種「交易」——彼此交換了某些東西，某種無以為名的重要價值。說不定，這些人圖的就是這種無以名狀的事物。或許，他們討價還價的標的是情感、是歡樂，或甚至只是短暫接觸。那些原住民來到西方飛翔號、在欄杆上一坐就是天荒地老。說不定，那時他們正在取得或獲得什麼。雖然我們送他們禮物，但他們肯定不是為禮物而來；他們出手相助，完全沒想過會有物質報酬。物質有所謂的實質價值，但沒有誰會像敝國人一樣，用錢換取仁慈與善良。我們的每一次接觸都是這樣。他們太習慣於精神交易，很難把物質跟金錢劃上等號。譬如我們想買他們手上的魚叉，馬上就會碰上這道難題：價格怎麼算？原住民朋友數年前花了三披索買下魚叉。由於他已經付了這筆費用，故顯然這就是魚叉的價錢。可是這位朋友還沒學會「時間就是金錢」的道理：即使他得划著獨木舟、花三天時間才能買到另一根魚叉，他依舊不會把他耗費的時間列入價格

計算，因為他從沒想過時間也能作為交換的籌碼。起初，我們試著讓他們明白，「時間」對我們來說是可供交易的物件，但最後我們不得不放棄說明。原住民朋友說，時間是持續的呀，如果有誰能停下時間，或是把它拿走、囤積起來，那麼這筆買賣或許可行。可是這樣的話，空氣、冷熱、或健康或美貌都可以拿來賣了。我們想到美國那些大企業——他們賣乾淨空氣、賣暖氣賣冷氣，在廣播節目裡討價還價販賣健康，還有那一盒盒一瓶瓶的美麗，樣樣所費不貲。這事無關善惡，只是價值觀不同。原住民朋友認為時間與美麗無法捕捉、亦無法販售，但我們不僅知道它們**可以**販售，還知道時間可以扭曲、美麗也會變醜。然我們再次重申，此事無關善惡。美國人寧可捨棄白罐子裝的非處方藥，多花錢買黃色小瓶的處方藥片，甚至就連折射光也有價碼。敝國人會為了**應該**而非**想要**而花錢買書。政客販賣恐懼，好讓自己有囤槍備戰的理由。觀光客從一塊塊番茄色肥皂買到浪漫冒險。有錢人找槍手買教育、自抬身價，好讓自己看起來更有分量。美國人花錢買痛，再買止痛劑止痛；買勇氣買精神，到頭來卻是一場空。看在原住民眼裡——他們可以用銀幣買到天堂入場券，還能把爸爸從地獄贖出來——我們著實荒謬可笑。不過這些原住民實在天真無知，以致無法理解哪天要是真有個破除偏見、大徹大悟的傢伙戮力研發，最後極有可能冒出各式各樣荒謬的衍生商品來。

話說回來，若再思考各種族的條件狀況，定會發現大伙兒各有其矛盾之處。就拿「了不起」來說好了。我們覺得這些原住民非常了不起。在我們看來，原住民婦女能躺在排水溝裡打

眺兒，非常了不起，這事我們完全做不到；但即使如此，他們也會希望我們能暫時給予物質上的協助。我們一度認為，教育、公共衛生、改善居住條件或甚至政治手段（民主、納粹、共產主義等等）才能作為不同文化之間的橋樑；現在看來，搭橋的難度似乎不高──仗著幾條好開好走的馬路和高壓電纜，輕輕鬆鬆就能攢破文化藩籬；這兩樣東西通往哪裡，那地方就會迅速發生變化。只要和廣播電台掛鉤，只要讓鋼筋水泥公路穿山越嶺、破壞聚落的「在地性」，任何政治形式皆得以入侵。一旦外界得以接觸加利福尼亞灣區原住民，後者也會開始考慮是否該把乾淨的腳丫子看得比乾淨的心靈更重要。好走的路、高壓電纜（可能還有罐頭食物）都是構成文明的要素與途徑；僅供局部區域使用的一一○伏特供電系統和彎彎曲曲的泥土路，確實可能使一群人長時間與外界隔絕，而日夜運作的高壓電系統和輸電網能讓這群人與文明網絡搭上線。亞俄地區如此，英格蘭鄉村如此，墨西哥亦然。「時代精神」（*Zeitgeist*）[1]暢行無阻，沒有一處逃得過它的掌握。

然而這一切仍舊與善惡無關。在我們這群被複雜搞得有些疲憊、對熟悉畫面無知無感的人眼中，原住民似乎是一群精力充沛、純粹簡樸的人。如果我們容許自己繼續以無知的態度面對原住民的複雜文化，那麼我們或許會渴望擁有他們的條

1　譯注：德文，因黑格爾藉以闡述其歷史哲學而廣為人知，後直接引入英語世界使用。《韋氏辭典》詞條解釋為「一個時代整體的智識、道德或文化氛圍」。

件，認為他們略勝我們一籌；但另一方面，總是捱餓受凍，哀悼在煉獄中受苦的祖父和一票叔叔伯伯們，為了牙痛受折磨、因為營養不良而眼睛痠痛的原住民們，說不定十分羨慕我們的奢華生活。各位肯定不難回想起自己混亂又複雜的童年時代：當時我們有多渴望能快點長大、變成簡單又不複雜的成年人，因為只要把手探進口袋、掏出錢來，所有問題即可迎刃而解。那位農場主人不就說過：「你們的國家沒有貧窮，沒有悲慘苦痛，而且人人都有福特汽車。」

* * *

我們抵達瓜伊瑪斯的時間還算早。完成通關例行程序、前往領事館領取郵件之後，我們回到港口進行多項活動；某些活動相當有意思，惟與本記事主題無關。瓜伊瑪斯剛好落在一條現代公路的動線上，故已不再是「偏鄉」。在拉巴斯與洛雷托，灣區和城鎮本身是一體的，兩者不可分割地綁在一起；然而在瓜伊瑪斯，鐵路和飯店徹底打破了這層關係。此地處處可見為觀光客打造的華而不實之物。我們並非反對改變，只是在我們眼中，瓜伊瑪斯似乎已超出加利福尼亞灣的界限。我們在此地受到盛情款待，遇見許多可愛又有魅力的人，好事做了、壞事也沒少幹，最後依依不捨地告別。

27

四月八日

　　星期一，我們啟程離開瓜伊瑪斯。心情微憊，身體彷彿不是自己的。身兼領航員及捕蝦船老闆的寇羅納船長好客友善，不僅領我們出港，還特地攔下一艘為他所有、碰巧進港的船隻，讓我們挑揀樣本。這艘船又破又小，沒捕到多少蝦。這一帶的漁民無不抱怨日本捕蝦船快毀了本地的捕蝦業。我們決定明天來訪訪這些日本捕蝦船。才出了瓜伊瑪斯、放領航員下船，加利福尼亞灣便再度回歸在地本色，又是我們心頭腦海中的那副模樣了。蜃景籠罩陸地，海水深邃幽藍，我們只航行了一小段，就在帕哈羅島燈塔對面的小海灣停船下錨。那天晚上，我們抓了好些長得像、感覺也像鯰魚的魚。泰克斯把魚皮剝了、簡單處理一下，不過我們沒煮來吃。大伙兒鬱鬱寡歡。史帕奇和丁尼徹底愛上瓜伊瑪斯，兩人已打算要再回來、永遠定居此地；而泰克斯和東尼則是有點想家，心情惆悵。

　　天還沒亮，當地人出海捕魚的拍槳聲把我們全都吵醒了。我們起錨繼續此行的採集工作，不知怎麼著感覺鬆了口氣。晨霧迷濛，陽光穿過濃霧，溫熱得令人不快；海水油滑、起起伏伏，溼氣黏答答地沾附在我們身上。

　　約莫過了一個鐘頭，我們遇上日本捕魚船隊：有六艘漁船正在進行拖網作業，另外還有一艘噸數至少上萬的母船停在近岸處。這幾艘拖網漁船本身噸位也不小，大概每艘六百噸，長約一百五十至一百七十五英尺。連同母船在內，這個船隊總計有十二艘船，且船隊運作得相當有條理；海底的大蝦小蝦它們一隻都沒放過，就連其他動物也同時一網捕盡。漁船以梯形編隊拖著交疊的拖網緩慢巡航，幾乎把海底刮得一乾二淨。凡是能順利逃脫的動物，想必動作極其敏捷，因為就連鯊魚都不見得躲過一劫。墨西哥政府何以批准這種徹底破壞珍貴食物來源的捕魚作業，著實是個謎；其中說不定有什麼黑箱作業或收受回扣一類的事，不過我們也不好探查就是了。

　　我們想登船瞧瞧。東尼設法讓西方飛翔號超前其中一艘拖網漁船，然後從舷側放下小艇、慢慢靠過去。對方倚著欄杆低頭俯視我們，感覺不很友善。我們貼靠對方船舷（差點弄翻小艇），將漁業部的公函遞上去，然後忐忑不安地等待。墨西哥官員站在船橋上細讀文件，突然，氣氛丕變，對方變得極為友善，殷勤協助我們登船，還幫我們把小船繫好。

　　切片狀的甲板向前突出船體，拖網撈上來的巨量漁獲就直接倒在這塊甲板上。甲板一側有條長板桌，捕來的蝦子在這兒掐了頭就直接扔進斜槽；至於這些蝦子究竟是即刻冰凍或裝罐，不得而知，但我們猜想裝罐的地點應該在母船。方才登船的時候，拖網才剛撒出去，惟此時纜索捲筒已經動起來了，將沉沉一大包漁獲吊上船。巨大的拖網像封口麻袋一樣出現在眼前，接著便將數噸動物一股腦兒全吐在甲板上——好幾噸的蝦

和好幾噸的多種魚類，包括馬鮫魚、幾種鯧魚、鯊魚（流線型的貂鯊和斧頭鯊都有）、鳶魟和大燕魟、小型鮪魚、鯰魚以及好幾噸砲彈魚。此外還有海葵和草叢樣的軟珊瑚。料想整片海底大概都被刮得清潔溜溜吧。拖網網口一開、將大量漁獲倒在甲板上的那一刻，日籍船員立刻上前開始工作：蝦子留下，魚類則一律扔回海裡。海面立刻布滿點點死魚，海鷗成群而來，大飽口福。撈上來的魚幾乎都處於瀕死狀態，僅少數能勉強恢復。如此浪費食物實在糟糕透頂。奇怪的是，日本人明明就是勤儉節約的民族，竟然也會做出這種事。一批批去頭的蝦子被鏟進大簍子，送上長甲板；至於拖網則老早下放繼續作業了。

船長准許我們挑揀幾樣具代表性的魚類或其他動物。若是在船上多待幾天，應該可以大量且詳盡蒐集到在這個深度活動的各種海洋動物吧；即便只是在兩次拖網漁獲中揀選翻找，我們也得到許多不同種類的動物。這個部分墨西哥籍、部分日籍的工作團隊現在對我們非常友善，紛紛拿出珍藏來獻寶：譬如鮮紅色的海馬、色彩繽紛的海扇、還有超級巨蝦。這些動物的稀奇古怪令他們感覺十分新鮮，而他們把這些動物當成禮物送給我們。

舷側每隔一段時間便傳來高亢、吟誦般的呼喊，船橋這一方亦有接應，唱誦回應。上層甲板伸出一段猶如伸展台的構造，測深員站在上頭、擺動測深索，提上來復又再甩出去。每次看完指標讀數，他都會以男高音朗誦日文、報告深度。舵手也會複誦讀數。

我們登上船橋，碰巧與這名測深員擦身而過；他說了一聲「哈囉」，我們旋即停步與他寒暄兩句。不過我們沒多久便意識到，這位先生就只會「哈囉」這個英文字。日籍船長彬彬有禮但相當嚴肅，他既不會說英語也不會西班牙文，料想他身邊必定有位口譯員協助他掌理船務。派駐日籍漁船的這位墨西哥漁獵部官員則是個令人愉快的傢伙；不過，他表示他其實不太了解這些歸他照管的海洋動物。他只知道比較大隻的是「尖額對蝦」（*Penaeus stilyrostris*），小隻的是「加州蝦」（*P. californiensis*）。

船上的蝦子全都帶有膨大的卵巢，非常明顯，牠們和加拿大海域的「長額蝦」（*Pandalus*）一樣，都會歷經「公變母」的變性階段：也就是說，這些蝦子出生時全是公的，但是過了某個年紀之後都會變成母的。這名漁獵部官員非常渴望獲得更多該領域的知識，於是我們答應會把施密特的鉅著《加州海洋十足目甲殼綱大全》及其他我們找得到、與蝦類有關的出版品全部寄給他。

我們非常喜歡這艘船上的人。他們都是好人，可是他們被困在一部巨大、有害的機器裡。好人做壞事。顯然，這群日本人靠著這幾艘大漁船、憑藉他們的組織效率——最主要還是他們的專注精神——很快就會把這一區的蝦子清得一乾二淨。慘遭摧殘的物種不會再回來。生物的平衡機制通常會把分布優勢轉給另一個新物種，而舊有的物種關係亦遭破壞，永不復原。

這些漁船不僅捕蝦，每天也殺掉並浪費好幾百噸的海魚——這些都是非常重要且迫切需要的食物。也許當時的漁業部

長並不了解，墨西哥最好、也最豐厚的食物來源即將枯竭殆盡。如果這個慘劇尚未發生，那麼他們必須制定捕捉上限，也必須規定不可過分密集且徹底地搜刮海底；除此之外，他們也必須仔細研究這片海域，理解其繁殖潛力，維持供需平衡，如此才可能有源源不絕的蝦子可供撈捕。如果墨西哥政府不趕快採取行動，墨西哥的捕蝦產業大概在極短的時間之內就會看見終點了。

我們美國人在自己家鄉幹了太多破壞資源的壞事，樹木、土地、漁業無一倖免。世人應該把我們視為最糟糕的例子，不僅各國政府應避免採行敝國政府的做法，各國人民也應透澈覺悟、展望更為永續的經濟操作方式。美國人對自己擁有的資源毫不珍惜，奢侈浪費，因此整個國家在短期內勢必無法擺脫強取豪奪留下的疤痕；但是在這裡，透過捕蝦產業，我們看見國與國、意識形態與意識形態、組織與組織之間的矛盾衝突。這個組織的組成份子全是好人，我們或許可以在另一些產業——譬如像米高梅這樣的電影製片公司——找到呼應的例子。這些組織的組成份子都非常傑出——厲害的技術人員、優秀的導演，還有這一行最棒的演員；但因為高層的權宜之計、因為某些劣質或腐敗的想法，這些好團隊有時竟然會創造出殘暴、愚蠢、或拙劣的作品，而這些作品永遠無法與它們的創作者匹敵。這艘船的墨西哥官員和日本船長都是好人，但因為他們和這項捕蝦計畫有關（而該計畫由他們背後、位階比他們高的人，透過正直或取巧的手段指揮執行），故他倆正在進行真實的犯罪行為：侵害大自然、破壞墨西哥的切身權益，終

而禍及全人類的利益與福祉。

　　船員們協助我們返回小艇，把一桶又一桶的動物樣本垂降交給我們，然後目送我們離去。這段時間一直在近處緩慢巡航的東尼將我們接回西方飛翔號。雖然捕蝦船上的鯧魚多到隨手一鏟就是數百條，我們卻只揀了一打。史帕奇氣得說不出話，因為我們竟然沒帶任何吃的回來，但我們壓根忘記了。我們重新設定航向，朝南方的月亮溼地前進。那是一片遼闊的內海，地圖上以虛線標示其範圍。我們預期會在那裡看見豐富的河口動物相。前方的弧角與狼角之間夾著斛斗狀的淺海，這種地形經常形成深入海灣的湧浪。丁尼站在船首最前端，發現這片海域有大量鬼蝠魟出沒，提議大伙兒獵個幾隻試試。鬼蝠魟巨如猛獸，「翼展」有時可寬達十二英尺。我們手邊沒有合適的設備，只好改裝一枝帶箭頭的魚叉、再綁上繩索充數。魚叉前端的鐵座鑲著五英寸長的黃銅箭頭。刺中魚身後，箭頭會在魚體內轉向，鐵座穿出、藉木柄浮上水面，繩索則順勢拴住箭頭。

　　巨大的魟魚在近處巡游，翹起的翼尖突出海面。史帕奇爬上主桅瞭望台，從那兒直直望進水裡，指揮舵手。我們在離某隻鬼蝠魟約百英尺處關掉引擎，慢慢滑過去。牠靜靜伏在水面下。丁尼機靈地在船首站好位置，待船身一來到魟魚上方便立刻擲出魚叉。那怪物並未揚起任何沙土，就這麼消失無蹤。繩索被扯至極限，如小提琴弦發出哀鳴、應聲斷裂，一陣奇異的顫慄穿過船身。泰克斯拿著一綑一英寸半粗的麻繩下來，將繩子套進另一根魚叉箭頭；丁尼再度就戰鬥位置，興奮得一腳踩

進麻繩圈而不自知。幸好我們注意到了，也出言提醒。我們慢慢滑向另一隻鬼蝠魟，丁尼又一次失手；再一隻，再度失手。最後這第三次，雖然丁尼擊中目標，繩索也再次發出巨鳴，但這條末端綁在桅柱上、整整兩百英尺長的麻繩一口氣抽送至極限，振動一會兒後旋即斷裂，威力甚是強大。我們的做法完全錯誤，大伙兒亦心知肚明。要想攔住重達一噸半、游速飛快的大魚絕非易事；我們應該用繩索綁個水桶扔下水，讓鬼蝠魟跟這只浮桶搏鬥、令其耗盡體力，只可惜我們裝備不足。這一次，丁尼沮喪得近乎發狂。泰克斯再度變出一條三英寸粗、能承受極大張力且不易斷裂的纜繩，但我們手邊已經沒有箭頭魚叉，泰克斯遂把這綑吊索綁在一支巨大的三叉戟上。待他完成，整組裝備重得就連大男人都很難輕易提起來。這一回換泰克斯操刀。他並未浪費時間碰運氣拋擲。他等船首滑至最大那頭魟魚的正上方，旋即卯足全力垂直送出三叉戟。沉重的纜索迅速滑過欄杆，差點擦出白煙；沒多久，纜索盡出，先是撞出一聲低沉巨響、然後漸漸顫抖，聲音也變得輕柔。我們好不容易把巨大的三叉戟拉上船，只見尖端插著一大塊魚肉。丁尼心碎了。海風漸起，吹皺水面，我們再也看不見水中巡游的大怪物。大伙兒試著安慰丁尼。

「如果當真抓到了，我們要拿牠怎麼辦？」我們問他。

丁尼說：「我會支著帆桁、把牠拖上來，然後吊在艙口蓋上面。」

「但你要拿牠幹麼？」

「把牠掛在那兒啊！」他說，「然後我會拍照。除非我能

拿出證明，否則蒙特瑞不會有人相信我刺中一隻鬼蝠魟。」

他喃喃抱怨了好一陣子，怨我們沒有遠見、沒帶上可捕捉鬼蝠魟的裝備。那天晚上，泰克斯埋頭做工，拿銼刀和金剛砂石做了一支新的箭頭魚叉，尺寸超大。他打算拿這支魚叉搭配三英寸纜索使用。泰克斯說，這條纜索可以承受十五到二十噸拉力，故箭頭不會被扯掉；只可惜他始終沒機會證明這套工具。我們再也不曾遇上鬼蝠魟群。

是夜，我們在狼角燈塔南端下錨，那兒離月亮溼地入口約五英里遠。東尼怕觸礁，不喜歡太靠近這種淺水域。那晚感覺既詭異又驚恐，但沒人知道為什麼。海面再度如玻璃般平穩如鏡，溼氣浸透甲板。我們都有種古怪的感覺，好像有位看不見、但感覺得到的不速之客悄悄上了船；他披著深色斗篷，彷彿就在我們身邊。大伙兒緊張兮兮，情緒焦躁且嚇得要命。泰克斯將海牛調整了一下，使其順利運轉；我們打算明天一早駕小艇上岸，不過距離似乎有點遠。我們在瓜伊瑪斯確認過潮汐表，得知我們必須在天亮前出發，才能趕在退潮時進入河口溼地。那天晚上，有位伙伴做了噩夢、大喊救命，搞得我們其他人輾轉難眠。清晨，天還沒亮，僅兩人起床，於是我們摸黑著裝，安靜早餐。狼角燈塔射出的光束落在北方，甲板盡是露水。我倆爬下小艇，其中一人不慎跌倒、扭傷腳踝。海牛一如既往臨時罷工。我們動手搖槳，利用燈塔確認航向，慢慢划向幾乎看不見的岸邊。一縷羽毛般的白霧貼著海面飄來，然後一縷接著一縷；沒多久，厚厚的白色濃霧將我們團團圍繞。西方飛翔號不見蹤影，遠方的陸地亦突遭抹去。憑著前一道燈塔光

束顯現的位置，我們嘗試判斷海浪方向、調整舵位。但後來就連光束也看不見了。我們棲靠在這片光滑如鏡卻隱約不祥的海面上，與世隔絕。破曉時分，四周漸漸轉為鐵灰色；霧氣極濃，能見度不超過十五英尺。我們繼續搖槳，提醒自己要和湧浪的方向保持垂直。這時候，我們聽見細細的、猶如百萬條蛇同時鑽動、不懷好意的嘶嘶聲。我倆同時低喊：「**哥多納索大風（*cordonazo*）**[1]。」這是一種速度極快的猛烈暴風，常一口氣摧毀大量船隻，強大的風力能排開水面、剪水而過。我們一度非常害怕，簡直怕死了：因為在這片濃霧中，哥多納索大風可能一把將這艘小船掃進加利福尼亞灣、使之沉沒。我們什麼也看不見。嘶聲漸強，感覺就快掃到我們了。

危急時刻，每個人的反應似乎都差不多：恐懼的寒顫直上背脊，肚腹翻攪、噁心想吐；接著，這股強烈反應逐漸削弱，鈍化為「搞什麼鬼啊」的感覺。說不定這是一種「頭腦－腺體－身體」反應，或是某種「休克療法」開始奏效；總而言之，我們不再害怕，倏地振作精神、穩住船身，準備迎接預料中的強風襲擊。就在那一刻，船首似乎輕輕觸及陸地——原來那股嘶嘶聲並非風勢所為，而是海浪強力沖刷露出海面的沙洲所致。我們爬出小艇、把船拖上岸，在沙灘上呆坐了好一會兒。不用說，剛才是真的嚇壞了，這會兒甚至還能感覺到腎上腺素狂飆後、隨之而來的恍惚與遲鈍。坐著坐著，濃霧漸

---

[1] 譯注：墨西哥西岸對北太平洋東南部氣旋的特稱，多於 5 月至 11 月出現。

散，我們看見晨光中的西方飛翔號就在不遠的近海處；而我們此刻所在的位置離原本預定的上岸點只偏離了約四分之一英里。陽光破雲而出。再一次——只要沒有危險、工作亦不吃重，海牛總能輕易發動。於是我們繞過入口沙洲，進入大三角洲。太陽既升，我們終於明白地圖上的河口邊界為何以虛線表示：這片溼地一望無際，看不到界限。蜃影撼動地平線，披上陰沉、失真的形貌——山脈扭曲變形，就連灌木叢亦貌似浮在半空中。除非有人確實走過並丈量海岸的每一尺每一寸土地，否則世人永遠無法得知這種三角洲究竟是何模樣，範圍多大。

一進入三角洲，就看見一艘大型獨木舟靠在岸上，四位原住民剛結束前晚的捕魚工作，準備上岸。他們緊繃著臉，沒有笑容。我們上前搭話，他們慍怒地咕噥回應。獨木舟裡有好幾條又粗又大、外型似梭魚的魚，體型大到必須兩人合力才搬得動，每條大概都有六十至一百磅重。這幾位原住民將漁獲搬進灌木林的一處開口（裡頭依稀可見一片營地及裊裊炊煙），然而對方肯定不甚友善。這是我們在加利福尼亞灣區首度體驗到這種不友善。不過感覺並非對方不喜歡**我們**——他們似乎連彼此也不喜歡。

三角洲的潮水逐漸後撤，在河口形成猶如沸騰的滾滾海流。從生物學的角度看來，這片區域的物種似乎頗為貧瘠，只有幾種小動物、幾種大型螺類和小型螺類，而叢生的透明海葵[2]和幾近無色的海鞘則散布在水底沙地上，並且處處都是頂端像花、身體躲在沙質棲管裡的角海葵。水底另有數以百萬

計、之前沒見過的小型沙錢，體色鮮綠、體表有孔，針棘頗長。再往三角洲內部推進，我們找到好些心形海膽；大多都很小，只有少數幾顆體型較大。沙地上還有好多尺寸不小的洞穴；我們挖了好一會兒，卻始終沒找到洞穴主人。這些小動物要不是動作飛快、就是藏得極深；雖然這些洞穴都在水面下，洞口仍一逕維持開放狀態，洞口附近也堆了不少殘骸碎片。於是我們猜想，這些洞穴大概由某種體型較大的甲殼動物所造，或許是招潮蟹一類的。

此地最常見的物種是腸鰓綱——又稱囊舌蟲或玉柱蟲，體長約三英尺，我們在聖盧卡斯小灣和天使灣都曾找到過。這裡躺著數百條牠們留下的沙便。儘管挖了這麼多次，我們始終認為我們似乎不曾挖出過一條完整的囊舌蟲，一次都沒有。（後來專家也確認我們的猜測是對的。遺憾！）

我們繼續深入三角洲，採到好些貌似文蛤的條紋蚌類，還有很多能吐珍珠的扁平蚌。數百隻大型寄居蟹藉用多種大型腹足動物的殼，四處移動。我們發現一隻長臂、會挖沙的陽隧足，後來證實是「*Ophiophragmus marginatus*」——丹麥動物學家路肯將這種動物從採自尼加拉瓜的眾標本中獨立出來、另立一屬，從那時候起的近百年來，我們是唯一正式發現這種動物並提出報告的人。在這片不易立足的沙地上，各種枝條、大型貝殼及岩石上皆滿覆藤壺；就連會游泳的巨型螃蟹背上也捎了好些藤壺。

2　*Harenactis*。

我們低頭採集期間，海風漸起、吹皺水面。我們在淺水區四處巡遊，試著看看水裡有什麼動物。不少錐齒鯊在此突進竄游，但海底乾乾淨淨、荒涼寂寥，完全不如原本設想的生機盎然。蜃景逐漸擴張，也愈來愈詭異。說不定，那些嚴肅的原住民也被這個不確定的世界搞得不知所措──半英里以外的事物全都無法維持固定形貌，整個世界載浮載沉、顫動變幻，像夢一樣流動。或許反之亦然。這群原住民說不定也經常幻想一個明確、清晰、實際且可靠的世界，一個與他們每日所見完全相反的世界。

我們在這個地方的收穫乏善可陳。趁著潮水復還，我們啟程返回西方飛翔號。或許海牛那天早上也嚇壞了吧，竟然運作得穩定順暢；只是潮勢太強，我們不得不搖槳幫忙，否則單靠海牛之力絕對無法對抗強勁的海流。經過兩小時船槳與船尾馬達的通力合作，我們終於回到西方飛翔號。

我們覺得這地方既不舒服也不友善。某種邪惡氛圍籠罩這塊土地，我們也連帶亦受其影響。伙伴們決定即刻出發，絲毫不覺惋惜；直到拉起船錨、向南朝阿希亞班波前進，那種靜默無語、渾身不自在的感覺才逐漸褪去。我們認為，阿希亞班波應該就是此行最後一個採集點了。

月亮溼地實在古怪。這地方感覺不懷好意──使人不快、做噩夢，還有一連串的小意外。這裡看起來不舒服、感覺也差，我們挺想知道其他人是否也作此想。有道是「觸景生情」，景象能引發情緒，畫作的色彩與線條也能擄獲並扭曲我們的心智、將我們帶進畫家刻意營造的圖像模式裡。如果在這

些偶然並置的顏色、線條之外再加上氣味、溫度及其他種種亂七八糟的關係，我們說不定能描繪或形容這場奇遇——我們在這片溼地所感受到的不舒服與不自在。蒙特瑞以南是一片連綿不絕的濱海之鄉，深深影響每一位心思細膩的人兒；若要他們描述自己的心境，他們幾乎無可避免地會採用音樂、或交響樂般的語言來表達感受。或許，在月亮溼地這塊地方，心靈與精神才是用來表述無法以智力分門別類、亦無法透過智力理解的現實索引。波丁[3] 曾如此評述哲學的崇高本質，以及哲學淪落敗壞的窘境。他說：「假如我們試圖釐清『現實』這門科學，那麼就某種程度來說，思考的法則必須是事物本身的法則。思考與事物都是某種持續進化的條件或環境的一部分，最終必不可相互衝突。」[4]

在統一場假設、或「生命」這個集現實與真實之大成的統一場域中，每一件事物都是另一件事物的索引。心靈的真貌與心靈的運作方式必定是事物的索引，也是事物存在及運作的本質，然而這些表徵索引可能彼此不和諧，不服膺一階邏輯系統而與二階邏輯對立、或甚至另外形成不規則的系統。這兩種表徵或許可以拿來跟「波」的兩種形式對照比較，因為表徵和波一樣，都是非常原始的符號。第一種是規則波或餘弦波，譬如潮汐、光的波動性或聲波或其他能量波，特別是那些穩定輸出、源頭純粹的波。這些波或許是漸進性的（漸增或漸減），

3　譯注：波丁（John Elof Boodin）瑞典哲學家。

4　*A Realistic Universe*, p. XVIII, 1931, Macmillan, New York.

也可能看似停駐不變，卻在每一次振盪時都會發生不易察覺或漸進的變化。第一次扭動、最後一次扭動、中途改變或停止該系列波都會影響此系列波的各項條件；這類型的波或許像潮汐一樣可以預測。至於第二種則是會有一段時間不規則的波，譬如特定地區的降雨圖表，這跟觀察時間的長短所形成的函數有關。這種波無法獨立預測。也就是說，沒有人能肯定表示明天會不會下雨，但我們可以預測未來十年的降雨量與降雨季節。一些關鍵或刻意建立的指標資訊通常比較接近第二種思維模式。

我們曾多次圍著廚房餐桌討論這類主題，也十分真誠地想了解彼此的想法。這種討論通常會引發好幾種反應。有人傾向按兵不動，設好陷阱等對方露出破綻；由於他並不主動出擊，故最後可能白忙一場，失去自己的完整性。第二種反應根本算不上是反應，而是視而不見、只聽不懂，或許是因為懶惰、或許是因為在討論過程中打亂了某種固定模式所致。最好的反應是自在、放鬆、說實話：「讓我先吸收這些道理，然後試著不帶個人偏見去理解它。唯有等我理解你們在說什麼，我才能用我自己的方式仔細審視、批判評論。」這在所有批判方法中無疑是最好的、也是最罕見的一種。

至於最卑劣、最小雞肚腸者，則是一想到得跳出思考框架或固有思維模式就開始害怕、發怒，進而下意識地報復攻擊：挑錯字、挑發音，曲解對方的意思，或者像隻討人厭的小狗在一旁繞來繞去，言語譏諷、見縫插針。我們認識一位評論家，此人曾為了一個錯置的字母而撰文批評，炮火猛烈，但實

情是他討厭對方的主張,故純粹是借題發揮、發洩怒氣。另外
也有人事事存疑、一逕自我保護,無時無刻不提防他人,滿腦
子的傻念頭就只為確保自己不致遭人愚弄;這種頑固的自我保
護通常得付出很高的代價。

　　其實,想法、概念本身並不危險,除非它們找到比「心
智」更足以生根滋養的沃土。領導者和未來的領導者非常害
怕「共產主義」或「法西斯主義」這類**想法**可能導致起義或造
反,但事實上,若是沒有怨懟不滿的黑土供其生長,這些想法
根本起不了作用。被罷工搞得疲憊無奈的企業家,可能倒向不
支持罷工的法西斯主義,卻忘了法西斯主義也會反噬自己;號
召反抗之人可能極度渴望工人國度能掙脫資本家的箝制,卻不
知這種國度根本不存在反抗者。就這兩種狀況而言,唯有當不
穩定、不安的疑慮滋養這股念頭時,想法或概念本身才會變得
危險。不過,以如此方式生根滋長的概念將不再只是概念,而
會轉化成情緒、終至成為信仰。這時候,誠如眾人多以目的導
向思維處事,故最後總會搞錯攻擊目標。盧克萊修 [5] 和我們的
處境相去不遠。他曾抨擊當時的目的論,表示「吾欲解開自然
舵手藉何力量引導太陽運行、月球迤移,以免吾人遐思天體各
依其志終年繞行、調整時機以利穀物豐收、生命興茂,或唯恐
世人輕信天體乃依諸神計畫運行。惟即使是深曉諸神永生不朽
之人,若思忖世間事物依何道理生生不息(無非於虛渺飄然之
間,睥睨垂望一般人不易企及之物),亦多不加思索重拾古

5　譯注:盧克萊修(Lucretius)羅馬共和國末期的詩人和哲學家。

老信仰恐懼，再度臣服於其視為全能的嚴肅主宰 —— 可憐之人！無力辨明何為可能、何為不能，亦不知萬物定疆劃界的法則，惟其疆界已深埋時間之中。」[6]

*　　*　　*

　　那天下午，我們小心翼翼沿著海岸航行；因為此處沙洲甚多，有些甚至未標示在海圖上。這裡又是一片淺水海域，再加上底沙影響，深水處的幽藍轉為灰綠。我們又一次望見鬼蝠魟。不過這天牠們較少在海面活動，況且我們早就沒了獵魚的興致。泰克斯甚至連他的新傢伙都沒拿出來。也許大伙兒都開始想家了吧。他們見過瓜伊瑪斯，也聽了無數天花亂墜的故事，現在他們只想回到蒙特瑞轉述見聞。我們不再停靠城鎮，也不會再遇見其他人。阿希亞班波內海將是我們的最後一站，接下來便打道回府。濱海地區地勢頗低，炎熱潮溼，鋪覆灌木與紅樹林；水裡要麼沒什麼動物，要麼充斥大量魟魚和鯊魚；海底沙地亦不見藻類附著。見識過海灣另一側豐茂繁盛的生命力，此刻我們滿懷感傷。我們整個下午都在行船、直至傍晚，最後在離岸五英里較安全的深水區下錨停船。我們打算明天早上一邊測深、一邊靠岸。

6　節錄自 W.E. Leonard 翻譯的《物性論》。*On the Nature of Things,* Everymans's Library, 1921, p.190.

28

四月十一日

早上十點，我們朝阿希亞班波三角洲入口北緣前進。潮水漸退，沙洲開始露出水面。丁尼手持測深索站在船首，而史帕奇再次爬上主桅瞭望台，看清較淺的水底。來到入口附近一英里左右，東尼不願再靠近，保持距離總是比較安全。

下錨後，我們共五人擠進小艇，把小艇塞得滿滿的；稍微洶湧的浪頭即可能打翻這艘船。史帕奇和丁尼負責划船。他倆激烈較勁，搞得小艇以一種不尋常的扭曲路線前進。

阿希亞班波是一片遼闊的潟湖區，入口頗窄。北岸內陸約十英里處有座小鎮，但我們連探訪的念頭也無。入口地形頗為複雜，一路上有不少淺灘沙洲擋道；如果對這片水域沒有相當的知識與了解，不論大船小船，要想駛入這河口肯定不簡單。我們沿著北岸繞進河口溼地。此處有一片濃密的紅樹林，還有幾條像小溪一樣的渠道蜿蜒探入。我們看見一大塊遼闊的平坦沙地，首度發現大面積生長的大葉藻。[1] 一般來說，大葉藻為許許多多、各式各樣動物提供屏蔽和保護，但此處的動物相遠遠稱不上豐富。**四齒魨**靜靜蟄伏，周圍一片蕭條。這裡有大量刺魟聚集，故我們每一步都走得小心翼翼；牠帶刺的

尾巴輕輕一甩，就算是橡膠靴也能輕易刺穿。

　　海流深深切入三角洲入口處的沙洲。往潮間帶高處走，有許多方頭蟹[2]住在約十八英寸深的斜洞裡；柄眼海螺的數量也很多，再就是住在棄置海螺殼裡的大寄居蟹。再往溼地深處前進，我們找到不少鬼簾蛤和藍螯泳蟹；這裡的泳蟹似乎比其他地方的更聰明、更兇猛。有些大葉藻已達性成熟階段，故我們決定採一些回去鑑定。一坨坨海螺卵附著在藻葉上，但我們始終沒找到產下這些卵的螺類。我們在狀似角海葵的棲管裡發現一條多鱗蟲[3]，非常漂亮；另外，沙地裡還有大量管蟲。採集期間，這裡幾乎沒什麼風，不論走到哪兒都能清楚看見水底的狀態。許多鳥兒聚集在露出水面的沙洲上覓食，料想可能是管蟲大餐。蠣鷸在岸邊獵食洞裡的螃蟹，趁牠們端坐自家門口的當兒，一口咬下。這個採集點工作起來挺輕鬆的；雖然沒看到的細節肯定不少，但現在我們已相當熟悉這類生態相（除了那一大片大葉藻）；又或者，在歷經這段時間的頻繁搜索之後，我們的眼睛都累了。

　　待潮水一開始洶湧復歸，我們立刻跳上小艇，準備返回西方飛翔號。每次在這種入口狹窄的河口溼地採集標本時，我們

1　加州大學植物學家道森博士（Dawson）指出，在這之前，沒有正式文獻記載在緯度這麼低的地方發現真正的大葉藻（*Zostera marina*）。

2　*Ocypode occidentalis*。

3　*Polyodontes oculea*。

總是錯判海流：不是逆著退潮進入河口、就是對抗漲潮試圖出脫，你得卯足全力才能贏過海流。即使有海牛相助，我們仍得費力使勁地划，好不容易才離開河口。

我們計畫在當晚橫渡加利福尼亞灣，上路回家。能再度在夜晚航行真好，規律的引擎聲讓人很好入眠。那晚丁尼守舵，痛罵日本人不該浪費漁獲；在他看來，那完全就是浪費，是種損失。我們聊起這件事的狹義與廣義層次。丁尼是漁夫，職責是捕魚，他也認定他捕來的魚會被人類吃掉，因此日本人的做法就是浪費。從這個角度看，他的想法完全正確。但事實上，所有的魚都會被吃掉——如果海鳥沒把魚吃乾淨，剩下那一小部分也會被蠕蟲、海參等食腐動物吃掉；食腐動物沒吃乾淨的，再讓細菌分解掉。漁夫有所失，另一群生物有所得。我們想說的是，在巨觀世界裡，沒有一樣東西是浪費的，方程式始終維持平衡：組成「魚」這個獨立且複雜有機體（小宇宙）的種種元素，再一次回到無差別、猶如大水庫一般的巨觀世界（大宇宙）。是以沒有、也不可能有任何實質的浪費，有的只是各種不同形式的能量。當然，對任一族群來說，肯定都有廢棄之物，譬如死魚之於人、碎魚之於海鷗、魚骨之於某些動物以及魚鱗之於其他動物；然而就整體而言，世間沒有廢棄之物。世間萬物皆為「生命」這個偉大有機體所有、所用。這幅巨型圖像一目了然，而次一等、規模小一點的圖像也同樣清晰明確（譬如捕食者與被食者）。某一種動物達到大規模平衡的前提是食物來源充足——即該物種及其他動物的幼蟲大量存在——因此沒有一樣東西是浪費的。沒有迷途的

316

星子。

　　此外，就某種意義來說，世上也沒有「過度產出」這回事。每一種生物都有其獨特地位，帶有「後驗」（*a posteriori*）[4]性質；若從實際、非玄密觀點觀之，上蒼不會讓一隻麻雀落下[5]，亦看照每一個受用的細胞。即使是人類製造生產的物品，所謂「過度」也只是描述「現狀」；就整個歷史而言，「過度」極可能是導致大規模改變或再現的一項因子或功能。說不定，有些細胞（即使是有智力的細胞）必須生病受迫，其他細胞才得以健康存活；也許這種「產出高峰」其實是一種「治療型高燒」，能讓大量具治療因子的血液灌入患病部位。人類歷史既是直線發展的產物，亦同時承受各種扭轉和壓力。有意思的是，不管在哪個時間點，我們對即將發生的事物總是渾然不覺。進行中的戰事，或人類對恐懼、擔憂的意識轉變似乎都帶有某種指向性或方向性；然而過了百年再回頭看，我們極有可能發現事情的走向和當初料想的方向截然不同。不論就時間或空間而言，觀測點的局限性猶如哈哈鏡，只會呈現失真的景象。

　　不管怎麼說，從歷史看來，人類幾乎總是「合久必分、分久必合」，相當規律；且合作或分裂的程度往往可作為下一階段（分裂或合作）的衡量指標。沒有人比訓練有素但拋開紀律

4　譯注：源於經驗或證據的事物，即「已知的事物」，無須假設。相對於「先驗」（priori）。

5　譯注：原意借自馬太福音：「若是你們的父不許，一隻麻雀也不能掉在地上。」

的士兵更像暴民，沒有哪件事比完美形象瓦解更教人悵然失落。深愛過的最恨，也最痛。

　　我們以為或可逐一標記這些歷史浪潮，從而觀察人類引導、服膺的共同曲線。透過這層觀察，我們或許能瞧出端倪，獲得「戰爭的功能」相關知識。個體承受痛苦折磨的功能為何，目前所知不多，然而依其強烈深沉的結構研判，這應該是某種必要的生存機制；至於物種的集體痛苦究竟是何玩意兒，目前尚無人知曉，但我們可以合理假設它亦是某種涉及種族生存的功能機制。可惜，即使是這一類的探查，我們竟也豎起過度敏感的情緒障礙。人類何以如此懼怕把自己當作「物種」來思考探究？難不成是害怕最後可能發現的結果？害怕人類會因為「愛自己」而承受磨難，害怕證明「上帝」只是某種偽裝？說不定這些只有部分是真實的。因為，假如我們可以拋開那個仁慈和藹、蓄髭留鬍的星際獨裁者的形象，說不定就能在祂的國度裡找到我們自己的真實形象：每一座星雲都是我們的眼，每一個細胞裡都有宇宙。

　　前述所有推理的安全底線只有一句話：**可能是，也可能不是**。只要**可能**二字未除，無論是多深刻多變的理解以至推測，最後都難以成為教條學說，只能維持在如流體般擁有種種可塑性的可能狀態。是以雙眼健全的畫家透過觀察篩選色彩、線條，經雙眼向上輸入神經幹，再與自身經驗充分混合後下傳指尖、傳遞至畫布，讓畫作顯現**「可能如此」**的景象。某位不太真誠、智慧亦不高的畫評可能會說：「不是這樣。這畫太差勁了。」如果他能換個說法，「我看到的不是這樣。不過那也可

能是因為我的腦子和我的經驗與畫家不同所致。」此番評論無疑更為高明。一如那位畫家若能知顏料如知己，無疑會是更好的畫家。

我們一直在嘗試理解一件事：我們觀察到的「現實」有一部分是我們自己，故「推測」是我們的產物。然若「思考的法則必是萬物的法則」，那麼即使失去理智、陷入瘋狂，你我依舊能透過某種方式找到對應現實的指標。

* * *

是夜，我們依循羅盤指示的路徑前進。天亮前，一陣濃霧籠罩西方飛翔號，東尼關掉引擎，任其漂流，濃霧直至破曉未散。丁尼和史帕奇負責守夜。天光乍現時，他們聽見碎浪拍岸，立刻朗聲報告；大伙兒紛紛爬下睡鋪、衝上甲板室，此時濃霧亦逐漸散開。半英里外赫見一座島。這時東尼說：「你倆有照我給的路線走嗎？」丁尼堅持他倆確實照圖走，於是東尼又說：「如果是這樣，那你倆可是發現一座島了，而且是座大島。因為照圖來看，這裡根本沒有島啊。」他的態度溫和優雅，「看來我得恭喜二位。咱們管它叫『寇雷托埃尼亞島』」[6]如何？」但東尼還不打算停，他輕聲細氣地說，「可你倆該死的非常清楚，你們根本沒照航圖走。你們知道自己忘了，而且還一偏偏了好幾英里。」史帕奇和丁尼一字不駁。兩人不曾宣稱發現新島嶼，也沒再提起這件事。後來我們才知道，那座島就是聖靈島，若真是他倆發現的，那可就中大獎了；只可

惜，好些西班牙人早在幾百年前就發現它了。

聖加百列灣就在不遠處。珊瑚沙耀眼炫目，一座礁石突出海面，部分海岸長著茂密的紅樹林。我們上岸來到這最後的採集點。細沙極白，水亦清澈，我們紛紛脫掉衣服、躍入水中。這裡的動物明顯受到白沙影響，螃蟹顏色頗淡、幾近蒼白，其他動物（甚至包括海星）的顏色也都很奇怪。炫目的白沙灣岸朝遠方伸展，間或夾雜鑲邊的礁石與紅樹林。小海灣中央有一大塊綠色珊瑚，頂端隱約冒出水面：珊瑚有棕有綠，塊頭都不小，上頭有好幾隻藍色蛇海星和許多棒棘海膽。許多鬼簾蛤伏在淺沙底下，起初非常難找，後來我們發現兩片蛤殼前端都長了一片小小的淺綠色海藻、突出沙面，這才輕鬆抓了好多回來。

在鬼簾蛤聚集的沙床附近，還有許多渾身尖棘的心形海膽[7]；這種海膽同樣埋在沙裡，因此要想挖出鬼簾蛤就不得不被心形海膽刺傷，而且痛得不得了。這裡有不少大型蚌類，也能見到與之群聚共生的小動物們。我們找到單體及叢生的菟葵，這和我們經常見到但型態多變的海葵可能是同一種生物。我們採到一種淺色的藍蟹（*Callinectes*）和一隻外型像蛇的細長海參[8]，後者跟我們在庇護港抓到的頗為相似。礁石上附著不少海葵、笠貝和大量藤壺，而此處最普遍的動物是一種

6　譯注：丁尼與史帕奇的姓氏。

7　*Lovenia cordiformis*。

8　*Euapta godeffroyi*。

膜狀管蟲[9]，身上長著跟龍介蟲一樣的觸手。這些觸手有棕有紫，一碰就縮回去、動物本身也會變成海沙的顏色。這裡的紅樹林相當茂盛，樹根包覆礁石，讓一大群螃蟹、海參得以安居於此。我們在潮間帶最高處找到兩隻毛茸茸的方頭蟹[10]，牠們動作飛快機敏，十分難抓；被抓以後，牠們激烈抵抗，最後還斷腳以求保命逃生。

這裡還有一種外型像扇蟹、學名「*Xanthodius hebes*」的螃蟹，不過牠動作遲鈍，看起來傻呼呼的，此外我們還發現大量瓷蟹與糠蝦。礁石和紅樹林樹根上都是藤壺，另外還抓了兩種陽隧足、一隻大海兔、多種海螺與雙殼貝。這最後的採集日可謂成果豐碩。陽光熾熱，沙灘宜人，除了蚊蟲叮咬，伙伴們個個心情愉快。大伙兒工作累了就下海玩水，玩了好一會兒。

西方飛翔號引擎一旦再度啟動，下一次停歇時就是在聖地牙哥了。我們百般不捨，不願回到船上，因為這種時間上的餘裕、我們有權主張「要」或「不要」的機會實在難得；儘管啟航在即，大伙兒仍佯裝不知，不願低頭妥協。

最後，我們終於動手收拾採集桶、小耙子和玻璃管，慢吞吞地划回西方飛翔號。即使回到船上，大伙兒仍遲遲不願開始工作；有人乾脆跳船，在美麗的大海自在泅泳。在啟程返鄉的這一刻，原本一心想回家的東尼和泰克斯竟也不捨離開。我們深深領受加利福尼亞灣的模式，也和這座海灣共同建立另一種

9　*Megalomma mushaensis*。

10　*Geograpsus* 和 *Goniopsis*。

由它和我們組成的新模式。終於，泰克斯滿懷惆悵地啟動引擎，最後一次拉起船錨。

我們整個下午都在收拾儀器設備，裝箱固定：給數百支玻璃管安上軟木塞、再用紙巾裹好；確認標本罐的蓋子是否旋緊；繫牢小艇；最後才將艙蓋板歸位復原。我們用三層油布蓋住書匣，最後一次克服想把海牛扔下船的衝動。於是，我們出發，南行航向聖盧卡斯岬。午後陽光下，旗魚在遠處接力飛躍，像日照儀一樣頻頻閃動。那晚，我們恢復夜哨，引擎開心地嗡嗡哼唱，載著一船人穿過平靜海洋；翌日清晨，半島尖端出現在我們右前方。身後的加利福尼亞灣靜謐晴朗，眼前的太平洋卻懸著一排低雲，沉沉威脅。

接下來的遭遇實在誇張。我們才剛繞過聖盧卡斯岬最前端，一聲巨雷驟然劈下，強風即起、狠狠撲來。海水蒙上一層灰色調。

29

四月十三日

　　太平洋時間凌晨三點，我們經過人工岬燈塔，展開下一段向北的航程；天空暗灰陰沉，風勢增強。加利福尼亞灣 —— 代表思考、採集、陽光和遊嬉的海灣 —— 已徹底從我們眼前抹去。這個太平洋新世界一把攫住我們，再次令人想起甲板室裡那個看不見的傢伙、某種人形象徵：一名水手，一縷幽魂，一股不祥、訴諸人形的預感。

　　現在我們還沒辦法將灣區那個小宇宙和太平洋大宇宙連在一起。西方飛翔號一路往北，灰色浪濤一波波湧來，船鼻也一次又一次破浪突入，讓白色浪花波濺在我們身上。白晝轉瞬即過，夜晚再度降臨，海象愈來愈嚴峻。此際，我們像受驚的馬匹縱躍奔撲，若不抓穩根本無法跨出一步。小廚房一片混亂，橄欖油跳脫立架、傾倒在地，爐子上的咖啡壺也在護欄間前後滑移。

　　波濤洶湧的海面上，鳥群利用浪槽抵擋風勢，以之字形朝大陸飛去。掌舵的人最是幸運，因為他隨時都能牢牢握住舵輪，抗衡船身顛簸。他是最貼近船體的人，也最接近即將掀起的風暴。他承受，卻也給予，手握舵輪依循航線前進。

　　這趟小小歷險之旅的形態、規模、色彩、調性如何？我們溜進一套新體系，漸漸成為它的一部分，透過某種隱晦的方式和那裡的礁石、沙灘、種種小動物、澎湃的海洋及溫暖的潟湖建立關係。這趟旅程有調性，有維度，其界線與自身交融，進入某種超越加利福尼亞灣、超越我們一生的時空環境。我們伸手翻動石塊，看見與你我相似相類的生命。

　　我們站在甲板室，手握扶欄，粗鈍的船鼻突入海浪，灰綠海水撲擊臉龐。創造已然發生，我們小如茶壺的胸臆掀起一場真實風暴：沸騰的滾水源源不絕冒出蒸氣，然不論是透過錶玻璃觀察、或關在渦輪機裡，蒸氣都是同一種東西 —— 或裊裊消散，或雷霆萬鈞，端看如何利用而已。這趟旅程的形態是融合的核，從核探出的纖纖思緒延展成一片片可觸及的現實，而這些現實再經由神經幹滲入我們的心緒。思考的法則似乎真的是萬物的法則，並且帶有某種音樂性；也許無法傳遞，我們的心靈卻能清楚聽見它的巨響。船身顛簸搖晃，海水灌入自身形成的渦流。甲板下、船艙裡，成千上萬死去的小動物置身標本罐，但我們從來不曾當牠們是獎盃、或是加利福尼亞灣潮池分割的一部分 —— 我們視其為一種圖像，不完整亦不完美，描繪牠們在潮池裡曾經有過的模樣；至於牠們過去真正的模樣、以及大伙兒曾經有過的時光，我們全部記在心上：在陽光下閃閃發亮，被海水濺溼，湛藍或焦黃，最後再以一層探索思考的殼將整體包覆其中。這般思考並非為科學服務、或為不知名的動物命名，而是單純地喜歡。我們喜歡這樣思考，非常喜愛。皮膚黝黑的原住民，猶如動物樂園的大海，啤酒，工作 —— 這一

切都是同一件事。我們也是其中一份子。

　　西方飛翔號拱背昂揚、突入大浪，航向賽德羅斯島。海風吹走浪尖上的白沫。從船首連至主桅的粗牽索彷彿是巨大管風琴的低音管，迎風振動，將低沉的音符送入風中。

附錄
標本製備筆記

　　以下是本次旅程製作標本時採用的製備、麻醉及防腐方法。如前言所提，有些方法雖不甚完美，但已是當時所知最好的處理方式。

　　石鱉。於製備期間多半會緊緊蜷成一團，故從岩石或採集桶壁取下後，可先以釣魚線或布條綁在玻板上，待其抓附玻板後，再扔進濃度百分之十的福馬林液防腐固定，如此就能將石鱉以伸展的姿態保存下來了。

　　星蟲。若欲以向內伸展的姿態保存，必須先麻醉蟲體——將玻璃皿徹底擦拭乾淨，倒入海水再灑一點薄荷腦粉末調製麻醉液。星蟲極為纖弱，若接觸一般金屬鹽，牠們會立刻把頭縮進體內。浸泡數小時後，再以清水慢慢置換海水，如此即使是最頑固的個體也會死亡。以上過程需費時數小時才能完成。最後再以福馬林液防腐保存。

　　軟珊瑚。八放珊瑚亞綱的軟珊瑚目，譬如海腎（*Renilla*）、海筆（*Stylatula*）等。以瀉鹽處理數小時後，待展開的珊瑚蟲完全不動了，再以福馬林或酒精保存。若需呈現標本原色，請選用福馬林液（但仍會褪色，無法百分之百保留原色）；若供

研究或鑑別，可使用酒精保存。

水螅。小水螅可使用薄荷腦處理，體型較大的裸子體則以瀉鹽處理。

海葵。海葵很難對付，目前尚未開發出能令其完美伸展的保存方式。牠們對化學和物理刺激都非常敏感。經瀉鹽處理、呈展開狀的海葵一經觸碰，仍會收起觸手。有時我們會用細玻璃管將純氧直接灌入消化腔（效果近似中毒），成效不錯。但無論如何，製備海葵標本必須非常小心、過程亦十分艱鉅。目前較可行的做法是將飽和瀉鹽液以連續滴注的方式注入攤置海葵的平底盤，再將奴佛卡因（最棒的選擇是可卡因，但通常無法取得）直接滴在動物身上。最後，同樣透過連續滴注緩慢導入福馬林液。處理期間，海葵一旦受驚嚇（物理或化學皆然）都會立刻收回觸手；將海葵麻醉後，再以循環海水系統供應氧氣。這是現階段證明最有效的保存辦法。

蝦蟹。若能在捕捉後立刻扔進清水中，絕大多數的蝦蟹和陽隧足都會馬上斃命。短暫掙扎後，螃蟹還來不及自斷腿肢即死亡，陽隧足（*Ophioderma teres* 除外）也不會縮成一團。這些標本必須置於酒精保存，因為福馬林會分解陽隧足身上的鈣質，軟化蝦蟹殼的幾丁質；若以保存原色為優先，方可選用福馬林液。

海參。海參也很嬌嫩，若置於不流動或過度溫暖的水中，常有吐出內臟的傾向。抓取後應盡速放進已裝盛乾淨、清涼海水的平底盤，令其舒展，再以適量瀉鹽麻醉放鬆。海參應以酒精防腐保存。若置於福馬林液中，因鈣質骨板（分類鑑定的

重要依據）逐漸溶解，數月後即可能嚴重損壞。海參個性神經質，因此在生病、受驚嚇或不開心的時候都會故意吐出內臟，非常難對付。若環境變好或恢復得當，海參能再長出一副新內臟。

　　海星。置於清水數小時後，海星會放鬆膨脹，模樣栩栩如生。一般可用福馬林防腐保存，若是供博物館鑑定，應暫置於酒精再風乾處理。此法亦可應用於**海膽**標本。

　　海綿。切忌將海綿置於福馬林液中，即使幾分鐘也不行。短暫浸於酒精即可迅速排出水分。不過，若需永久保存，建議可取一小部分置於酒精小瓶。

　　扁蟲。渦蟲一類的扁形動物採集不易，處理、保存也很困難。這種動物太過敏感脆弱，以致在採集當下即可能受傷。若發現牠們匍匐於岩石表面，可將刀刃較薄的小刀置於其移動路徑上，待其挪移至刀片上再轉置於容器內。體型極小的扁蟲或可使用駝毛刷將其沾離岩石表面，再置於玻片上，然後立刻澆淋熱波氏液並蓋上另一片玻片。往後若有人研發能讓波氏液滲入的光滑固定板，那就更好了。

　　無脊椎浮游動物。保存水母等無脊椎浮游動物的方法有好幾種。具收縮能力的動物可使用薄荷腦固定；然而，若要保存更為精細且極脆弱的動物，大多非常困難。最有效的固定液是鉻酸、福馬林混合液，或鋨酸福馬林液（但鋨酸相當昂貴，一克要價五至六塊美金）。一般來說，製作這類動物標本最困難的是保存其原始形態，譬如櫛水母就經常變形。我們曾經在固定櫛水母的過程中，將試管封閉端塞入水母體腔，固形效果還

不錯。要想在船上處理並保存水母幾乎是不可能的事，即使船身起伏極輕微也辦不到。福馬林液的保存效果頗令人滿意，各類文獻幾乎清一色建議使用福馬林保存。

從上述筆記看來，似乎每一種動物都不好處理；事實上，處理牠們確實需要細心與耐心，只是我們大多時候都不夠細心。學者專家在鑑定動物標本時，最常抱怨的幾乎都是標本狀況極差，害他們的工作難上加難。唯有小心再小心才能改正這類遺憾。

有些環節動物極難處理。儘管麻醉有效，惟結構細緻、再加上一受驚就收縮的習性，確實需要制定一套專為牠們設計的處理程序。若蟲體很長，或可先纏繞於玻棒或試管、再依動物類別浸入福馬林液或酒精保存。製作蠕蟲標本最大的難題在於採集時能否取得完整蟲體，尤其是蟲體最前一節與最末節；若少了這兩部分，不是很難鑑定就是無法鑑定。然而有些環節動物實在太會螫人，根本連抓都不該抓。

至於魚類標本，福馬林的保存效果普遍優於酒精。小型魚類可直接置於盛有福馬林液的平底盤進行固定，大型魚類則須將濃度百分之二十至二十五的福馬林液（混入少許甘油）注入體腔，以利防腐保存。

福馬林液必須按以下方式製備使用。符合美國藥典（U.S.P）規定、濃度百分之三十八至四十的福馬林溶液，乃是將甲醛氣體溶於水所製成的飽和溶液。取一份福馬林溶液再加入十六倍的水，這個調製比例保存小型魚類非常管用，不過福馬林液的量必須比動物標本塊多出好幾倍才行。大型魚類的

福馬林固定液濃度則在百分之十到十二之間。若魚種特殊,則需於浸泡數小時後確認組織硬度,測試並檢查固定效果。福馬林液對鼻黏膜、肺和皮膚的刺激性很強,故操作時務必戴上橡膠手套,地點則需選擇寬敞的室內或通風的室外。有時候,操作者對福馬林的耐受程度會愈來愈低,以致聞到氣味就不舒服,或因為接觸、甚至想到福馬林液就爆發嚴重的過敏反應。

若以酒精作為最終保存液,通常會選擇七十度(百分之七十)的酒精;標本若為螃蟹及其他熱帶、或生活環境極熱的動物,需添加些許甘油。添加甘油能讓標本保持彈性、不易脆裂,也能避免保存液內產生氣泡,導致防腐效果不佳。最理想的酒精防腐處理方式是在動物死亡後立刻置於二十五度酒精,再換至五十度酒精,最後浸於七十度酒精中。若欲以酒精固定大型魚類,由於浸泡液量與動物組織量的相對比例較低,初期需使用九十度酒精浸泡數日,再更換為七十度酒精長期保存。

標示工作輕鬆、簡單、也有其必要。標示不清、或採集後未立刻標示經常導致許多荒謬窘境。曾有考察隊(不便透露資訊)誤將大西洋海域的動物標示為來自巴拿馬海域,也有人完全不記得標本是在哪兒採到的,令負責鑑定的學者專家氣得吹鬍子瞪眼睛。標示用紙最好選擇品質較佳的圖畫紙,並以畫筆蘸印度墨水寫就。每一張標籤都應注明日期、確切地點、深度、以及對應採集筆記的標號。採集筆記的每一標號條目皆應記載涵蓋生態因素、採集者觀察到的活體行為、或其他所有無法注記在標籤上的資訊。標籤應連同動物標本置於瓶罐內,並

於採集後立即製作，以免和陸續納入的新標本夾雜混淆。就我們所知，目前沒有任何考察隊或研究相關隊伍不曾清理出一堆未標示、或標示錯誤的動物標本，導致報告紀錄錯誤百出，明顯易見。譬如將巴拿馬海域誤植為加州普吉特灣，而咱們加州濱海常見的厚紋蟹竟一度源自三明治群島[1]。若要把這類錯誤降到最低，採集當日立刻標注是唯一的解決之道。這一點就算再怎麼強調亦不為過。

1　譯注：今夏威夷群島。

記事

艾德‧立克茨

　　一九四八年四月某日，日暮時分，艾德停下罐頭工廠街實驗室的工作。他蓋上工具，推開文件和索引卡，拉下捲至胳膊的羊毛衫長袖再穿上棕色外套。外套有點小，手肘部分也磨得差不多了。

　　艾德晚餐想吃牛排，而他也知道，唯有在新蒙特瑞的市場才買得到熟成得恰到好處、鮮嫩多汁的牛排。

　　出了門，踏上正式名稱為洋景大道的罐頭工廠街，他那台破破爛爛的四門老爺車就停在排水溝邊上。這輛車很難發動，不好對付。艾德得換輛新車了，但他還有其他開銷，負擔不起。

　　艾德插上鑰匙、胡轉瞎拽，這輛鏽跡斑斑的老古董好不容易嗆咳一聲，再爆出一串破碎刺耳、宛如支氣管痙攣的聲響，暗示它終於發動了。艾德設法推動卡卡的排檔桿，駛離路邊。

　　轉彎上坡，南太平洋鐵路橫越眼前。當時天色幾近全黑、或說介於明暗曖昧的時刻，視線極差。鐵道前方是陡坡，艾德切入最吵的二檔，開始往上爬。引擎和排檔的噪音蓋

過其他一切聲響，而他的左側剛好有一棟波浪鐵皮倉庫，完全阻絕左方來路的視野。

就在這時候，傍晚從舊金山發車的德爾蒙特快車剛好繞過鐵皮倉庫後方，直接撞上艾德的老爺車。車頭柵從側面鏟起整輛車，推擠輾軋，繼續滑行上百碼方得停下。

眾人把艾德弄出那輛車時，他意識清楚。他們把他放在草地上，四周想當然耳圍了不少人——火車上的人，以及更多住在鐵軌旁成排小屋裡的人。

醫師迅速趕到。艾德的顴骨有些歪斜，眼珠子也成了鬥雞眼。他嘴邊有血，身體扭曲變形——而且是嚴重變形，猶如虛鏡下的景象。

醫師跪在他身旁，傾身湊向他；圍觀群眾噤聲不語。

艾德問：「有多糟？」

「不曉得。」醫師說。「你覺得怎麼樣？」

「幾乎沒感覺。」艾德說。

醫師認識艾德，也清楚艾德是個怎麼樣的人，因此他說：「驚嚇造成的。」

「那還用說！」艾德回答，眼神逐漸渙散。

他們輕手輕腳把他移上擔架床，送進醫院。鐵路局養路班的工人費了好大的勁兒才把他的老爺車從車頭柵拽下來，推至路邊；德爾蒙特快車緩緩啟動，駛進這條線的終點太平洋樹林站。

幾位醫師趕到醫院，還有更多醫師打電話來關切；大家都想幫忙，因為大家都愛他。在場的醫生明白狀況極為嚴重，所

以他們先用乙醚麻醉他、打開他的身體，看看實際情況到底有多糟。檢查完畢，眾人心知希望渺茫：艾德壓根是一團糟——脾臟破裂、肋骨碎裂、刺穿肺部，此外還有腦震盪。讓他繼續處於麻醉狀態、就這麼直接走了或許還比較好；可是眾醫師不想放棄，守在醫院等候室的其他人也不願放棄。比較了解狀況的人開始喃喃叨唸奇蹟，討論可能結果；他們提醒彼此，有些人原先也是不太可能撐過來，最後還不都好了。外科醫師盡可能把艾德的身體內部整頓一下、再把他縫起來。接下來，不時有醫師走進等候室發布消息，但感覺就像面對陪審團；好多人坐在那裡等，每個人眼中都只有一個問題。

醫師交代的內容不脫「情況跟我們預期的差不多」、「短時間內還說不準兒，不過看起來似乎有進步」這幾句，不由自主想多說些什麼；等候室裡的人不發一語，就這麼愣愣瞪著，試著適應這一切。

總機頻頻占線。大家都打電話進來表示要捐血。

翌日早晨，艾德醒了，但乙醚和嗎啡令他相當疲倦。他眼神疲憊，說話極為困難；不過他倒是又問了一次最初那個問題。

「有多糟？」

病房醫師原本想說幾句安慰的話，但旋即克制自己，因為他想起艾德是他朋友，艾德熱愛事實也知曉大量事實。於是他說：「很糟。」

艾德沒再問過一句。艾德又撐了好幾天，因為他是個生命力極強的人；事實上，他撐了很久，久到有些醫師開始相信他

們說的奇蹟可能真的發生了，因為他們深知這幾乎是不可能的事。他們發現他的心跳變強，發現繃帶底下的臉頰浮現血色。艾德撐了好久，久到等候室裡的有些人終於敢離開、回家睡個覺。

然後，就像其他生命力強大的人經常發生的情形一樣，艾德的精力、血色、脈搏、呼吸無聲流逝且速度極快，死了。

那時，蒙特瑞人的震驚已轉為麻木。他死了，他們得趕快處理他。大家想趕快、但是有尊嚴地擺脫掉他，這樣他們才能再次回憶起他，讓他恢復原狀。

離大潮汐池不遠、靠近燈塔角有個小山坡，山坡上有座小禮拜堂和墓園。某天下午，艾德密封的靈柩曾短暫放在那座禮拜堂裡。

大伙兒自是不想弄那些花花草草的玩意兒，不過他們最害怕有人突然來一段演說、或試圖評論艾德生平（或好或壞）；幸好儀式迅速結束，讓那些習慣上台講話的人反應不及，無從表現。

人潮湧入禮拜堂，他們在靈柩旁站了一會兒便走開了去。沒有人想要陪伴，每個人都想獨處；有些人走向大潮汐池，往池畔的粗沙灘上一坐，茫然望著湧起的潮水輕舐礁石，撲覆海草。

認識艾德‧立克茨的人都陷入了某種麻醉狀態；說不上是哀傷，更傾向迷惘──從此該何去何從？該如何重新安排我們的生活？所有認識艾德的人皆不得不轉向內在，審視自我。這種感覺既安靜又奇特，猶如迷途，渾然不知自己身在何處。

　　要寫下艾德・立克茨的故事其實很難，因為你很難獨立描述每一件事。認識他的人都會發現這實在不容易：有些說不定是想像出來的；有些或許只是極不起眼的小事，卻在心裡留下不可抹滅的印象；有些就只是個人衝擊及影響。我非常確定，看完這篇記事，一定有很多人會說：「哪有，這些都不是真的。他才不是這樣。」然後此人可能會繼續描述一些我們完全不知道的事。話說回來，凡是認識艾德・立克茨的人，沒有人會否認他的力量與影響力。每一個親近他的人都受他影響，程度既深且遠。他教某些人思考，教另一些人聆聽；他教沙灘上的孩子們如何發現、尋找一些他們壓根沒想過存在在這世界上的美麗動物。他不著痕跡地指導每一個人。

　　幾乎每一位認識艾德・立克茨的人都曾試圖定義他這個人。有人說「他是基督、也是色鬼」── 他是偉大的導師，也是一等一的好色之徒，永生永世熱愛女人。不用說，他滿腦子創意，性格獨特，因此每個人都以各自的方式與他來往、建立關係。他脾氣溫和，也有暴戾的一面；他纖瘦矮小，卻強壯得像頭牛；他秉性忠誠但不值得信任，個性慷慨卻少付出、敢於接受。他的想法和他的人生一樣充滿矛盾。他會思考一些神祕的詞彙術語，卻討厭或甚至不相信神祕學。他崇尚個人主義，卻以研究群居動物為樂。

　　雖然我們都曾試圖定義艾德・立克茨，結果卻不太成功。若透過回憶、軼聞、他說過的話或做過的事等大量素材來描述他這個人，搞不好還比較適合。當然，有些事件可能互相衝突或矛盾，但他這人就是這樣。你總能在某些地方發現他的

特質，而這些特質肯定能透過某些方式挖掘出來。

　　最後，我之所以寫下艾德・立克茨的故事，還有另一個理由：他永遠活在我們心中，他總是縈繞在所有認識他的人的腦海中。即使在我們最深刻感覺到失去他的那一刻，他的身影依舊浮現心頭。

　　在他剛過世不久的某天晚上，我們好些人聚在實驗室聊天。我們笑著講起艾德的種種趣事，結果有個人突然痛苦地說：「我們必須讓他走！我們每一個人都必須放開他，讓他走。」不論對艾德或是對我們來說，這話再實在不過；雖然我們留不住他，他也還是走不了。

　　如果把我記得關於他的每件事都寫下來，說不定就能揮別艾德幽魂，走出陰霾。總之這法子值得一試，但必須忠於事實，否則起不了作用。我不能歌功頌德，因為就如同另一人所言，他的美德也都有缺陷；況且這事也不能公式化處理。所以最簡單、也最好的方式就只有回憶。盡我所能地回憶。

　　艾德・立克茨的基本資料大致如下：生於芝加哥，在街上混，念公立學校，進芝加哥大學主修生物。畢業後先在加州太平洋樹林鎮成立一間小型商業實驗室，後遷至蒙特瑞罐頭工廠街。學位：科學學士；所屬俱樂部：無；獲頒榮譽或頭銜：無。服役經歷：兩次世界大戰。死於火車事故，得年五十二歲。在這段不算長的人生歷程中，他達成不少成就，烙下深刻的生命軌跡。

　　某天，我坐在新蒙特瑞一間牙醫診所的候診室裡，詛咒牙醫都去死。我牙超痛，但沒錢好好處理，所以我只希望牙醫能

幫我止痛、不會收我太多錢，並且不會發現更多問題。

通往「屠宰室」的門開了，一名蓄落腮鬍的瘦削男人走出來。我沒仔細瞧他，因為他手裡拿著一顆帶血的臼齒——上頭還連著一塊尺寸驚人的顎骨。他邊走邊輕聲詛咒、同時將那顆散發惡臭的骨頭遞向我，說：「你看這該死的東西！」我已經在看了。「竟然是從我身上拔下來的。」他說。

「但是骨頭看起來比牙齒多。」我說。

「我猜他失去耐性了吧。我是艾德・立克茨。」

「約翰・史坦貝克。痛嗎？」

「還好。我聽過你。」

「我也聽過你。一起喝一杯吧。」

那是我第一次見到他。之前我聽說鎮上來了個有趣的傢伙，經營一間商業實驗室，收藏一整間的好音樂，興趣廣泛、擴及無脊椎動物學以外的世界。我從好一陣子以前就想會會這個人了。

當時的我並不覺得自己窮，我們只是沒錢而已。我們不缺食物（釣魚、配給，少部分靠順手牽羊），而娛樂則是不花錢的即興活動——對談、散步、遊戲比賽、和一群同屬窮光蛋等級的朋友開派對。咱們的派對要酒有酒（一加侖只要三十九美分），要時間有時間（我們有一拖拉庫的時間）。有錢人我們一個也不認識，所以我們不喜歡有錢人，也很驕傲並且開心自己不用過那種生活。

剛見到艾德・立克茨的時候，我們這群人還挺放不開的，因為以我們的標準來說，艾德屬於有錢人——意思是他每

個月有一百到一百五十塊美金可供花用，而且他還有車。在我們眼裡，有車很炫，而且我們還沒看過有誰一個月可以花掉這麼多錢的。現在我們知道了。

我和艾德‧立克茨一下子就熟了。自我倆初識之後的這十八個年頭裡，他是我認識最深的人；又或者我其實完全不了解這個人。說不定，他和每一位朋友的關係都是這樣。艾德與眾不同，但感覺又很熟悉，因為每個人都能在他身上發現自己，而這或許也是他的逝去造成如此衝擊的原因之一：彷彿死掉的不是艾德，而是我們自己很大、很重要的一部分。

剛認識他那時候，他的實驗室在罐頭工廠街的一幢老屋裡。房子是他買的，內部重新改成他需要的格局：入口類似展示間，展示架繞牆放，上頭擺著大大小小玻璃罐，裡頭全是處理好的海洋動物標本。展示間隔壁是小辦公室，因為某種理由，保險櫃和檔案櫃之間竟然放了幾只裝有響尾蛇的籠子。保險櫃上堆著高高一落文具和索引卡。艾德熱愛卡片與紙張。他不曾小量訂購，總是一次買一大堆。

老屋面海的一側有兩個房間，前面這間用來養白老鼠──上百隻白老鼠，並且瘋狂繁殖；若是沒有認真且定期打掃（這種事也從沒發生過），屋裡的氣味一向非常難聞。後面那間房擺了幾台顯微鏡，還有玻片及各種儀器設備；這些大多是用來培養、處理和固定那些精巧細緻的微生物，作為實驗室主要的收入來源。地下室則是大型儲藏室，擺了許多罐子和缸子，裡頭全是體型再大幾號的動物；此外還有一些防腐或注射設備，用來製作貓、狗鯊、青蛙及其他解剖課用標本。

　　這間小屋名喚「太平洋生物實驗室」，一間有史以來最奇怪、也最挑戰加州公司法的私人企業。艾德死後，公司按理必須清算，這時卻找不到任何載明誰擁有公司股份、公司有幾股、一股多少錢等等的文件資料。艾德的採集筆記堪稱鉅細靡遺、縝密翔實，但他卻經常拖了好幾個禮拜才勉強拆開一封商業信函。

　　沒有人知道這家公司何以能維持二十年——雖然偶爾也有周轉不靈的時候，但它確實撐了這麼多年。有時候，實驗室的產能和效率發狂也似地往前衝，然後一連衰頹好幾個月。艾德總是把訂單堆在桌上。有一回（那陣子實驗室特別忙），某人用郵包寄了一份起司蛋糕給他，他以為那是防腐處理過的標本，一直拖到三個月後才終於打開包裹；要不是裡頭附了張字條，否則我們還真看不出來那團東西到底是什麼玩意兒。「你得馬上嚐嚐這塊起司蛋糕。太好吃了。」

　　桌上的未拆封信件常常因為堆得太高，導致最後疲軟無力、滑攤在地。艾德由衷相信「超過一週未回覆的信件，通常無須回覆」這套理論，但他更進一步，深信「超過一個月未拆封的信件，根本無須拆閱」。

　　不過，每次我只要一寫下這類斬釘截鐵的敘述，總會馬上想到例外——其實艾德跟好些人有過大量、各式各樣的書信往來。他回信速度快，篇幅長，字體也選擇「菁英體」（elite type）以節省空間。艾德購買打字機的過程極冗長，因為從商用符號到生物符號，有太多字型要置換，而且他還喜歡為他的打字機多添一些外文符號，譬如西班牙文字母上的波浪符號

（ñ），法文的三種重音符號（如 é/ê/è）或字母下方的小尾巴
（ç），抑或是德文的變音符號（ä/ö/ü）。雖鮮少使用，但他
喜歡擁有這些符號。

　　實驗室的日子大致可分成兩個時期：火災前與火災後。從
許多方面來看，那場火災都挺有意思的。

　　有天晚上，岸邊全區的供電突然出了問題：正常電壓應該
是二二○伏特，不知怎麼卻突然暴增至兩千多伏特。法院在後
續的訴訟中判決電力公司無罪，所以這大概是上帝的傑作，
然而當時的罐頭工廠街卻有大片區域瞬間爆出火焰。艾德醒
來時，實驗室已成一片火海，於是他抄起打字機、衝進地下
室，在整棟建築即將坍塌之際把車子開出來。他沒穿褲子，倒
是順利搶救他的交通和印刷工具──艾德始終相當欣賞自己當
時的選擇。不過那一整間的科學資料，他費盡心力、好不容易
累積下來的珍貴資料（有些甚至無可取代）全都沒了；所有精
密儀器、顯微鏡、標本罐、琳瑯滿目的庫存品，一件不剩。除
了汽車和打字機，艾德只救出一樣東西。

　　艾德有一座設計精美的保險櫃，做工極為精巧，以致艾德
擔心哪個浪漫但理解錯誤的小偷可能誤以為裡頭擺了什麼值錢
的東西，於是在試圖打開保險櫃的過程中可能破壞或毀損它的
美麗機關；因此，艾德不僅不曾鎖上保險櫃，還設計了一個木
擋，讓卡榫無法落下；不僅如此，他還在鎖頭和木擋上貼了一
張字條，向偷盜者保證這個保險櫃真的沒上鎖。後來，情況漸
漸變成艾德也不往裡頭擺什麼重要東西了，保險櫃於是變成某
種食品儲藏櫃，繼而引來罐頭工廠街上的蒼蠅大軍。魚罐雜餘

總是能吸引成群蒼蠅，但其中有些似乎也想嚐嚐其他食物；不過，咱們只能說沒有一隻蒼蠅能從保險櫃門裡頭偷得丁點好處。

回到那場火吧。待餘燼漸涼，艾德發現這座保險櫃倒在地下室（應該是一樓地板燒垮了，它才墜落樓下）。這座保險櫃肯定功能極佳，因為當我們打開櫃門的時候，竟然在裡頭發現半份鳳梨派、四分之一磅的戈貢佐拉起司以及一罐已開封的沙丁魚罐頭——除了沙丁魚稍微乾了些，每樣食物皆完好如初。艾德盛讚這座保險櫃，每次提起它總是充滿感情。他常說，要是往保險櫃裡擺進任何有價值的東西，這櫃子肯定會好好保護它們。「想想那塊戈貢佐拉口感有多細緻，」艾德說，「保險櫃裡的溫度應該沒有非常高，起司嚐起來仍十分美味。」

儘管艾德博學多聞——或許正是因為博學多聞——他有些地方還挺天真的。火災之後，不少人興訟控告電力公司，理由是如果這場火肇因於電力公司的疏失或錯誤（後來證實並非如此），那麼電力公司理當賠償損失。

太平洋生物實驗室當然也是這場訴訟的原告之一，艾德亦前往位於薩利納斯的高等法院出庭作證。他盡可能清楚且如實陳述，因為他熱愛真理，信仰事實。但後來他迷上審判和陪審制度，花了許多時間逛法院，以他傾注於研究新種海洋動物的客觀與細心探究法律制度。

在他的法制研究告一段落之後，艾德冷靜且稍微語帶驚奇地說：「你看，一樁簡簡單單的事兒有多麼容易就這樣完全走

偏了。我始終認定——或者說，我對法律制度的印象一直都是『這是一套設計來探究事實的制度』，憑以釐清人與所有物之間的關係。可是你瞧，我根本忘了、或者從來不曾考慮到：雙方都想贏得訴訟。因此『想贏』的企圖壓過所有原始意圖，以致任何與事件有關的客觀事實幾乎都因為重複強調而失去客觀性。就拿這場火災作例子吧，」他繼續，「原告被告都想贏，雙方對事實真相根本毫無興趣——說真的，雙方似乎還有點『憎恨』事實呢。」對艾德來說，這實在是一項了不起的發現，需要縝密思索。因為他熱愛事實，故他以為大家也跟他一樣；然而他非但沒有因為發現事實並非如此而感傷，反而覺得相當有趣。後來他著手重建實驗室，補足藏書，整理得像蟻巢一樣井然有序。

艾德的用字遣詞經常不按牌理出牌，除非你認識或了解他這個人，否則經常會覺得他語出驚人。有一回，他在製作產品目錄時想順便促銷，表示他有大量「盲鰻」標本可供出售。不論從外表或組織紋理來看，盲鰻堪稱最噁心的動物，就連牠的某些習性也令人作嘔；總之，盲鰻是恐怖動物的完美表率。然而艾德不作此想，因為盲鰻身懷某些才能，令他驚嘆萬分，於是他在目錄上寫：「賞心悅目的美麗盲鰻，數量充足，預購從速。」

他欣賞且喜愛各式各樣的蠕蟲，覺得牠們令人渴望，所以他在為某心儀的女孩兒思尋寵稱時，曾脫口喊她「小蟲蟲」。對方因此氣嘟嘟，後來才意會到艾德選擇的詞性不是形容詞，而是親暱的名詞；他使用這個詞，表示他認為她漂亮、風

趣而且性感。不過聽在女孩子耳裡，「小蟲蟲」還是比較偏向字面上的意思。

艾德熱愛美食，他的措辭大多和吃有關。我曾經聽他用「美味可口」形容過一個女孩、一種海洋動物和一首教會素歌。

他的心緒思維沒有界線，他對每一件事物都感興趣。世上少有他不喜歡的東西，因此「負面表列」說不定還比較簡單；而這些「他不喜歡」的事物或許也是理解他性格個性的關鍵──雖然我個人並不認為有任何「關鍵」可循。

他討厭的事物首推「老化」。他討厭在別人身上看見它，甚至不接受他自己也會老。他討厭老女人，不願與她們同處一室。他說他能聞到老女人的氣味。艾德的嗅覺異於常人，他可以聞到屋裡有老鼠，我也親眼見過他光憑氣味就找出隱身草叢的響尾蛇。

他討厭薄脣的女人。他會說：「如果嘴脣偏薄，哪來『豐滿』可言？」他的觀察完全出自物理事實，並且開放驗證；他似乎深信這項觀察十足精確，坦白說我也是，只是反應沒他那麼強烈而已。

由於他太愛女人，以致完全無法容忍薄脣的女人；不過，如果有哪個薄脣女孩塗脣膏讓嘴脣看起來比較豐滿，他倒是非常滿意。「她意圖正確。」他說。「這是一種精神上的豐滿，有時候，這可以說是非常好的一種特質。」

他討厭熱湯。即使是別人精心製作、賞心悅目的濃湯，他也會毫不猶豫加冷水進去。

他極厭惡把頭髮弄溼。前往潮池採集動物的時候，他可以接受讓水漫過眉毛，但他絕對、也總是會把腦袋包好。淋浴時，他一定戴上防水浴帽——多滑稽的景象。

他很討厭某位教授，每每以「響叮噹的老鳥蛋」（old jingle ballicks）[1] 稱之。但他從沒解釋過他為何討厭「響叮噹的老鳥蛋」。

他討厭無意義的痛苦。有天晚上，他駕車過街，看見有人拿鐵耙握柄痛打一隻紅毛獵犬。艾德停下車，用車上的扳手攻擊對方；要不是那人順利脫逃，他搞不好會被艾德打死。

儘管艾德體格瘦削，一旦發起怒來簡直天不怕地不怕，搞不好還非常危險。有一次，鎮上的警察大半夜裡拿槍托重擊醉漢，艾德暴怒、兩手空空就這麼撲上去，最後警察不得不放了那名醉漢。

不過這股憎恨只針對無意義的暴行。如果是必要行為所引發的痛苦，他通常沒什麼反應。有一次——那是在大蕭條期間——我們發現只要花三美元就能買下一頭活羊。這個價錢現在看來很不可思議，但當時確實如此。一頭羊可以吃很久，即使在當年也相當划算。於是我們買了羊，卻沒人敢動手宰牠，結果艾德不帶感情一刀劃開牠的喉嚨，甚至還向我們這群驚嚇不已的旁觀者解釋，如果不涉及恐懼，流血至死其實幾乎沒什麼痛苦；而且刀子夠利的話，劃開血管也不太痛。由於艾德用手術刀片劃開羊隻頸靜脈，也沒嚇著這頭動物，所以因為繼發心理或同理心使然，我們這群人搞不好比那頭羊還要痛。

對於一般人精神上所承受的痛苦，艾德自有一套哲理。他

說，你我會遭遇到的每一件事幾乎都會發生，而且持續發生好幾百萬年了。「因為如此，」他會說，「對於所有會發生的事，人類身上都有能應對的管道或機制——從史前就不斷磨練使用，並且透過基因傳承至今。」

若與觀察或實驗無關，艾德討厭「時間觀念」。每次赴約，他總是有意識地遲到。他說，以前他曾在鐵路單位工作過一段時間，當時他的生活完全以秒為基準，導致他後來討厭、憎惡精準的時間；就我所知，那是他唯一一次提起在鐵路局工作的往事。如果你邀他七點共進晚餐，他大概九點才會出現。話說回來，如果乾潮時間是六點五十三分，而且那天也適合採集的話，他可能六點五十二分就在潮池邊上等候了。

我寫的愈多，他的傾向也愈來愈明顯——那就是此人毫無標準可言。對於他自己，他從來不曾意識到任何行為標準，不過他卻以觀察他人的行為模式為樂。

艾德有好些年都蓄鬍，不多不長，末端微尖，正好凸顯他「半神半羊」[2]的特質。他之所以開始留鬍子，是因為他想追的某個女孩覺得他下巴太薄了。艾德的下巴並不薄，可既然她這麼想，他就決定留了。這大概是下巴突出的「箭領男士」[3]

---

1 譯注：ballicks 為北愛爾蘭俗語，意同 bollocks（睪丸），也有自吹自擂之意。

2 譯注：goat 原意山羊，也有色鬼的意思。

3 譯注：Arrow Collar men，20 世紀初，美國「箭牌襯衫」推出的插畫廣告，清一色都是下巴突出的俊美男士。

在廣告頁大量曝光那時期的事。後來他又陸續和許多女孩兒交往，也沒把鬍子剃掉，因為他已經習慣了。他一直留到二戰入伍、軍隊要他剃掉為止。艾德的鬍子偶爾也會造成一些困擾。有些男孩會跟在他後面，衝著他咩咩叫，不過他也因此擬出一套完美的反制方法：他會轉身、咩咩叫回去，這個舉動總是令那些男孩尷尬至極，羞地一溜煙跑散了去。

雖然艾德不曾養狗、也沒想過要養狗，他倒是和狗維持某種奇特且客氣有禮的關係。在街上與狗擦身而過時，他會莊重打招呼；駕車看見人行道上有狗，他會拈拈帽緣、揮手致意。（不過要是牠們沒有微笑答禮，他會喃喃咒罵。）另一方面，艾德對貓毫無興趣，不過他倒是對一隻貓印象深刻，頗為讚賞。那是火災發生前的事了。當時，艾德的父親在實驗室打雜幫忙，有隻來路不明的貓不喜歡他，甚至養成捉弄他的惡習，令艾德為之著迷：牠會跳上架子，趁艾德父親經過時在他頭上撒尿。那隻貓不只幹過一次、而是很多次。

艾德由衷喜愛他父親。「他擁有一種天才才有的特質。」艾德說。「他每次都錯。假設有人隨機做了一百萬次判斷或決定，如果說他對錯各占一半，就數學機率而言是站得住腳的。可是你看我爸——他每件事都會錯。這已經不是運氣、而是選擇問題了。這需要天分。」

艾德的父親十分安靜、害羞且非常和藹，不過他因為頭痛而經常服用阿斯匹靈，故而導致乙醯苯胺慢性中毒和不易察覺的遲鈍。他在地下室工作許多年，負責打包待寄送的標本，或幫忙處理某些體型較大、構造較不脆弱的動物。他最驕傲的作

品是安置在玻璃罐裡的一副人類胎兒標本。這孩子原本會是黑人母親和華人父親的獨生子，後來她與情人爭吵、服下大量砷劑（提供者不明），直到驗屍那一刻才揭露她的祕密，而這份祕密最後輾轉到了太平洋生物實驗室手裡。由於這副大體太過前衛，不具教學價值，因此便交給艾德的父親處理。他小心翼翼把孩子擺成佛陀盤坐姿，再將他的雙手調整為半祈禱的模樣，最後將他固定、穩穩安置在博物館專用的玻璃罐裡。這副大體看起來挺驚人的。有一陣子，他的五官像黑人，但防腐劑漸漸使他的膚色轉為蒼白象牙色。他是立克茨老爹最大的驕傲，大人小孩紛紛來到地下室朝聖，他也成為罐頭工廠街的「名人」。

有一天，一名義大利女人踉蹌衝進地下室。她不會講英語，立克茨老爹自然以為她是來看那座寶貝的。他帶她去看，結果令他大吃一驚且極度尷尬的是，她竟然立刻寬衣解帶，亮出她剖腹產的手術疤痕。

貓算是太平洋生物實驗室相當重要的收入來源。經過麻醉、放血、注入防腐液和標示動靜脈的顯色劑之後，他們會把這些做好的標本賣給學校供解剖教學用。

當實驗室接到訂單——比方說二十五隻貓好了——要想取得貨源，他們只有一個辦法。「美國保護動物協會」不會讓他們以實驗為目的豢養貓咪，於是艾德只好放出消息，讓街坊小男孩知道每抓一隻貓就能賺二十五美分；不過艾德也因此有些感傷，因為這讓他見識到蒙特瑞愛貓男孩小小的反常行為。他們會把自己的貓拿來賣，拿阿姨、鄰居的貓來賣。一連

數日，碎步快跑和輕聲撲通響（偷偷把裝貓的麻袋送進地下室）不絕於耳，然後，這些純真無邪、一臉無辜的小小貓咪劊子手會接下他們的二十五分鎳幣，奔向源昌號雜貨店買汽水和玩具槍。無論如何，源昌號總能藉此發一筆小財。

有一回，一位重度愛貓（前提是品種優良）的女士向艾德提及此事。「當然，我明白這些都是必要之舉。我這人就是心胸寬大。不過感謝老天，你這兒沒有純種貓。」

艾德請她放心。「夫人，坦白說我也只抓得到純種貓；因為街貓動作太快、腦子太聰明。我只能從有錢又驕縱的人家取得這些遲鈍的蠢貓。您可以在地下室走一圈，看看我是否把您的貓給抓來了 —— 或者**還沒**。」這段以「心胸寬大」為基礎的友誼自是不了了之，無疾而終。

如果有人上門抱怨或指認自家貓咪，艾德一定歸還。有一次，兩個小男孩顯然仔細研究了世上最古老的騙人把戲，成功騙過艾德兩次。他們其中之一負責繳貓領酬勞，另一人則哭著上門、把貓領回家。第三次他們應該換一隻貓的。如果他們夠聰明又有耐性，應該能小賺一筆；只是在艾德三度買下這隻橘黃貓的時候，連他都發現這貓怎麼也斷了尾巴？

艾德說，每個人至少都有一套自己的生物理論，有些人可能有好幾套。對於這些天馬行空的理論幻想，艾德容忍度極高，因此常有不少奇特群類進出實驗室。

比方說，有人突然發現自然界存在相似之物 —— 有個傢伙想到「鮪魚」說不定真的和「雞」有關係（鮪魚的商品名為「海底雞」），因為「牠們的眼睛長得很像」，那人說。於是

艾德回答，平素他並不喜歡篤定陳述，不過這回他願意冒險一試，表示鮪魚和雞其實並非近親。

還有一天，一名年輕的中國男子來到實驗室。他身穿最時髦的雙排扣大衣，香得猶如山谷裡的百合花，渾身散發神祕氣息。此人年約二十有三，說話帶著美國高中生的調調。他陰鬱地表示想與艾德單獨會面。艾德開開心心加入這場懸疑劇，並且介紹我是他的合夥人，他的所有祕密都會和我分享；後來連我倆都開始用那種沉重、祕而不宣的耳語方式交談。

訪客問道：「你們這兒有貓血嗎？」

「沒有。目前沒有。」艾德回答。「我在製作貓標本的時候確實會抽取貓血，但您要貓血做什麼？」

訪客語氣緊繃地說：「我在做實驗。」然後，為了向我們證明他的判斷和經驗值得信賴，他翻開衣領、秀出某偵探函授學校的徽章，並拿出學位證書佐證。這傢伙挺逗的，不過他仍不願說明他到底為何需要貓血。艾德承諾，未來製作下一批標本時，他會替他保留一些。我們神祕兮兮地彼此點頭致意，然後這名訪客便踮著腳尖靜靜離開了。

這類神祕事件屢見不鮮。後來，我把某天晚上發生的事寫進一則短篇故事[4]。故事照實描述，但我既不知其含意，也沒回覆讀者來信、解析哲學意涵。事情就這麼發生了，突發且短暫：有天晚上，一名女子上門表示要買一條公響尾蛇。實驗室剛好有一條響尾蛇，我們也曉得牠是公的，因為牠前陣子才跟

4　譯注：短篇故事〈蛇〉（The Snake）。

籠子裡的另一條蛇交配過。付完錢，女子當下堅持要餵牠。為此她付了一隻白老鼠的費用。艾德把老鼠放進蛇籠，響尾蛇立刻出擊獵殺，張開口顎、準備一口吞下老鼠。嚇人的是，那名女子不僅全神貫注凝視整段過程，甚至還模仿那條蛇撐開下顎、張大嘴巴的動作。老鼠被吞之後，她為那條蛇付了一年的伙食費，表示她還會再回來。但她從此未再出現過。這到底是怎麼回事、以及為什麼會發生，我壓根摸不著頭緒；女子究竟是受到性欲、宗教、戀動物癖或味覺衝動所驅使，我們亦始終想不出個道理。我如實寫下這段故事之後，讀者回響十分有趣：有位圖書館員表示這故事不僅非常糟糕、還是她讀過最差勁的故事；也有不少人下單訂購響尾蛇；某宗教團體譴責我竟懷有如此變態的想像；另外還有人在敘事中發現摩西「舉杖擊石」的象徵意義。

　　我想再提幾樁神祕事件。又譬如獻花騷擾事件：以前有人會暗中盯看實驗室，待我們都出門以後，便偷偷在門梯處放上一整排白花。這事發生過好幾次，看來應該是詛咒；這種詛咒來自北方原住民──任誰跨過這些花，就可能招致死亡降臨。不過，到底是誰把花擺在這裡、意圖為何，我們始終找不到答案。

　　彼時 3K 黨勢力遍布全國，艾德的實驗室也被盯上。有好幾次，那種印有「我們在看著你　K.K.K」的紅色小卡就這麼直接從門縫底下塞進來。

　　這些神祕事件對艾德・立克茨造成嚴重的負面影響。他痛恨所有打從根本且不可動搖地信仰神祕主義的種種思維表現

——即便只是好玩，他也拒絕算命或看手相；玩靈應牌更讓他緊張暴怒。他極度討厭鬼故事，在場只要有人一口講，他會氣得掉頭就走。

時光荏苒，艾德的父親過世了。實驗室地下室和樓上辦公室之間原本有一條內線；在他父親過世後，有一次他向我坦承，他曾做過一次清醒夢：他夢見內線響了，接起來卻聽見另一端傳來他父親的聲音。這個噩夢逐漸成為他難以擺脫的困擾。於是我提議，鑑於有人可能真的如此惡作劇，乾脆切斷內線，以絕後患。艾德聞言立刻照辦，不過他更進一步：他直接把兩具電話都拆了。「切斷內線感覺更糟，」他說，「我受不了。」

我想，要是有人對艾德開這種玩笑，他大概會嚇到病倒。那些白花就已經夠他受的了。

我曾說艾德的心緒思維沒有界線，實情並非如此。雖然他禁止自己思考形上學或不受物理定律支配的事物，他的心卻拒絕服從禁令。

罐頭工廠街的生活新奇有趣、令人喜愛又驚世駭俗。太平洋生物實驗室對街是蒙特瑞最大、最高雅造作也最受人尊敬的妓院。這家妓院的所有人兼經營者是一位相當偉大的女士，除了少數心胸狹窄、判斷力扭曲的人以外，所有接觸過她的人都十分喜愛她、信任她。不論從哪方面來看，她都是慷慨仁慈的守法公民——唯獨一件事除外：儘管法規模糊曖昧，她確實違反賣淫相關規定。話說回來，既然警察似乎不怎麼在意，她也不以為意，甚至偶爾還會透過各種方式回饋鄉里。

　　大蕭條期間，夫人替罐頭工廠街上不少赤貧家庭付清帳單。商會經常巧立收費名目，對其他店家頂多索取十幾塊美元費用，對夫人總是訛詐上百。夫人對路邊乞討的人亦同樣慷慨，也經常幫助警察和消防員的寡婦孤兒。那些平日當她不存在又愛嚼舌根的市民鄉親，總是期望她付出十倍於他人的數字，而她也如數照出。夫人睿智明理，心胸寬大，任何悲慘不幸的故事都能輕易說服她。大家都找她借錢，即使知道對方騙人她仍自願上當。

　　艾德・立克茨和夫人維持一種互相尊重的友好關係。他不曾踏進妓院一步（他的性生活遠比召妓複雜太多），不過夫人倒是經常帶著問題上門請益。艾德會給她最思慮縝密的答覆，從科學和世俗觀點提供他的知識見解。

　　在妓院生活的女孩兒似乎都有些微歇斯底里的傾向。究竟是有這種傾向的人比較可能選擇這種行業、抑或這種行業使人變得歇斯底里，我不知道，不過夫人常常會讓她的女孩兒來實驗室找艾德聊聊。他總是認真聽她們說話，關心她們的煩惱（這些煩惱幾乎都不複雜），然後他會說幾句話安慰對方，或者放幾首他最喜愛的音樂給她們聽。有了他的力量，女孩兒們通常都能打起精神，重新振作起來。艾德從不以任何方式說教。他傾向冷靜、清明地仔細檢視問題，再以簡單明瞭的方式說明，卸除她們的恐懼：女孩們突然發現自己並不孤單，其他許多人也都有和她們一樣的煩惱──簡言之，不是只有她過得如此悲慘。於是女孩通常會馬上感覺心裡舒坦多了。

　　艾德與夫人有一種不曾言明但堅定強韌的情感。夫人可

以賣酒，但執照規定不准外帶。艾德常在大半夜耗盡啤酒庫
存，這時除了妓院，其他地方都關了，於是雙方就照老規矩玩
（兩人也都樂在其中）：艾德先過街詢問夫人能否賣點啤酒給
他，而夫人每次都拒絕，說明她沒有對外販售的執照。艾德於
是聳聳肩、致歉叨擾，返回實驗室。十分鐘後，先是門梯傳來
輕輕的腳步聲，然後門前響起悶悶的撲通聲，最後同樣的腳步
聲迅速遠離。艾德也會認真等個幾分鐘再走向門口：門前台階
擺著一個紙袋，袋子裡有六瓶沁涼的冰啤酒。他不曾向夫人提
及此事，一開口就打破遊戲規則了；不過艾德會以另一種方式
回報——只要她需要幫助，他一定撥出時間，而且他幫的可不
是什麼芝麻蒜皮小事。

即使在最可靠安逸的妓院裡，週六夜晚偶爾也會爆出一
兩樁鬥毆事件，這也是情愛碰上酒精時最容易發生的插曲之
一。只是明理睿智的夫人並不想拿這種小問題打擾醫生和警
方，她有好友艾德幫忙包紮劃傷的臉頰、撕裂的耳朵或嘴
脣。艾德技術高超，不曾有人抱怨抗議，自然也就無人提及
此事；畢竟他不是醫生，除了行善，他沒有任何行醫相關執
照。夫人和艾德非常敬重彼此。「她是個非常棒、非常了不起
的女人。」他說。「我希望好人都能跟她一樣好。」

一如夫人是所有老套伎倆的誆騙目標，艾德也是罐頭工廠
街某些不誠實居民的訛詐對象。這條街上的人是真心喜歡艾
德，不過這份感情仍無法阻止他們向艾德出手，施行他們腦中
閃現的狡詐詭計。其實，幾乎在每一齣劇碼上演之前，艾德就
已經知道對方葫蘆裡賣什麼藥了；只是他不動聲色，謹慎應

對，等著這些心思細膩的賭徒先出招，然後才伺機上場，準備掏錢。「這讓他們賺錢賺得很開心嘛。」他總是這麼說。

艾德一向不多給。他的手頭從不寬裕。儘管他身經百戰、對這些陰謀詭計瞭若指掌，他仍不時讚嘆某些特別大膽又富想像力的欺瞞手法。

有天晚上，艾德在地下室處理一隻小狗鯊，他熟識的一名「老主顧」興高采烈地來訪。

「我很快樂。」騙子朗聲說道，滔滔解釋他如何體悟這種真正的愉悅與平和。

「你以為我一無所有，老艾，」對方訓斥他，「但你不曉得，在我這簡單樸素的外表之下，我擁有什麼樣的內在。」

艾德等不及想上鉤。

「老艾啊，我的內心已得到平靜，也有遮風避雨的地方，雖非宮殿但也舒適。我不常肚子餓。最棒的是，我有朋友。在我所有的朋友之中，我猜我是最快活的一個。」

艾德準備接招。**來了**，他心想。

「是說啊，艾德，」這位老主顧繼續，「有些晚上，我就這麼躺在床上、感謝老天如此眷顧我。身而為人，我夫復何求？不過就是食物、容身之處和一些小墮落──譬如酒和女人、菸和──」

艾德感覺謎底即將揭曉。「酒不行。」他說。

「我沒在喝酒了。」老主顧嚴正駁斥。「你沒聽說嗎？」

「要多少？」艾德問。

「只要十美分就好，艾德小子。我需要幾包菸草。我不介

意買那種牛皮紙裝的。我喜歡牛皮紙。」

艾德給他二十五分錢，滿心歡喜。「世上哪兒找得到一個只要區區十分錢就願意慷慨分享想法、巧思和情感的傢伙？」他說。他認為這一切的價值不只二十五分錢，不過他沒告訴這位老主顧。

還有一次，艾德過街要去源昌號買幾夸特啤酒。他的另一位「老朋友」舒舒服服坐在雜貨店前的水溝旁。這位老兄不經意瞥了瞥艾德手中的空酒瓶。

「嘿，醫生，」他說，「我最近小便不太順，有什麼不錯的利尿劑？」

艾德馬上掉坑。「啤酒呀，我直覺反應就是啤酒。」他答。

男人打量艾德手上的幾支空酒瓶，無助地聳聳肩；艾德這才明白他上當了。「噢！來吧！」他說，給兩人都買了啤酒。

後來他語帶讚美地說：「你能想像他為那瓶啤酒費了多少心思嗎？他得去查『利尿劑』這個詞，還得算好時間、在我去買酒的時候剛好出現在那裡，然後他還必須稍稍讀懂我的心思；如果其中有哪個環節出了差錯，整盤計畫就毀了。我覺得他實在非常了不起。」

這個計畫唯一「沒那麼了不起」的部分是算準在艾德買酒的時候守候店門口。，理由是艾德很常去源昌號買啤酒。有時他買得太多，啤酒退冰，他會拿回去退、老闆也願意換冰啤酒給他。

這群仰仗五花八門小聰明、閒暇時在罐頭工廠打零工營生的騙子們，著實令人驚嘆。艾德始終非常欣賞他們。

「他們摸透我的脾性和好惡，幾乎達到數學計算的精確水準。」他這麼說。「他們比我還了解我自己，而我這個人也不能說是不複雜呀！他們一次又一次分析我的可能反應，結果十分準確。」

每當碰上這類微不足道的小挑戰，艾德通常非常開心。這事要不了他幾個錢，而他總是嘗試預先設想，他的錢包下回又會遭遇何種攻擊；至少，結局總在他意料之中。這些親愛的敵人三不五時拋出大膽無畏、自由奔放的想法和創意，每每令他大感驚奇。

艾德不時會請街坊的男孩們幫他捉捕動物，付給固定酬勞；有時抓青蛙，有時捕蛇或逮貓。

其中有這麼一號人物──姑且叫他「艾爾」吧。早年艾德曾經和艾爾有過一次合作經驗，對他的創意印象深刻，也因此頗喜歡他。那回，艾德急需幾隻貓，艾爾沒多久就替他找齊了，而且每一隻都是成貓；只不過，一直要到準備動手術的時候，艾德才發現牠們全是公貓。有好長一段時間，艾爾拒絕透露訣竅，最後才勉強說出來；既然艾爾已蒙主恩召，不用再抓貓，故這個祕密應該可以公布了。

「我做了一個雙重陷阱。」當時他說。「我把一個小籠子放進大籠子，然後在小籠子裡關上一隻發情小母貓。你知道嗎，艾迪，有時候我一晚上能抓十幾隻公貓。你猜怎麼著？因為我每個禮拜六晚上都掉進一模一樣的陷阱裡呀！真他媽的。這點子就是從這兒來的。」

艾爾抓動物的本事實在太厲害，因此沒過多久，他就開始

幫實驗室處理一些雜務。艾德教他怎麼給狗鯊施針、操作球磨機混合色料，或是為構造比較簡單的動物做防腐處理。艾爾對自己的工作異常驕傲，不時摺幾個發音錯誤的科學辭彙、擺架子故作專業，逗艾德開心。雖然艾德知道艾爾一直有酒癮問題，但仍愈來愈信任他。

有一次，實驗室進了一大批狗鯊；艾德留給艾爾處理，自己則出門參加派對。派對很晚才結束。當艾德回到實驗室，他發現地下室燈光全亮，滿室狼藉：碎玻璃散了一地，福馬林桶橫倒在地、灑出不少，架上的玻璃標本罐整排摔下——看起來就像被熱帶旋風掃過一樣。艾爾不見蹤影，卻把褲子留下；另外還有一副不知其所然的汽車座椅。

艾德氣得臉色發青，動手清掃碎玻璃。掃著掃著，艾爾進門了，身上套著長大衣和塑膠長靴。艾德怒不可遏，上前質問。

「你這狗娘養的！」他大罵。「我還以為你可以清醒地把工作做完！」

艾爾舉起一隻手，莊嚴穩重有如羅馬元老：「你儘管罵吧，」他說，「隨你罵。我原諒你。」

「原諒我？」艾德喊道。他快要殺人了。

艾爾以一記哀傷、降貴紆尊的手勢制止他。「是我活該，艾迪，」他說，「你想怎麼罵我都行，請便。但我唯一遺憾的是，無論你怎麼罵我，都不會傷害我的情感。」

「你該死的到底在胡說八道什麼啊？」艾德不安地問。

艾爾一個轉身，撥開大衣衣襟。他全身光溜溜：除了那雙

塑膠靴，其他什麼也沒穿。

「艾迪小子，」他說，「我都敢穿這樣出門做社交拜訪了。如果我連這種事都做得到，我這人肯定相當無感。所以不管你用什麼難聽話罵我，大概都無法穿透我的厚臉皮吧。我原諒你。」

艾德怒氣頓消，只剩純然的驚奇。後來他說：「假如艾爾能把他獨特又天才的思維轉向其他領域、而不光是討酒喝的話，成就肯定無可限量。」接著他又說：「不過這麼說也不對。他選了一條更艱難也更擁擠的路走，但他還是成功了。其他任何職業──比方說國際金融──對艾爾來說可能都太簡單了。」

艾爾已婚，但他的妻子和家庭對他沒有一丁點約束及影響力。後來他太太逼不得已，只好趁艾爾和他的某一位小美人兒廝混之際，把他送進牢裡。

有一次，艾爾說：「每次只要蒙特瑞警局招募新血，他們就會給新人一道試驗：派他來罐頭工廠街找我。如果他沒辦法認出我，這份差事就沒了。」

艾爾厭惡薩利納斯的老舊監獄。這幢紅石建築陰暗又不衛生，他說。後來，郡政府蓋了漂亮的新牢房，艾爾頭一次待滿六十天，卻到第七十五天才離開。他意氣風發地回到蒙特瑞。

「艾迪，」他說，「那裡的牢房有收音機，然後那個新來的保安官很不會玩牌戲。我要出獄的時候，保安官還欠我八十六塊，你說我哪敢不繼續玩下去？保安官可以讓你吃不完兜著走啊。所以我又花了十五天把錢全部輸回去，而且還不能做得

太明顯。可是艾迪呀，咱們就是不能從保安官手裡贏錢——除非你想再回牢房裡蹲著。」

不過艾爾倒是常常回去蹲，最後他老婆恍然大悟：原來艾爾喜歡牢房更勝家庭生活。她拜訪艾德，尋求建議。這位紅著雙眼、服裝有些凌亂的小女人，止不住地擤鼻子。

「我辛苦工作，設法應付家裡的開銷，」她苦澀地說，「可是艾爾幾乎都窩在薩利納斯新監獄過輕鬆日子。我不能再讓他進去關了。他喜歡那裡。」她和艾爾有幾個孩子，還得顧他們吃穿，看起來疲憊又懊惱。

艾德給不出答案，這可是頭一遭。「我也不曉得你該怎麼做才好，」他說，「這可難倒我了。你或許可以把他殺了，不過往後你的人生大概也不會有樂趣可言了。」

罐頭工廠街的社交結構頗為複雜，若沒搞清楚，極可能在交流過程及禮節上犯錯鬧笑話。如果在街上巧遇夫人旗下的女孩兒，你絕不能向對方搭話；也許你曾與她徹夜閒談，但在外頭和她打招呼是非常不禮貌的。

站在實驗室窗前，艾德和我經常目睹殘酷的社交現實，其程度媲美紐約史卡茲戴爾區[5]。對街的妓院和源昌號之間有塊空地，閒置許多生鏽的粗鐵管、幾座鍋爐和數根原木，全是罐頭工廠扔在那裡的。不少在工廠打零工的男人平日就睡在那些大鐵管裡，待太陽升起、大地回暖，他們就像停在原木上的蜥蜴一樣，一個個從鐵管裡爬出來。這裡就是他們進行社交活動

5　譯注：Scarsdale 是二十世紀初紐約的富人區。

的地方：互相借個幾分錢，共享菸草；若有誰明目張膽拿出一瓶酒，那就表示他不只有意與大伙兒分享，而是他就是為了分享才拿出來的。這群人衣著襤褸，膝蓋和臀部的藍色丹寧布料磨得泛白。艾德稱他們是這個時代的「食蓮者」[6]，戰勝現代世界的種種焦慮、憤怒與挫折。

艾德對這群男人讚賞有加，就像他欣賞其他成功生存、深諳幸福妙方的動物、家庭或物種一樣。

關於這群人，艾德和我有過多次討論。他表示，若僅是迅速瞄一眼，實在無法看出任一物種有多成功適應環境。

「你想想，」譬如他會說，「如果單看表面，你可能會說本地的銀行家、罐頭工廠老闆、或甚至蒙特瑞市長正是所謂適應成功的個體。不過這群人大多有胃潰瘍、心臟病、高血壓等等的毛病。然後你再想想對面那群窮光蛋——我敢說肝硬化最後是一定會找上他們啦——但除了肝硬化，他們沒別的毛病。」這時他會欽羨地咂咂舌。「古生物界有這麼一條鐵律，」他說，「過度武裝，以及／或過度裝飾都是物種滅絕的徵兆。只消想想巨蜥、猛獁象這些動物就知道了。而那些傢伙既沒有盔甲，除了左一條右一條、花花綠綠的袖箍之外，實際上也沒有任何裝飾。從整個時間歷程來看，這些人說不定就是本身幾乎不受攻擊、並且能從內在敵人手中拯救我們這個族類的一群人呢。」

6　譯注：Lotus Eaters 出自《希臘神話》，意指吃了忘憂果、醉生夢死之人。

　　儘管艾德相當鍾愛這群流浪漢，但他們對待喬治的冷酷無情——喬治是妓院拉皮條的——卻令他十分痛心。

　　喬治為人彬彬有禮，體格精實，衣著時髦講究，總是把一頭黑髮梳成波浪狀。對妓院裡的女孩兒而言，喬治猶如地下警察，握有徹底的宰制力；儘管偶有爭議，但他想碰誰就碰誰，甚至還會招待給朋友玩。喬治薪水不差，妓院供他伙食，而他不時還會跟幾個女孩伸手討錢；換言之，他很有錢。喬治是個好保鑣，出名地會打架；若情況曖昧、不方便明著出手，他在瞪、踹、用膝蓋頂人方面的紀錄也是一流。總而言之，大家都以為喬治是個快樂的男人，直到看清喬治的內心——就如同我們後來才明白一樣——眾人方知實情並非如此。

　　喬治很孤單。他想與男性為伍，渴望那種溫暖、粗率、暢快的兄弟情誼與鬥嘴爭執。他極厭倦香水瀰漫的女人世界，厭倦大姨媽來訪、歇斯底里、吵吵鬧鬧神神祕祕抑或軟語溫香。也許是因為他沒有可以吹噓的對象——吹噓他對女人至高無上的宰制力——故為此苦惱發愁。

　　我們看著他嘗試與那群坐在原木上曬太陽的傢伙攀談，但他們誰也不理他。他們認為，在社交地位上，「拉皮條」的位階遠遠在他們之下。當喬治閒晃過雜草叢，在那群男人身旁坐下，他們會轉過去不理他。他們並未出言侮辱或趕他離開，但他們就是不接受他。如果碰巧有人起爭執，對峙雙方也會在喬治現身時閉口不語，徒留令人痛苦的靜默。

　　喬治知道自己受排擠，他心裡難過、也覺得羞愧。我們站在窗裡觀察他，他的垂頭喪氣、恭維討好昭然若揭，他太過響

亮的笑聲亦不證自明（笑話明明不好笑）。對於如此的不公不義，艾德只能搖頭。他對這些傢伙的期望原本還挺高的。

「我不曉得自己何以認定他們不會如此糟糕？」他說。「當然，他們的身分確實讓他們占了點優勢。不過，我憑什麼因為他們是不受拘束的流浪漢，就期望他們能超越所有貧乏與渺小？我想，我這純粹是浪漫希望吧。」然後他又說，「我認識一個人，他堅信所有的妓女都很誠實，只因為她們是妓女。他一再且多次遇劫，有一回連衣服都被偷走，但他仍不願放棄執念。這儼然成為某種信條，而你之所以不願放棄執念，是因為這個信念已經是你的一部分。我得重新檢視我對這群傢伙的看法了。」

我們看著深陷孤獨的喬治以賄賂討好眾人：他買來威士忌讓大伙兒傳著喝，他像瘋子一樣借錢給大家。這群流浪漢雖接受他的賄賂，卻不接受喬治這個人。

干涉街坊事務並非艾德‧立克茨的作風，但他真心為喬治擔憂。

有天下午，艾德直言挑戰空地上的男人。「你們為什麼不對他好一點？」他說。「他很孤單。他想跟你們交朋友。你們往他身上貼標籤，但這些記號極可能扭曲、腐蝕他整個人生。他再也不會對別人好了。如果說你們有一天得為他的死負責，我完全不意外。」

聽完艾德這番話，惠特尼二號（這裡有兩位姓「惠特尼」，分別稱「惠特尼一號」與「惠特尼二號」）答道：「喂，醫生，你這是在叫我們要跟拉皮條的打交道？不會

吧？沒人喜歡皮條客。」

　　有件事得說明一下：若這群懶鬼騙子打算正經八百地跟艾德講話，那艾德就是「醫生」；如果他們想誆他，他們會喊他艾德、艾迪或艾迪小子。

　　我不曉得艾德到底知不知道他的預言有多準。就在這段插曲發生後不久，喬治用妓院廚房裡的冰鑿自殺了。艾德斥責那群人是導致喬治走上絕路的原因之一，惠特尼一號跳出來聲援惠特尼二號。

　　「拜託，這實在強人所難啊，醫生。我們怎麼可能跟皮條客做朋友嘛。」

　　艾德悲傷地思忖這一切。「我發現，要我相信這些傢伙會被道德考量這種事影響，似乎非常困難。看來，這是一道難以跨越的社交障礙，不論你怎麼爭、怎麼鬧都跨不過去。」他還說：「每次都是一群白鬼圍剿一個黑人。但有時候，我還真希望事情沒那麼簡單。」

　　艾德和源昌（也就是華人雜貨店「源昌號」的老闆）彼此敬重，源昌死後，艾德也繼續和源昌的兒子維持良好關係。源昌總是讓艾德賒帳，常常一欠欠好久；不過艾德有時確實有此需要。有一次，我們嘗試計算這些年來橫越這條街的啤酒總共有幾加侖；隨著數字一筆筆往上加，我們沒多久立刻放棄。沒人想知道答案。

　　艾德朋友多，不僅如此，他常引來一些瘋狂的極端份子（譬如華人偵探和響尾蛇女），還有些人把他當作資訊來源。

　　有天下午，電話響了，一名女性聲音問道：「立克茨博

士，有一種熱帶魚，牠的背鰭和腹鰭有很多棘，你可不可以告訴我牠的英文名字？我記得開頭是Ｌ。」

「不好意思，」艾德說，「如果您願意半個小時後再撥電話過來，我很樂意幫您查查看。」他回頭繼續工作，喃喃唸著：「聲音真好聽——細緻又低沉。」

二十分鐘後，電話又響了，方才那個低沉細緻的聲音說道：「立克茨博士，別麻煩了。我突然想起來了。」

他自始至終不曾見過這位嗓音低沉細緻的謎樣人物。

艾德的外表或性情明顯都不屬於從軍那一掛的，儘管如此，兩次世界大戰他都受召入伍。各位或許以為，他這種徹底的個人主義、總是以獨特方式解決問題的人，在組織嚴謹、一板一眼的軍隊裡肯定會發瘋。事實正好相反。他是個成功的軍人。軍隊確實單調乏味，卻也漸漸屈服於他的喜好和安逸（至少他待過的單位是如此）。他兩次大戰都在軍隊過得挺快活的。

他曾向我描述他參加第一次世界大戰的軍旅生活，言談間盡是滿足。「那時我還年輕，」他說，「我很訝異我當年就展現了高超的判斷力。那時我常常在想，」他繼續，「要是有哪間像『通用汽車』（General Motors）或『標準石油』（Standard Oil）這種大公司成立私人軍隊，大概沒有哪個國家的軍隊有機會打贏它。私人企業成立的目的就是去執行某件事，或者製造或產出某樣東西——譬如利益、黃金或鋼鐵——它們是有方向的。可是，隸屬國家的軍隊卻是由數百萬只顧自己的個人所組成，有人想獲晉封官、有人想趁機揩油、有人冀

圖個人權力或榮耀，還有人只想趕快脫身。真正對『打贏戰爭』感興趣的人實在少之又少。」

他告訴我他的一戰經歷。「在決定要走哪一條路以前，我透澈、認真地想過一遍。」他說。「就像我剛才說的，當時我雖年輕，但總是非常佩服自己的選擇。一九一七年那時的識字率不算太高，部隊文職對我而言是相對簡單的活兒，也不必擔心被送進軍官訓練學校。我壓根不想做軍官，其他人則是完全不考慮文書工作。」

「人有時候實在盲目得可以。」他繼續。「那些貪婪、只想到自己的人偏偏就沒想到，其實文職才是最四通八達的位子。假如有哪個上尉或中尉碰巧喜歡打高爾夫球或漂亮小妞兒，那麼這份勞務或甚至選擇肯定落在辦事俐落的文書員手裡。」他愉悅地嘆息。他很享受在軍隊的日子。「結果沒多久就有謠言傳出來，說我喜歡威士忌。後來幾乎變成某種常識慣例。你知道嗎，後來我退役的時候，手邊大概還有近三百品脫的威士忌——如果你還記得，那段時間可是禁酒時期唷。」

這時，他的語氣突然滲入一絲惡毒；「不過你知道嗎？」他忿忿地說，「有個他媽狗娘養的傢伙竟然跑去跟上尉投訴我。你能想像有這種事嗎？他自己不喝酒，他就拿道德品行這種事批評我。我很好奇，為什麼不喝酒的人常常都很惡毒。」

「發生什麼事了？」我問。

「這傢伙是個蠢蛋。」艾德說。「他整整十八個月沒拿到一張通行證，所以他一次又一次提出申訴。實在有夠蠢。」

「他申訴的內容是什麼？」

「要是他好好用腦子想一想，就會知道這些申訴肯定會經過部隊文書處呀。」他抿嘴一笑。「我想我是不該生他的氣啦，」他說，「可我就是不喜歡這傢伙。後來流言不脛而走——你也知道軍隊裡風聲傳得有多快——總而言之，有人聽說文書處那位**善良、好心腸**的職員遭人檢舉迫害，所以我猜那可憐的傢伙肯定有一陣子很不好過，上從旅長、下到廚房巡邏和茅房兵，沒人給他好臉色看。這事大概毀了他的軍旅生涯吧。我非常確定他的胃肯定也壞了。真是個蠢傢伙。」

美國徵兵局於第二次世界大戰時再度徵召艾德入伍，我始終覺得徵兵局此舉居心巨測。收到徵召令時，他再過一星期就要滿四十六歲；等他接受體檢時，生日早就過了。我在想，肯定是蒙特瑞有人看他不順眼，因為不管從哪一點來看，艾德都不是幹軍人的料。他蓄鬍——這點非常不入陸軍精神醫師的眼；負責面談和體檢的醫師雖疑惑不解，但他還是批了合格，於是美國陸軍就逼他把鬍子剃了。

對於再次受徵召，艾德並未心懷怨懟，因為他想起一戰時愉快的從軍經驗。

「當時我想，這些年我有了更多人生經驗，也更成熟，應該沒問題。」他說。

鑑於他有多年的實驗室經驗，陸軍安排他在蒙特瑞召募中心負責性病部門。這份工作好處不少，艾德不僅每晚都能回家，還全權照管取之不竭、用之不盡的儲藥櫃。艾德不想對人發號施令，他喜歡與人為善。艾德的指揮官有某項嗜好，也許

是高爾夫也許是女人，橫豎我不知道，不過他沉迷的程度強烈到足以放手讓艾德經手所有工作。

艾德喜歡這樣，也把工作做得有聲有色。或許是因為那座藥櫃吧，他身邊總有一小群仰慕者簇擁著他、保護他，為所有可能針對他的指控出言辯護，是以艾德從來不曾在早上十點以前到班，有時週末還會多休一天假。

不過，二度投身軍旅的艾德很快就厭倦實驗室酒精加葡萄柚汁千篇一律的味道。既然手邊有座無限補給的儲藥櫃，艾德開始做實驗。於是流言再起：聽說蒙特瑞要塞發明了一種極美妙的飲料，效果奇特；沒人嚐過類似的東西，也不曾有過近似感受。那玩意兒叫「愚人立克茨」。聽說那個單位的指揮官（他可是頭號主顧）兩杯下肚之後，他會精神抖擻、看不出一絲蹣跚地大步前進，直走撞牆；然後在緩緩癱倒之際順便來一段慷慨激昂的簡短演說。

艾德平安且光榮退役後，我向他問起那款飲料──「愚人立克茨」臭名遠播，最東直抵芝加哥，太平洋灘頭堡的阿兵哥也懷著沉默的敬意討論它。

「哦，做法其實非常簡單，」他說，「成分一點也不複雜，而且很好喝。我始終參不透這玩意兒為什麼會有如此古怪、有時可說是滑稽的效果。不過就是酒精、可待因和石榴糖漿嘛！而且顏色也很漂亮。」他說。「你知道嗎，其他烈酒跟這玩意兒一比頓時顯得很沒搞頭，軟趴趴的。」

這篇艾德‧立克茨記事有時依時間順序穿插或來回描述，有時則以其他方式呈現。我不是故意要這麼寫的。最初我

只是試著把他的事分成幾部分來寫，寫著寫著發現這種方式挺不錯的。他這人實在太複雜、太多面向，說不定最好的方法就是從這一面寫到另一面，讓所有片段自我建構出一幅完整圖像，呈現在我和其他人眼前。

艾德比我認識的其他任何人都要懂得找樂子，然而他心中也懷著深深的傷痛，這點稍後再述。若談到「喝酒」這個主題，那我就非得要把這部分寫出來才行。

艾德嗜飲杯中物，而且幾乎什麼都喝，什麼都喜歡。我自認從沒見過他處於「酒醉」狀態，不過他告訴我，他有兩次完全不記得自己是怎麼從實驗室回到家的。即使是在那樣的夜晚，若不是非常了解他的人，大概也無法察覺他究竟有沒有醉意。他喝酒的證據極不明顯：微笑幅度可能大了一點點，語調可能提高一點點；可能踮腳踏幾個舞步，像隻好奇的鴿子踩著靦腆小碎步。他喜歡所有含酒精的飲料，討厭所有不含酒精的飲料──咖啡例外（但他通常會摻幾滴威士忌）。有一回他扳指估算，上一次沒往飲水裡「加料」大概已是十二年前的事了。

有一回，牙疼與煩人的風流韻事同時找上他，令他鬧了好一陣子胃痛，最後診斷為漸進性潰瘍。醫師囑咐他多喝牛奶，命令他不准碰酒。一股鬱悶哀傷的氣氛籠罩實驗室，那段時間可真難熬。艾德有好幾天都處於難以接受的震驚狀態。後來，殘酷的命運令他怒氣驟升，直言命運怎可如此對待他。艾德不喜歡、也不信賴白開水，但他更強烈、激烈地討厭牛奶。他覺得牛奶的顏色一點也不賞心悅目，味道更使人不

悅。他憎恨它的聯想意義。

　　最初幾天，他強迫自己吞下一點點牛奶，苦澀地頻頻抱怨。後來他回去找醫生，表示他實在討厭牛奶的味道，還端出「長記性前受到驚嚇、經年累積變成創傷」這種理由。他認為，這種討厭牛奶的心情說不定就是促使他投入海洋生物領域的動力，因為除了鯨與其近親海牛以外，所有的海洋哺乳類都不會產乳，而他亦不曾對鯨類有過一丁點興趣。他還說，他對胃痛藥方的恐懼遠遠超過疾病本身，所以他問醫生能不能讓他在牛奶裡加幾滴陳年蘭姆酒，去除那噁心的味道。醫生大概也曉得這是一場注定失敗的戰役，只好讓步，但僅同意他加少少幾滴蘭姆酒。

　　我們不可思議地看著艾德逐日調整藥方比例，一個月後已然變成在蘭姆酒裡加幾滴牛奶了；但至少他的胃也不痛了。雖然他還是討厭牛奶，不過在事件過後，他經常以讚嘆的語氣提起這個藥方，當它是胃潰瘍特效藥。

　　實驗室的派對總是精采，有些還一連持續數日。即使日子過得苦哈哈，我們仍需要派對提振精神。我們會掏出身上的零角子（通常湊不到幾毛錢），而蒙特瑞剛好有賣那種一加侖只要三十九分錢的酒。儘管滋味不佳，有時還會在瓶底沉澱物中發現奇怪東西，這酒倒也合適；不僅讓派對更盡興，而且從來也沒喝死過誰。如果召集四對夫妻一起開趴，每對帶上一加侖酒，那麼這場派對大概可以開心好一會兒，喝到讓艾德開始微笑、踮腳跳起碎步舞。

　　後來我們沒這麼窮了，於是改喝啤酒或艾德喜歡的「啜一

口威士忌再灌一大口啤酒」。兩種酒香互補，他說，相得益彰。

有一年我過生日，實驗室一連辦了四天派對。我們真心需要嗨一下。那場派對規模盛大，沒有人上床睡覺（浪漫理由除外）；到了第四天早上，一股良性的筋疲力竭終於降臨在這群快樂份子身上。我們悄聲說話，理由是連日高歌、狠操聲帶，大伙兒都沒聲音了。

艾德小心翼翼把半夸特啤酒放在床邊地上，倒頭打盹兒，不一會兒便睡著了。從派對開始到現在，他差不多已灌下五加侖啤酒。他睡了大概二十分鐘，翻個身，連眼睛都沒睜就伸手摸索啤酒瓶；摸到瓶子，他坐起來，長長灌下一大口。艾德甜甜地笑了，舉起兩根手指頭在空中揮了揮，宛如某種祝福。

「第一口啤酒的滋味世間少有，無與倫比。」他說。

艾德不只愛酒。他進一步深深懷疑所有不愛酒的人。假如不喝酒的人閉上嘴巴、不管閒事、也不發表不飲酒的高論，那麼艾德還有可能善待此人；只可惜，這種放任態度在滴酒不沾的人身上非常罕見。只要他們一開始毒舌，艾德就彷彿落入輕蔑與熾怒的灼身烈焰中。他深信，那些不喝酒的人不是有病就是瘋了，或者內心暗藏某種惡毒性格。他相信，不喝酒的人的靈魂早已乾涸皺縮，他們的道貌岸然也只是為了掩飾某些無以名狀、令人作嘔的行為罷了。

對於不喜歡或佯裝不喜歡性愛的人，艾德某種程度也抱持同樣的看法。不過我們稍後再來探究這個部分。

　　如果被逼急了，艾德會列舉歷史上的英雄、偉人、勇士和他想像出來的人物，表示他找不到其中哪個人是滴酒不沾的。他甚至會絞盡腦汁，設法想出有哪位才智出眾的男士或女士喜歡酒卻不喝酒，然後告訴你他還真想不到半個名字。在前述所有討論中，每次都有人提到蕭伯納的名字，但艾德就只是一逕大笑，而你在他的笑聲中感受不到一絲對這位秉性節制的老紳士的欽佩讚賞。

　　艾德對音樂的興趣可用熱情、強烈來形容。他認為，音樂和極具創意的數學極為相似。他的音樂品味並不奇特，但頗具邏輯。他喜歡葛利果聖歌和所有教堂素歌，喜歡它們天使般精緻複雜的細部和聲；他喜歡威廉‧拜爾德和帕勒斯蒂納的彌撒曲。他總是專注聆聽布克斯特胡德，有一次還告訴我，他覺得巴哈《賦格的藝術》或許是截至目前為止最偉大的樂曲。他總說「截至目前為止」——在他的觀念裡，沒有哪件事是完結或已完成的，永遠都是進行式，一件事持續發展、然後再衍生出另一件事。這種批判方式極有可能源自他的生物學訓練與觀察。

　　他愛蒙特威爾第的世俗激情，也愛史卡拉蒂的鏗鏘銳利。他的音樂鑑賞範圍相當廣闊，並且帶著好奇——他挖掘音樂，就像他在泥地裡挖掘「可口」的蟲子一樣。他常常聽音樂聽到微微張口，彷彿就連他的喉嚨也想接收音質音調；而他的食指也會跟著節奏悄悄擺動。

　　他不會唱歌，就算是哼一小段調子或跟唱一個音符也做不到；不過他的音感很準。不會唱歌這件事頗令他感傷。

　　有一回，我們買了幾組音叉、安置在橡膠座上，嘗試重新學習遺忘已久的數學模型與音階。雖然艾德無法模仿音調，連類似的音也哼不出來，不過他的辨音能力十分敏銳。我不曾聽他吹過口哨，但我很好奇他會不會吹口哨。他會試著哼幾段旋律，破幾個音，然後在他的耳朵讓他知道他哼得有多差的時候，露出無可奈何的微笑。

　　他認為音樂具有無與倫比親暱、踏實的特質。有一次，我情緒混亂、心煩得難以承受，就跑去實驗室和他待在一起。當時我混沌無語，震驚痛苦，艾德就如同施藥般放音樂給我聽。那天深夜，照理說應該已經到了他的睡覺時間，他仍用他那台了不起的唱機為我放音樂；即使我睡著了，他仍繼續播放，深知音樂撫慰的力量能滲入我晦暗的混亂狀態。他選擇能讓人安心、有療癒效果的教會素歌，樂音遙遠、沉靜又疏離。後來，他漸漸改播模式肯定明確的巴哈，直到我準備好再度承受更多的個人思緒和情感，直到我能忍受再度接納自己──這時，他給我莫札特。我想，這是他給過最貼心、最充滿關愛的一帖藥方了。

　　艾德的閱讀取向同樣十分廣泛。不用說，他對自己的專業「海洋無脊椎動物學」肯定頗深入，但他同樣大量涉獵其他領域的資訊。我不知道他從哪兒擠出時間閱讀，也只能從他一再回顧翻閱的讀物判斷他的喜好──譬如李白和杜甫的譯本、史上最偉大的情詩〈黑色金盞花〉、還有《浮士德》。最重要的就是《浮士德》。一如他認為《賦格的藝術》是截至目前為止最偉大的樂曲，在他心中，《浮士德》也是至今所有文學著作

中最偉大的作品。他將自己的德語能力從科學拓及文學，故能讀懂《浮士德》，聽見那一字一句被寫下來的聲音，嚐到那字裡行間的意義。對我來說，艾德彷彿擁有一顆不屬於現代、也不屬於遠古過往的心靈，他的心靈永恆無盡。他喜歡大聲朗讀《貝武夫》或拉亞蒙的作品，字字清晰，宛如昨日才寫下的那般鮮新。

　　他沒有信條或教條一類的宗教信仰。事實上，他不信任所有形式或名義上的宗教，懷疑這些宗教都被經濟、權力和政治給汙染了。他也不相信任何團體或文化認定的神祇或神明。說不定，他心目中的神早已透過數學符號、以持續擴張宇宙的形式現身了吧。他肯定也不相信死後永生、或任何超出化學形式的東西。他質疑所有應允來生的承諾，認定那不過是應付恐懼的小小慰藉，抑或刻意捏造的希望。

　　艾德觀察潮池生態及其平衡關係，他也以同等程度的興趣及方式抽離地旁觀經濟與政治。

　　俄國大革命後，他一度就像狾犬初見小青蛙一樣，開心且興致勃勃地觀察蘇聯。他認為，當時的俄國肯定擁有某種新的東西，關乎人類進展，就像自然界物種突變一樣；然而當革命完成、實驗停止，蘇聯體制趨於穩定且不可逆地走向集權，並透過刻意施加的無知、教條式地控制人類創造力以鞏固權力，艾德便徹底失去興趣了。他三不五時會抽樣驗證他的結論與思考方向。他曾寫信給幾名俄國科學家，詢問他們在北極海的動物分布方面有何發現，並索取資訊；當他發現他們不只是不回信，而是根本沒收到信的時候，他對這套體制的最後希望

終於完全破滅。他認為，任何箝制、控制知識與推論的行為都
是最不可饒恕的罪惡，違反基本原則。當他無法在可觀測的自
然中進行驗證時，他對馬克思的辯證法也同樣失去胃口。他以
一種可笑的輕蔑看著這群政治高手恣意扭曲世界，將世界擺弄
成他們想要的模樣。後來他讀到李森科 [7] 的某些論點，他也只
是一笑置之，未作評論。

　　艾德和我合力思索並建構的大量推論都是透過無數次討
論、閱讀、觀察和實驗所得來的。我們會一起動腦，搭配得天
衣無縫，以致有些時候我根本不知道某件事從哪裡開始、或哪
句推論到底是誰想出來的，因為最終都是兩個頭腦、兩顆心靈
的產物。我不知道該怎麼區分彼此。

　　我們之間有個小遊戲，戲稱「推論形上學」。這套心智活
動的第一步是拋出一段觀察得來的現實，然後就有如樹苗抽
高、開枝散葉般透過推理持續開展。我們滿心愉悅看著思緒偏
離表象現實的主幹，一再分支；我們深信，同時也不得不相
信，思考的法則與萬物的法則有諸多相似之處。我們的遊戲不
評判對錯，純粹只是鍛鍊心智工具的愉快遊戲，只是針對某一
主題的即興創作或變奏而已。這套遊戲帶給我們探索音樂時所
感受到的趣味與欣喜。誠如沒有誰能說出「這段音樂才是唯一

7　譯注：李森科是政治干涉科學的代表事例。他否定孟德爾的基因
　　遺傳學、主張「獲得性遺傳」，該學說獲得史達林支持並成為蘇
　　聯生物遺傳學主流，導致其他提出反論的科學家皆遭政治手段打
　　擊，並使得蘇聯的生物遺傳學大幅落後同時代其他國家。

的音樂」這種話，同樣的，我們也不能說「這套想法是唯一的想法」；我們會說：「這是一種想法，產生的過程有好有壞，然而任何一種想法在自然界都是千真萬確的事實。」

一旦確立主題，我們就會在可觀察的自然界尋找可以套用、憑以說明的案例。底下就是本遊戲的一個例子，而這個題目我們已經思索推衍許久了。

我們認為，說不定在「半無政府」的狀態下──法令寬鬆，部分透過習俗傳統約束制衡──人類這個種族最能夠興盛繁衍，最富創造力。我們還追加一道假定前提：人類族群的過度整合可能與古生物學遵行的定律相似，也就是「過度武裝或過度裝飾都是物種衰微和消失的徵兆。」我們確實認為，過度整合或許當真是人類衰亡的先兆。我們的想法是，除了單獨作業，人類沒有可產生創意的基本組成單位。以最純粹的創造性質來說──譬如藝術、音樂、數學──實際上並沒有「合作」這回事。創造的基本原則是孤獨，是屬於個人的。群體可以互聯、探究、建造，但我們想不到有哪個群體曾經集體創造或發明過任何事物。說真的，群體迸生的第一個衝動似乎就是摧毀創意與創作者，而藉由整合或「設計而來」的群體似乎相對脆弱。

有了這個推論架構，下一步就是在推理平面上填入樣本。

我們可能會說，想想第三帝國或中央政治局控制的蘇聯。如果從這兩個體制裡突然拔掉二十五名重要人物，這兩套系統可能徹底瓦解，需要很長的時間才能復原（前提是有復原的可能）；為了保全體制，該系統必須摧毀或除掉所有可能

危及其存在的反對者。然而反動具有創造性，限制則恰恰相反，因此餵養群體成長的力量就這麼被斬斷了。於是，整合的傾向持續增強，這段過程勢必摧毀一切朝向即興創作的可能發展、毀掉創造的習性，畢竟這種體制容不下創意的沙子。如果我們推論正確，那麼這套體制將緩慢且沉重地陷入停頓。思考與藝術被迫消失，由繁重的傳統主義取而代之。如此這般，我們琢磨審思，認為一個大幅且太過整合的系統（或社會）注定面臨毀滅的危機，因為，只要除去一小部分就可能導致整體傾頹崩解。

再想想美國跌跌撞撞的政府系統吧。想想部分立法者的愚昧，想想這個體制的暴力行徑和遲緩的改革能力。少了二十五名要人的蘇聯可能步步踉蹌，搖搖欲墜，而美國可能是失去國會、沒了總統和政府參謀，不過大概也就這樣了。我們會繼續前進。事實上，說不定還會變得更好。

這只是這套遊戲的範例之一。每一次我們都以「事情也可能是這樣！」為開端，然後徹夜討論、尋覓、終而來到靈光乍現的一刻。

艾德提過，他這輩子有過一段特別重要的時光，就是在他離家、進入芝加哥大學讀書那時候。他不是非常喜歡家鄉的生活，也終於不必再遵守那些自小熟知的蠢規矩了。

「大人對待小孩的方式，只能用瘋狂來形容。」他說。「做小孩的也很清楚。大人會立下一些連他們自己都沒想過要遵守的規矩，述說連他們自己也不相信的道理。然而，他們卻期望孩子守規矩，聽道理，並且因為這套謬論而欽佩、尊敬

父母。所以做小孩的都必須非常睿智、低調，盡可能容忍父母。在大人期望小孩相信的所有謬論之中，最絕的就是『從經驗中學習』。沒有哪句謊言比這句話更被人奉為圭臬了。孩子也馬上認清這話有多虛假，因為他們的父母顯然不曾從經驗中學到任何一件事。甭說是學習了，大人們根本就是端坐在偏見和幻想的迷宮裡，訂立各種不知從何而來的規矩、也不敢探究其根源，因為他們深怕整套架構可能瞬間坍塌。」艾德表示，「我認為孩子們直覺知道這件事。所以腦筋好的孩子會假裝他們不知道真相，設法避開這種狂熱病。」

離家時，他感覺自己終於自由了。艾德有些自豪地回想起自己的初嘗自由的時光，但他的自由絕非怠惰。

「我不記得自己什麼時候睡覺。」他說。「我那時候應該沒時間睡覺。每天一大早，我會先檢查暖爐鍋再去上課，然後整個下午做實驗。傍晚時再去看一次暖爐，晚上則在一間小鋪子做事，順便看書，凌晨才回家。喔，那時我愛上一個女孩，她丈夫上夜班，所以從凌晨到早上這段時間，我自然不太可能睡多少覺。然後我起床、照料暖爐、上課。多美好的一段時光。」他說。「那段日子真是太美好了。」

不論從哪方面來描述艾德‧立克茨這個人，都不得不提一提他的性生活；畢竟，這可是他人生最大的動力。性愛填滿他的生活，而他也投注極大的心思在性事上。他耗費大把大把的時間思索和分析性愛。我們在此討論艾德的性事並無侵犯隱私之虞，因為他自己亦大剌剌地提及此事，不知羞怯為何物。

首先敘明：艾德有甲狀腺機能亢進的毛病。他的代謝速

率異常快速，必須頻繁進食，否則身體會痛得或氣得直接造反。而他呢——至少在我認識他的這段時間裡（而且我從與他初識不久即如此推測）——簡直像牛頭㹴一樣無時無刻不性致勃勃。據悉，他對性事費盡心思，執行力亦十分驚人；我不太清楚他的實戰紀錄，但也多有耳聞，且這些傳聞亦足堪驗證。總之他肯定非常認真並專注於思考「性」這件事。

凡是跟女人有關的事，艾德完全沒有一般人所謂的「品德」可言。這倒不是說他到處欺騙感情，而是如果「品德」意謂「節制」，那麼這個詞對他而言毫無意義。若有哪個傢伙敢把自己的太太交給艾德照顧、期望艾德不會對她動腦筋，那他就是個傻子。艾德無法不出手嘗試。女方或許會拒絕，他也不會死纏爛打，但他就是沒辦法不試一試就直接作罷。

初識艾德時，他正以一種學術性、堅持不懈的態度勸誘一名含苞待放的年輕女性。他非常投入，也持續了好一段時間。艾德不只對性欲有感，也對處子的精神與肉體懷有極大興趣，但我相信這裡頭沒有任何「征服欲」或成為「第一個男人」那種自豪成分。艾德的首要動機是異常熾熱的生理欲望，次要動機則是涉及高度智力且積極的個人興趣，意在了解童貞狀態、以及拋棄童貞時發生的種種變化。他擁有豐富的解剖學知識，不過他常提到，解剖構造變化極大、有時甚至成為異常；無論如何，這些差異倒是為這項基本上能使人愉悅的功能，帶來源源不絕的驚喜和吸引力。

這名處子很特別，意志頑強。艾德不確定這份意志究竟源自於某種障礙、抑或一般女孩對採花者的老派欲拒還迎，又或

者（他認為不無可能）是她討厭他這個人。他以極大的耐心逐一探查這些可能性。由於艾德對個人私事完全不害臊，他絲毫不覺得和朋友熟人討論這項計畫有啥尷尬勉強。或許該說是幸運吧，幸好這個女孩不曾聽聞這類討論，因為他們的發言可能令她極度尷尬──但「尷尬」這種反應不會出現在艾德身上。女孩在許多年後聽說了整件事。她表示，若當年她得知有人曾經如此深入討論自己的性事，她說不定到現在都還會是處女；不過她也同意，幸好她「後知後覺」，為時已晚。

不過有一件事是確定的：艾德不喜歡「不複雜」的性。若是遇上獨立、沒有任何懷疑且心甘情願的女子，他必定興趣缺缺；不過，若女子羅敷有夫、或育有七名子女、或訴訟纏身、或在情愛方面有任何稀奇古怪的神經質毛病，艾德會非常開心且大獻慇懃。如果他能找到已婚、生了孩子、坐困囹圄、而且還是連體嬰的女子，他肯定高興得不得了。

艾德的各種風流韻事，大多不太可能明確記錄下來。他們（不只艾德、還包括那群業餘評判者）愈是口無遮攔大方討論，他們的「名聲」就愈響亮；如果把這些討論內容視為某種「經過證實的八卦」，大伙兒樂得接受；若留下白紙黑字，事件主角說不定會認為這些流言蜚語形同誹謗，實際上也確實如此。

艾德對女性的品味可謂廣泛不拘──前提是條件夠複雜、嘴唇不能薄。膚色、髮色、眼眸顏色形狀大小，看在他眼裡幾乎毫無差別。總之就是來者不拒。

一般情況下，艾德能以清明客觀、頂多帶著微微喜歡或

不喜歡的眼光看待他的人類同胞。他能基於廣博的知識和理解，給出最棒、最有價值的意見；然而，一旦遭遇「愛情」這道強風襲擊，一切全變了樣。他的客觀可能一下子就吹到天邊去了。

他感興趣的對象「本身」鮮少能影響她在他眼中的形象。換言之，她只是一具他披上「女人」外皮的人形框架，猶如那些用於製衣打版、沒有五官的人偶。他以這種形式打造他自己的女人，從無到有，創造她的外貌、塑造她的心靈，再為她添上驚豔四方、幾乎不可能為真的天賦、敏銳與感性。然後，這名「成形中」的女子最後可能令人驚喜地喜愛幾首她連聽都沒聽過、或即使聽過也可能讀不懂的詩篇，輕淺哼著她同樣不知其存在的曲子。她內外皆美，但不必然都是她自己熟悉的模樣；最令她感到驚訝的或許是她的想法──因為她可能從未意識到，她竟然還有想法。

我無法把艾德的這種傾向視為自欺欺人。他只不過是造出他想要的女人──挺像童話中那位突獲天啟、利用花朵造出妻子的威爾斯武士。有時候，這段打造過程會持續一段頗長的時間；鍛造完成時，眾人（包括艾德在內）總是疑惑萬分。不過也有些時候，建構的力量能令原型脫胎換骨，對方也當真成為他心中揣想的模樣。我就記得一個非常鮮明難忘的例子。

我們有個朋友是沙丁漁夫，他另外還有一份有趣且獲利豐厚的副業。每年的沙丁魚季固定只有幾個月，因此其他時間幾乎無事可做，也是大多數漁夫經濟較拮据的時候。不過咱們這位朋友從來不會無事可做，也從不休息，他設法搭上幾名女子

——他從不貪心，鮮少超過五人——陪伴、保護、控制並剝削她們。這副業經營得很成功，他也喜歡這項嗜好。他是我們的朋友，我們很了解他。

這段故事旨在勾勒艾德「塑造女性」的能力與合理性。但我不知道他後來是怎麼吃癟的（但他確實栽了），不過故事發展依舊印證我的看法——艾德在塑造女性方面確實頗為成功。

前面提到的這位朋友因為一時興起，帶了當時的一名女客來參加派對。這名金髮女子雖然嬌小卻不嬌弱，性格堅毅且見過世面。艾德見到她，旋即因為一時的小失誤而錯判這名女子。他無所不用其極，設法從她的保護者手中釣走她。當時他以為，她不僅涉世未深，而且相當害羞（但這可能是因為她幾乎沒機會說話，並且認為搭訕不算是溝通交流的方式）。總之，艾德覺得她美麗、年輕、未經人事。他帶她去度假，在腦中重新塑造她。他試著以各種方式誘惑她——大男人、慇懃勸誘、哲學啟發——但他塑造得太好了。就某方面來說，他已成功說服她她就是他誤以為的那種女人，她以淑女的矜持堅定抵擋他的攻勢。一個月後，艾德不得不放棄。他始終沒把她弄上床，卻占去她太多時間，導致她在沙丁魚季結束時得加倍施展魅力、設法贏回我們的朋友。

在艾德狂喜的幻想中，他有能力創造真實事物，但這些事物往往缺少一定程度的科學驗證。艾德有一位維繫多年的愛戀對象，算是他的摯愛之一。他每晚都寫信給這位心上人，有時寫三行，有時則以小而縝密的字體整整打了十頁信紙。他告訴我她也會做同樣的事，說她每天都寫信給他，而他也打從心裡

384

相信這是真的。天知道，這五年來，他頂多收到不超過八張幼稚潦草的字條而已，然而他卻真心相信她天天寫信給他。

艾德的科學筆記相當有意思。在各種採集注記、動物學觀察記錄之間，常會夾雜一些實在難以描述又無禮至極、關於另一種「採集」或蒐集的觀察筆記。艾德過世後，我得先把這些筆記瀏覽一遍，然後才能依照艾德的遺願，將這些資料轉交史丹佛大學「霍普金斯海洋研究站」。很遺憾我必須移除部分筆記內容（而且是很大一部分）。我之所以這麼做，並非因為內容無趣，而是我突然想到：搞不好有學生為了查資料而翻閱艾德的無脊椎動物筆記，結果意外讀到蒙特瑞半數女性人口的不雅資料。關於這一類的事，艾德就是不懂得閉上嘴巴。我雖然移除這部分的筆記，但是並未銷毀它們。這些文字有其魅力，而這份魅力超越文中提及的人物本身。我想，在未來的某一天，這些女士說不定還會愉快地回想起當年的小插曲呢。

艾德總會在後座放一張「應急毛毯」。毛毯原本是紅色的，因為頻繁使用與陽光曝曬而漸漸褪至鮭魚肉的粉紅色。這是張「身經百戰」的舊羊毛毯，無數次仆伏在山丘和沙灘上，吸入磨碎的草籽和搗爛的海草。每天晚上，如果沒在後座見著這張毯子，我認為艾德肯定不會發動車子。

在愛情猛然來襲、扭曲他的視野、將他化為一池攪動的湖水之前，艾德眼力極佳，欣賞女性的眼光精準獨到。他會熱情洋溢地記述形狀姣好的脣瓣、豐滿的乳房、堅實有彈性的臀部，但他還會注意其他更多細節——飽滿的大拇指腹，腳形，手指與腳趾的長度和結構，厚實的耳垂，牙齒的角度，大

腿與臀瓣在行進間的挪移方式。他滿心歡喜、心懷感恩地欣賞這一切。「愛與女人」的存在與意義——抑或符合他想像的意義與模樣——總是令他心滿意足。

儘管艾德從情愛獲得諸多樂趣、態度也頗為坦誠，他的愛仍帶著某種無與倫比的哀傷——彷彿他遺失了什麼、或想要什麼，那種尋索有時逼近驚惶程度。我不曉得他想要卻未曾覓得的到底是什麼，但我知道他一直都在尋找，也從未找到過。他在情愛中尋覓、傾聽、探索、嗅聞其存在，而我認為他可能在音樂中找到了一部分。那彷彿是一種深沉無盡的懷舊情感，一種「歸鄉」的熱情與渴望。

他的心裡始終有一道牆，故他執著於「突破」的人生哲學——猶如穿過鏡子，走進某種能讓白晝如夢似幻的真實。他耽溺其中。他在《浮士德》裡找到「突破」的象徵，也在葛利果聖歌、在李白醉後哀傷的詩句裡覓得它的身影。對於《賦格的藝術》，艾德表示，「巴哈差一點就做到了。你聽，他有多接近那種狀態，聽聽他因為達不到而表露的挫折與憤怒。每次我聽這首曲子，每次都覺得他這回一定能突破障礙、衝進那道光。結果他沒有一次辦到——總是差那麼一點點。」

不用說，不顧一切想衝進那道光裡的人其實是他。

我倆一起工作、一起動腦，前前後後有好幾年的時間，關係非常密切；因此，我愈來愈依賴他的知識和他做研究的耐心。後來我離開實驗室，遠走這個國度的另一角落，但我和他的關係始終未變。每隔一週或一個月，我總會收到一封洋溢艾德言談風格的長信，從一張張整齊填滿小小菁英字體的紙頁間

聽見他的聲音，彷彿我未曾遠行。現在，我偶爾還是會在郵差上門時，不自覺地在信封上搜尋那種小字體。

艾德非常喜歡這本書夾雜描述的那些小旅行，也喜歡把這一切記述下來。他常常拿出來讀，藉此回想當時的心情或某個笑話。

他在科學方面的興趣以生態學為主，再擴及整體。他總是嘗試把最小的圖像放大來看。記得他說過：「你知道嗎，剛開始，你會認為響尾蛇和跳囊鼠是超級仇家，因為響尾蛇會獵食跳囊鼠；然而從更寬廣的概念來看，牠們肯定是最佳良伴。跳囊鼠負責填飽響尾蛇的肚子，響尾蛇則幫忙挑出動作最慢、身體最弱的跳囊鼠——這通常有助於控制跳囊鼠的族群規模——讓兩種物種皆得以生存。若是少了對方，自己也活不了。這是非常有可能的。」艾德喜歡物種的共生行為，特別是對整體生存有貢獻的一些特定族群；他喜愛牠們的程度彷彿牠們出自於他、為他所創一樣。

只要見到新種動物或新式食物，他必定觀察、感觸、嗅聞和品嚐。有一次，我們身處潮池，正好討論到一種有趣現象：是說，「裸鰓類」這種動物顏色鮮豔，非常漂亮，生得一副柔軟、好吃又無害的模樣，照理說其他動物應該也想來咬一口，然而卻沒有任何動物要吃牠們。於是他潛入水中，拾起一團可愛的橘色海兔、放進嘴裡——他瞬間露出驚恐的表情，吐出那團東西並止不住地乾嘔；即使如此，至少他終於知道其他魚類為何完全不碰這群悠游活潑的小東西了。

還有一回，他嚐了一種能自由移動的海葵，結果舌頭被海

葵刺細胞螫得極慘，整整二十四小時無法閉上嘴巴。不過，如果隔天他又想弄清楚哪個疑問，他肯定會再來一遍。

艾德個頭雖小、身形也有些單薄，但體力毅力過人。他可以連開好幾個鐘頭的車前往採集場，等待退潮，然後在潮水完全退光時像瘋子一樣不斷翻動石頭、採集標本，接著立刻驅車返回實驗室處理戰果。他可以背著沉重的裝備越過軟爛難行的沙地，不露一絲疲態。他的抵抗力強大驚人，唯有火車方能殺死他；若是不到火車等級，我想任誰也動不了他分毫。

他的嗅覺開發得極為徹底、非常靈敏。所有食物他必聞過才吃，不只整盤嗅一遍，每一口也會再追加確認。每次從潮池撈起動物，他也都會聞聞牠的氣味。不同的動物有不同的氣味，不過對他來說，有些情緒、甚至思緒也都有特徵氣味——不用說，好或不好的經驗肯定也發揮一定程度的調味作用。他常談起人的氣味，表示每個人的氣味都很獨特、也經常改變。他在談情說愛時的嗅覺體驗也讓他獲得不少樂趣。

艾德的嗅覺器官如此發達，各位或許以為他會非常討厭難聞的氣味。實則不然。他可以仔細端詳腐爛的組織、或湊近死貓惡臭的內臟，卻連眉頭都不皺一下。我親眼見過他名符其實地「鑽進」曝曬在太陽下的鯊魚肚子裡，從牠烏漆嘛黑的體內取得肝臟，只為避免光線直射破壞組織。而那可說是我聞過最恐怖的味道。

艾德喜歡精密的工具和器械，相對的，對於粗製濫造的物品，他不僅討厭，而且極為不滿。他常會以輕蔑的口吻說出「消費性產品」幾個字，並用以指稱那些引人注目、利用上色

拋光加強第一印象、做來賣而非拿來用的東西；另一方面，一具做工誠實可靠的好顯微鏡則帶給他極大的喜悅。有一次，我從瑞典帶了一套精巧細緻的手術刀、手術剪和鑷鉗給他；我還記得他有多麼愛不釋手。

他的實驗操作完美無瑕，他的起居空間凌亂不堪。他總說，絕大多數的人都花太多錢買他們並非真心想要的物品，並且浪費太多精神、時間和腦力在這些東西上。「如果掃地能帶給你相當程度的快樂、值得你花時間做這件事，那你就去掃，」他說，「可是，假如你根本看不出來地板髒不髒，那麼就不值得為掃地付出代價。」

我認為，他應該是在某段壓力頗大的時期，一口氣立下這整套行為規範。當時他發現身上沒什麼錢，還有三個孩子要養，因此他端出十足的學術口吻，告訴孩子們該如何按規矩行事。

「我們必須牢記三件事。」他對他們說。「我會依照這三件事的重要性，逐一告訴你們。第一也是最重要的是：知足常樂。我們必須在現有條件下盡可能開心過日子。第二是盡可能吃得好。不好好吃東西就會生病，生病就沒有足夠的體力獲得更多樂趣。最後一項也是第三重要的，是我們必須在合理範圍內盡可能把家裡維持得井井有條，譬如記得洗碗之類的。不過絕不能讓最後一項妨礙前面兩條規矩。」

艾德的衣著品味也相當有意思。他穿貝斯牌軟皮鞋，鹿皮色，價格昂貴；他喜歡厚厚的羊毛襪，喜歡那種刮人刮到受不了的羊毛衫。除了這三樣，其餘他完全不感興趣。他的外裳破

破爛爛，肘部和膝蓋磨得尤其徹底；他的衣櫥裡確實掛著一條皺巴巴的領帶（舊舊的淡黃色），但誰也沒見過他打領帶；他順手拿什麼就穿什麼，他的外套幾乎都不合身──但是，他對自己的穿著打扮絲毫不覺尷尬困窘。他不管上哪兒都穿同一套西裝，而且看起來異常地乾淨清爽。或許是內在的安全感使他並未流露穿著不得體的感覺，反而是圍在他身邊的人，看起來個個都打扮過頭了。艾德唯有在擔心腦袋可能弄溼的時候才戴帽子，而且多半選擇防水油布材質。此外，他還會戴一些小配件，但不論他選擇什麼，其中必定包括別在襯衫口袋上、勾著小滾鍊的博士倫二十倍放大鏡。他用放大鏡用得很勤。那是他非常貼身的一部分──是他「觀看」的技巧之一。

不過艾德總是充滿矛盾。他喜歡好東西，卻不愛惜。他愛泡熱水澡，但如果實驗室熱水器壞了，他也甘願洗一整年冷水澡，最後才勉為其難找人修理。漏水的馬桶水箱也是我用幾塊口香糖修好的（料想口香糖應該還黏在那裡），窗子破了就用報紙塞住，一塞就是好幾年，始終沒補好。

他喜歡舒適，實驗室的椅子卻硬得要命，坐起來非常痛苦。他的床座是邊緣鑲麻索的紅木床架，上頭只鋪了薄薄一層床墊。他的床不夠大，兩個人睡太擠，女士們常常苦著臉抱怨他的床又窄又不舒服，而且輕輕動一下就會發出淒慘的抗議聲。

我把實驗室和艾德本人寫進《罐頭工廠街》這本書。我拿著打字稿去找他，問他有沒有意見、想更動或改寫哪些地方；他仔仔細細、邊笑邊讀。待他讀完，他說：「就這樣

吧。裡頭讀得到你的心意，這樣的東西怎麼可能不好。」

　　但是這本書確實造成一些不太好的後果，當時我倆誰也沒看出來。書出版以後，開始有觀光客跑來實驗室參觀；起初三三兩兩，後來成群結隊。他們會停下車、盯著艾德瞧，表情就跟看見電影明星一樣呆滯出神；直接晃進實驗室問問題、東窺西看的人，少說也有好幾百。這種情況變得愈來愈惱人，但就某方面來說，艾德還滿喜歡的，因為他曾經表示：「訪客有些是女性，其中有些長得非常好看。」不過，待這場受人關注或惡名昭彰的小風暴終於告一段落，他也鬆了一口氣。

　　我壓根沒想過要多問艾德一些有關家庭背景、或是他小時候的事。我認為這些資料都不難找。在他生前，我們有太多事可聊，而現在——現在這些都不重要了。我聽別人問過他的姓氏「立克茨」（Ricketts），這事兒常有人問。他說：「我不是因為那個病才叫這個名字——那個病名是我一個親戚取的。」[8]

　　《螺栓洛尼根》首集甫一出版，艾德飛快讀了兩遍。「這書寫得真實。」他說。「我就是在芝加哥這一區出生長大，在這幾條街上玩，他寫的那些我都知道，那些人我也都認識。這是真實的故事。」不用說，艾德認為真實就是美，從此該系列每出新刊他就會買來看，直到作者法雷爾把場景搬到紐約，他才失去興趣。他對紐約的真實一無所知。

8　譯注：Ricketts 立克茨體病，落磯山斑點熱和鼠型斑疹傷寒皆由這種細菌引起。

　　太平洋生物實驗室發生過最好笑的事件之一，大概要屬我們在戰時曾試圖協助對抗日本，結果卻搞得灰頭土臉，尷尬萬分。

　　從本書記述的這場採集之旅歸來後，我們著手處理蒐集到的數千份動物樣本。此行的最初目的並非尋找新物種，而是以此為基礎、建立一套新的動物地理學論述。由於許多物種的活動範圍極廣，因此我們需要物種在太平洋兩岸及太平洋諸島的大量佐證資訊。

　　當時珍珠港已遭攻擊，美國亦對日宣戰；話說回來，就算我們和日本並未處於交戰狀態，要想搜集資料也很困難。一戰結束後不久，國際聯盟就把為數不少的太平洋島嶼交給日本託管；而日本做的第一件事就是把這些島嶼、這整片區域全部鎖進簾幕裡，未來二十年內不准任何外國人以任何理由靠岸登陸。

　　這些島嶼在實施託管以前，動物學界對它們就已經不甚了解，託管之後更是沒聽聞半點消息——至少我們是這麼想的。

　　我們寄信給各大學，詢問他們手邊有沒有關於這些謎樣島嶼的資料；大伙兒的回信令我們萬分雀躍。我們收到數量龐大的有用資訊。

　　原來事情是這樣的。日本想當然耳切斷了這些島嶼與外界的聯繫，不過，或許是因為預見不久之後即將發生戰爭，日本決定做個調查，了解這群新得手的囊中物的海洋食物供應實況。日本喜食海產，數量及程度遠遠超過美國；既然如此，還有誰比國際知名的日本動物學家，更適合派往這些島嶼、協助

調查呢？

接下來的發展實在是喜劇一場。動物學家們老老實實做了調查——偷偷做，保密到家。查完動物之後——因為他們都是優秀的科學家和專家——還有什麼比「應該連動物的生態環境一起納入考量」更自然的想法呢？於是，這群徹頭徹尾的好人完成了他們的動物學調查。

這會兒，他們有了一份翔實的生物調查筆記，不僅包括調查對象本身，還擴及周遭其他動物——牠們的朋友、敵人、以及這些動物的生存條件。這些條件包括天氣、浪湧震度、潮差、海流、鹽度、礁岩、岬角、風力風向、海岸與海底特性，還有其他各種可能干擾或促進目標物種發生、正常成長或健康福祉的有趣現象，而這類資訊可能以「新成立的化學工廠將廢料排入潮池，改變生態平衡」的方式提及。

這群動物學家完成日本政府的海產報告之後，便以更投入、更愉悅的心情撰寫該領域的論文專述，那麼，接下來還有什麼比「把論文寄給全球各地的研究同儕」更自然的事呢？橫豎日本又沒在打仗，他們深知同領域的同胞們應該會對這些資料感興趣，而在哈佛、霍普金斯、加州理工大學讀書做研究的日本人亦所在多有——事實上，全美各地的大學都有他們的身影。那群日本動物學家的朋友同儕廣布全球，眾人無不給予純科學的讚賞與肯定。

艾德和我開始收到這些資料之後，我倆突然對動物沒了興趣。此刻，躺在我們手中的是極為詳盡、描述這片罕為人知的海域的實物組成資料，而且還是敵人手上的資料。我們興奮地

　意識到，如果美國打算用「跳島」方式直逼日本城下，似乎是合理且可行的；如果我們計畫搶灘，這裡有一切登陸所需的資訊——水深、潮差、海流、礁岩、海岸特性等等。我們不曉得是不是只有我們發現這件事，也不知道美國海軍或陸軍情報單位對這些報告的存在是否知情，畢竟太過明顯的事物經常遭人忽略；假如我方情報單位應該知情卻不曉得，那我們非常樂意冒險將這些資料備份下來。

　我們擬好一封寄到華盛頓美國海軍部的信，說明這份資料及其可能用處，同時解釋我們何以偶然得到這些資料。

　六週後，我們收到一封正式回函、感謝我們的愛國情操。我依稀記得那封信是油印複寫的。艾德見怪不怪，處之泰然。而我既不像他待過軍隊、也沒他犬儒，所以我生氣了。我寫信給海軍部長（當時是尊敬的法蘭克・諾克斯先生），重述那份島嶼資料的來龍去脈。信件封口之後，我一時氣不過，就在信封上寫了「私人信函」二字。

　接下來兩個月沒消沒息。後來的事是艾德告訴我的，當時我出遠門去了。有天下午，一位著便服、嘴唇緊抿的男士來到實驗室，表明他是海軍情報局少校。

　「我們收到一則來自貴單位的訊息。」他語氣嚴厲。

　「哦，是呀。」艾德說，「很高興您終於來了。」

　軍官打斷他的話。「您會說或讀日文嗎？」他語帶懷疑。

　「不會呀，我不會。」艾德回答。

　「那麼您的合伙人能通日文？」

　「他也不會——為何這麼問？」

「那麼兩位宣稱和太平洋島嶼有關的資料到底是什麼？」

這時艾德才明白他的意思。「可是資料都是英文呀——那些論文都是用英文寫的！」艾德大喊。

「為什麼會是英文？」

「那些人、那些日本動物學家，他們用英文寫的。他們曾經在這裡讀書。英文已經漸漸變成世界通用的科學語言了。」

這個想法的確不好理解，艾德說，結果也確實失敗了。

「他們為什麼不用日文寫？」海軍少校質問。

「我哪知道。」艾德累了。「事實就是他們就是用英文寫的——雖然有時寫得怪裡怪氣的，但總歸都是英文。」

就是這句「怪裡怪氣」成為壓垮駱駝的最後一根稻草。一如我寫在信封上的「私人信函」想必也在華盛頓引起軒然大波。

上校表情猙獰。「怪裡怪氣！」他說。「我們會再跟你聯絡。」

從此再也沒有人聯絡我們。我一直很好奇，他們究竟有沒有拿到那些資料？若是沒人知道或不理會那些有關潮差、水底地形的資料，不知會不會導致登陸艇在離岸四、五百公尺的地方擱淺，害阿兵哥必須在火線下冒死涉水上岸？我不知道。

艾德說完軍官來訪的插曲後，搖了搖頭。「我始終沒學乖。」他說。「又栽了一次。我應該要想到的，虧我以前還在軍隊做文職。」於是他告訴我海軍在布雷默頓做試驗的往事。

那次試驗的目的是要開發一種能驅退藤壺的底漆或塗料。試驗經費相當可觀——軍方建了幾座大型水泥槽、放入塗

料（金屬鹽、毒物、瀝青等等）浸泡藤壺，看看藤壺最想逃離哪種物質。

　　「然後呢，」艾德說，「我有個在華盛頓大學教書的朋友。這人是世界級的藤壺專家，但這朋友碰巧是個女的。她聽人說起這項試驗，便向海軍表示她樂意提供協助。她是一位非常愛國的女性，也是他媽的厲害科學家。」

　　「結果有兩件事對她很不利。」艾德說。「第一，她是女的。第二，她是教授。軍方熱情有禮地婉謝她，告訴她海軍對理論不感興趣；這是強硬無情的現實試驗，唯有務實派──而非理論派──能看透它。」

　　艾德咧嘴一笑。「你知道嗎，」他說，「過了三個月，沒有半隻藤壺附在那些一缸缸水泥槽壁上，甚至連引導物──都是木頭和不鏽鋼做的──也一片光溜溜。我朋友聽聞此事，再度造訪試驗站。她是非常謹慎、不武斷套入理論的人，但她馬上就看出問題出在哪兒。」

　　「海軍確實強硬，剛正不阿，乾乾淨淨。」艾德說。「然而布雷默頓那邊的水卻很髒──你知道的，港口什麼都有，還有浮油、海草、腐爛魚屍、搞不好還有人類排遺。強硬正直的海軍不喜歡那種髒水，所以在把海水注入試驗槽之前會先過濾一遍。濾網能淨水，」艾德說，「但是也會濾掉藤壺幼蟲。」他大笑。「我很好奇她最後到底有沒有把真相告訴他們。」他說。

　　這就是我們想改變戰爭技術的不敬企圖。不過我們還是贏了。

　　我之所以加入實驗室營運，原因和方式都非常簡單。好些年前，艾德開始負債，後來他的貸款利息逐漸榨乾實驗室營收，就像地下室那些被放血的貓兒一樣。他非常難過，準備清算這家小公司、放棄自主（譬如賴床、晚到班、不受干涉做決定等等的權力）。儘管實驗室經營不善，倒還能勉強應付他的生活開銷，不過貸款利息就付不出來了。

　　當時，我剛好攢了一筆錢，於是便承接這筆貸款、並且把利息壓低到幾乎不存在（橫豎我知道這筆錢最後都會消失不見）。我拿到作為借款擔保的實驗室股票（那可是世上最美的股票），還有這棟房產作抵押。我其實不太懂合約交易這類的事，不過這至少又讓實驗室多撐了十年。於是乎，我就這樣成為這家不太可能存在的公司的合夥人。我得說，我對這家公司的運作績效並未帶來任何影響。說真的，這個地方之所以能存活下來，大概只能歸因於魔法吧。我找不到其他合理解釋了。它根本沒有理由不倒閉。在這裡開董事會跟在別家公司開董事會的唯一差別，就只有這地方會喝掉更多啤酒而已。嚴肅的營運會議總是會愈聊愈偏，最後竟然討論起「統一場」理論假設來了。

　　我們的加利福尼亞灣之行是一場跌跌撞撞的奇蹟：我們去了想去的地方，得到想要的東西，也確實完成研究。我們原本打算延續這項工作，前往阿留申群島進行調查，卻因為戰事不得其門而入。

　　艾德過世時，我們已擬好計畫、訂好船票、備足容器和採集設備，準備更深入太平洋，前往夏洛特皇后群島進行另一次

長期採集之行。那裡有一處海灣深入島嶼內陸，開口窄而狹長；由於生存環境特殊與長期地理隔離，我們認為應該能在海灣內觀察到一些動物形貌上的變化。原本艾德打算在一個月之內啟程，而我則是直接到那邊與他會合。往後或許會有其他人去研究那片小島內海吧？那道引我前去的光已經熄滅了。

這篇記事即將來到尾聲。對於艾德的妻子或他的三個孩子，我並未著墨；時間不夠是其一，再就是我對這個部分所知不多。

誠如先前所言，沒有一個認識艾德的人會滿意這篇文章。他們認識的是其他無數個艾德。我想，艾德有多少位朋友、世上就有多少個不同版本的艾德；對於艾德的性格、以及他何以能影響所有認識他的人，我很好奇大家有沒有能類比對應的想法。我能不能把這些艾德整合出一個令人滿意的版本，不論哪一種都好，連我自己都不知道。

我曾試圖釐清、探究艾德・立克茨身上那股強烈的吸引力，他何以如此受人喜愛、需要並且——現在他死了——令人懷念。他毫無疑問是個風趣、有魅力的人，可是他身上一定還有遠遠超過風趣魅力的其他特質。我想說不定是「接受的能力」。他接受來自任何人的任何事物，態度優雅、滿懷感激，使得他人的餽贈猶如珍寶。因為如此，每個人在給予的時候都非常開心，樂於送他一份禮物、一個想法或任何事物。

或許，在我們列出最膚淺粗劣的各種美德之中，「給予」是最吹捧過頭的一項。施予者透過付出建構自我，自覺優越，比接受方更偉大、高人一等。給予是一種自私的樂趣，幾

乎總是這樣，而且在多數情況下都非常糟糕且邪惡。各位只需記得，有些狡詐如狼的資本家耗費人生三分之二的光陰搜刮社會財富，再用後三分之一的時間物歸原主。有人說資本家捐錢做善事是某種作賊心虛、歸還不義之財的舉措，或是富足擁有能改變人的心態，但這麼說壓根是便宜了他們。他們的本性是永遠不知饜足，所謂江山易改，本性難移。我認為施與受的情感衝動是相同的，因為施予帶來的優越感與獲得的喜悅不分軒輊，捐款行善說不定也是另一種精神上的貪婪。

給予很容易，獲得的回報也十分美好，然而「接受」——若要表現得夠嫻熟——需要自知與仁慈的巧妙平衡，為人必須謙遜、機智，深諳人情世故。接受時（雖然你肯定比對方有智慧才能做好這些），你不能表現一副自己比施予者更好、更強或是更睿智的模樣（就連私底下也不能表現出來）。

你必須懂得自尊才能體會接受。自尊不是虛榮自負，而是喜歡自己、熟知自己並感到愉快。

有一次，艾德對我說：「有好長好長一段時間，我很不喜歡我自己。」這話並非自憐，單純只是陳述一件不幸事實。「那段時間我過得很辛苦，」他說，「也非常痛苦。我之所以不喜歡自己，理由很多，其中有些有根據，有些就只是胡思亂想。我無論如何都不想再回到那段日子。」他說：「後來，漸漸地，我發現有不少人是真心喜歡我，這讓我挺驚訝也滿開心的。於是我想，如果連他們都能喜歡我，那我為什麼不能喜歡我自己？不過想歸想，腦袋想不等於實際行動，但我還是慢慢學習喜歡自己，然後我就好起來了。」

　　這裡說的「喜歡自己」並非取其負面含意，而是要「認識自己」。艾德確實如他所言，他學會接受並且喜歡「艾德」這個人，就像他喜歡其他人一樣。這種想法帶給他極大的好處。大多數人根本不喜歡自己。他們不信任自己，於是戴上面具、倨傲自負。他們好爭、吹噓、假裝又善妒，原因就是他們不喜歡自己。可是他們大多根本不夠認識自己，因此無法真正喜歡自己。他們不能好好看著自己、無法喜歡上自己，因此就像我們會本能地害怕或討厭陌生人一樣，我們也同樣害怕並討厭陌生的自己。

　　一旦艾德能夠開始喜歡自己，他便脫離自我蔑視的祕密牢籠。於是乎，他不再需要透過一般常見的方式（譬如給予）證明自己更優秀。他懂得接受，明白箇中道理並真心感到高興，而不是因為好勝而開心。

　　這份「接受」的天賦使艾德成為一位了不起的老師。孩子們會帶著貝殼來找他，告訴他這些貝殼的資訊。他們必須先學習，才能說給他聽。

　　與他對話時，你會不斷告訴他各種事情 —— 你的想法、推論、假設 —— 然後你會開心且驚喜地發現，你竟然想出一些你不曾意識到自己能想到或知道的道理。這給你一種很棒的參與感，很開心自己竟然能向他呈現這份驚奇。

　　這時艾德會說：「是呀，就是這樣，這事的確有可能是這樣。除此之外 —— 」然後他會闡釋這個想法、但不會太過頭，以免搶走你的鋒頭。他就只是接受而已。

　　儘管他的創意源於接受，但他並不視其為所有物。即使你

從他身上得到什麼，但他並非扯下自己的一部分再送給你；即使他給你一個想法、一段音樂，給你二十塊錢或一頓牛排晚餐，但這些都不是他的——而是你的。原本就是你的。他只是用他的腦筋、他的手穩住這些事物，再把方向轉向你。為此，沒有人能切斷和艾德的聯繫。與艾德相處就是深入參與，無關競爭。

我希望我們都能像他一樣。假如我們能學會喜歡自己，即使只有一點點也好，或許我們的殘酷、憤怒都會融化消失，不再需要為了維持薄薄的自尊而傷害彼此。

就這些了。所有我能寫下關於艾德·立克茨的一切，全在這裡。我不知道這些文字能否組成任何清晰形象，只是回憶與想念並未達成我最初的期盼。艾德的幽魂仍未遠去。

這個畫面始終縈繞我心頭：日暮時分，我彷彿看見艾德剛結束實驗室工作，蓋上工具、推開紙張文件。艾德拉下羊毛衫的袖子，穿上棕色舊外套。我看著他走出實驗室，爬進破爛老爺車，在夜色中緩緩上路。

我想我一輩子都會記得這幅景象。

索引

406

文獻

動物

作家與作品 31

柯提茲的海　　　YL2031

作　　　者　史坦貝克、立克茲
譯　　　者　黎湛平
選　書　人　謝宜英
責任編輯　王正緯
專業校對　魏秋綢
版面構成　張靜怡
封面設計　井十二
行銷統籌　張瑞芳
行銷專員　何郁庭
總　編　輯　謝宜英
出　版　者　貓頭鷹出版

發　行　人　涂玉雲
發　　　行　英屬蓋曼群島商家庭傳媒股份有限公司城邦分公司
　　　　　　104 台北市中山區民生東路二段 141 號 11 樓
　　　　　　畫撥帳號：19863813；戶名：書虫股份有限公司
城邦讀書花園：www.cite.com.tw　購書服務信箱：service@readingclub.com.tw
購書服務專線：02-2500-7718~9（周一至周五上午 09:30-12:00；下午 13:30-17:00）
24 小時傳真專線：02-2500-1990；2500-1991
香港發行所　城邦（香港）出版集團／電話：852-2877-8606／傳真：852-2578-9337
馬新發行所　城邦（馬新）出版集團／電話：603-9056-3833／傳真：603-9057-6622
印　製　廠　中原造像股份有限公司
初　　　版　2021 年 1 月
定　　　價　新台幣 480 元／港幣 160 元
I S B N　978-986-262-453-1

讀者意見信箱　owl@cph.com.tw
投稿信箱　owl.book@gmail.com
貓頭鷹臉書　facebook.com/owlpublishing

【大量採購，請洽專線】(02) 2500-1919

城邦讀書花園
www.cite.com.tw

國家圖書館出版品預行編目資料

柯提茲的海／史坦貝克、立克茲著；黎湛
平譯 . -- 初版 . -- 臺北市：貓頭鷹出版：
家庭傳媒城邦分公司發行 , 2021.01
面；　公分 . --（作家與作品；31）
譯自：The log from the Sea of Cortez
ISBN 978-986-262-453-1（平裝）

1. 遊記 2. 墨西哥

754.99　　　　　　　　　　　　109021542